冯骥才 著

俗世奇人

作家出版社

图书在版编目（CIP）数据

俗世奇人 / 冯骥才著 . -- 北京：作家出版社，2025. 8.
--（冯骥才小说文库）. -- ISBN 978-7-5212-3647-7

Ⅰ. I247.7

中国国家版本馆 CIP 数据核字第 20256LC052 号

俗世奇人

作　　者：冯骥才

策划编辑：钱　英

责任编辑：杨新月　省登宇

装帧设计：TT Studio

出版发行：作家出版社有限公司

社　　址：北京农展馆南里 10 号　　　邮　　编：100125

电话传真：86-10-65067186（发行中心）

　　　　　86-10-65004079（总编室）

E-mail:zuojia @ zuojia.net.cn

http://www.zuojiachubanshe.com

印　　刷：北京博海升彩色印刷有限公司

成品尺寸：145×210

字　　数：240 千

印　　张：11.25

印　　数：001—11000

版　　次：2025 年 8 月第 1 版

印　　次：2025 年 8 月第 1 次印刷

ISBN 978-7-5212-3647-7

定　　价：52.00 元

写作中的冯骥才

摄影：ALEXANDER RUAS（美）

冯骥才

　　1942 年生于天津，祖籍浙江宁波，中国当代作家、画家和文化学者。在中国当代文学史上，冯骥才是新时期崛起的第一批作家，也是"伤痕文学"的代表人物，其作品题材广泛，形式多样，尤以"文化反思"系列小说著称，多次在国内外获奖。已出版各种作品集二百余种，代表作有《啊！》《雕花烟斗》《高女人和她的矮丈夫》《神鞭》《三寸金莲》《珍珠鸟》《一百个人的十年》《俗世奇人》《单筒望远镜》《艺术家们》等。作品被译成英、法、德、意、日、俄、西、阿拉伯等二十余种文字，在海外出版译本六十余种。冯骥才的绘画以中西贯通的技巧与含蓄深远的文学意境见长，因此他又被称为"现代文人画的代表"。自 20 世纪 90 年代初以来，他投身于中国的城市历史文化保护和民间文化抢救，其倡导与主持的中国民间文化遗产抢救工程、传统村落保护等文化行为，对当代人文中国产生了巨大的影响。

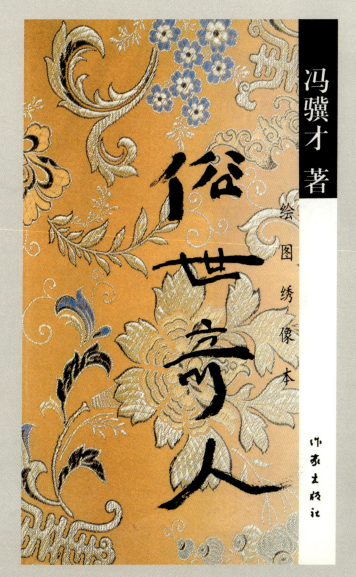

冯骥才 著

◎《俗世奇人》 2000 作家出版社

绘图绣像本

俗世奇人

作家出版社

◎ 右：《俗世奇人·贰》2015 作家出版社

◎ 左：《俗世奇人（修订版）》2008 作家出版社

◎ 右：《俗世奇人·叁》2023 作家出版社

◎ 左：《俗世奇人·叁》2020 作家出版社

◎ 下：《俗世奇人》俄文版 2003 俄罗斯圣彼得堡出版社

◎ 上：《俗世奇人》法文版 2002 巴黎 BLEU DE CHINE

◎右：《俗世奇人》德文版 2022 德国东亚出版社

◎左：《俗世奇人》英文版 2019 英国查思出版有限公司

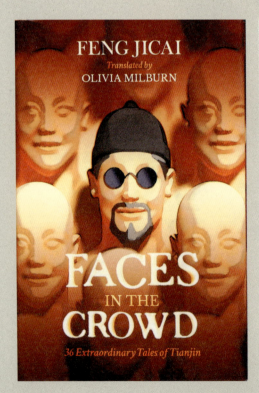

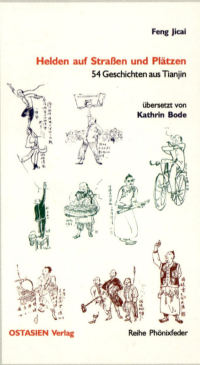

◎ 刷子李 2000 （日）纳村公子作

◎ 死鸟 2000 （日）纳村公子作

◎ 泥人张 2000 （日）纳村公子作

◎ 刘道元活出殡 2000 （日）纳村公子作

◎ 粒儿 彩墨绣像 2020 冯骥才作

◎狗不理 彩墨绣像 2015 冯骥才作

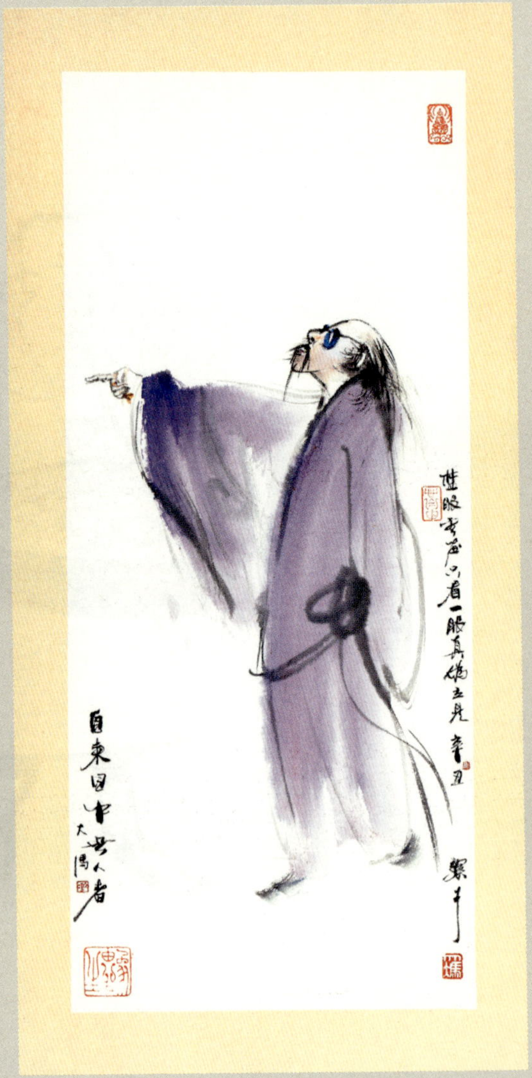

◎蓝眼 彩墨绣像 2021 冯骥才作

◎ 右：一阵风 彩墨绣像 2021 冯骥才作

◎ 左：李金鳌 彩墨绣像 2021 冯骥才作

◎ 左：话剧《俗世奇人》 导演王向明 2003 空政话剧团
◎ 右：话剧《俗世奇人》 导演钟海 2022 天津人民艺术剧院

我的小说库

（自序）

作家出版社要帮助我以出版方式建立起我的小说库。这想法我不曾有过。

从字面上解，库是存放或收藏东西之处。"我的小说库"应是专放我的小说的地方。可是我的小说都在哪里呢？还不清楚。

和多数作家一样，每写完一篇小说，发表或出版后，便不会再去顾。写作时与小说的情节、人物、细节、语言死死纠缠，以至"语不惊人死不休"。待写完发表后，便与小说的一切再无瓜葛，很少去翻看，有的甚至一眼也没再看过。为什么？作家竟如此无情吗？当然不是，是因为作家把自己的全部心灵、精神与创造力，都放在下一部小说里了。

作家的工作就是不断拿出对生活的新发现、对文学的新理解，创造出具有新的审美价值与思想深度的作品来。作家永远属于将要写作或正在写作的作品。这样，一路写下来，一边把一篇篇小说交给读者，一边随手放在身边什么地方。丰子恺说放在身边一个篮子里。我没有篮子，我随手乱放。

断断续续写了四十多年小说，究竟写了多少，都是哪些小说，我不大清楚了，以致今天整理我的小说库时，充满了好奇——我怎么写过这篇小说？那篇小说又写了什么？时隔久了，记不清楚，这很自然，就像分别太久的老朋友们。

但谁还需要这些在岁月里长了胡子的小说？

前些天法国一位艺术家把我一个短篇改编成话剧，要在戏剧节上演。据说她很喜欢这个叫人发笑、自谑性、黑色幽默的故事。这小说名叫《我这个笨蛋》，是我1979年写的小说。细节大多记不得了，只记得这小说充满了批判性的调侃和那时代的勇气。还有一次，我收到一位意大利读者寄来的一支名贵的石楠木刻花的烟斗。他是看过《雕花烟斗》后受了感动寄给我的。《雕花烟斗》是我的第一个短篇，写于上世纪七十年代末。

我很奇怪，这些早期的小说还有人会读吗？读者没有把它当作陈谷子烂芝麻吗？其实对于读者来说，没读过的书永远是新的。或者说，书不分新旧，只是有没有阅读价值。有的小说会过时，有的小说可以跨时空。好小说是不长胡子的。

由于这次对"小说库"做整理，我才知道几十年里我写了一百多部长长短短的小说。现在，当我触摸它们时，我仿佛碰到了一个个阔别已久的朋友，感到一种老友重逢的欢悦，我很快拥抱起它们！我闻到了它们曾经的动人的气息，看见了它们昔日的光影与表情，甚至感受到那些过往生活特有的一切。尽管昔日里年轻、单纯还幼稚，但是我被自己昨日的真诚与情感打动了。我从中发现我曾经苦苦的追求、曲折的探索、种种思考，以及得与失，它们原来全在我的小说库里。

只有我离开过它们，它们从来没有离开过我。

在写作中，小说是其中一种；但小说不同于其他写作，它是一种特殊的写作，是虚构的、无中生有的、想象的、创造的。它通过现实主义的写作，对社会现实做出一己的判断；采用浪漫主义的写作，张扬生活情感与想象；凭借荒诞主义写作，强烈地表达生活与人性中的假恶丑与愚昧。一个作家不会只用一种手法写作。何况我生活和写作的城市又是一座"天下无二"的"双城"：一半本土，一半洋化。我是吃着两种食品——煎饼果子和黄油面包长大的。我在两种文化的融合又撞击中生存，我不同于任何人。因之，我的小说世界错综复杂，我的探索之路辗转迂回；尽管小说是纯虚构的，但它或隐或显地折射出我身处的时代的变迁、特异的地域和我人生与精神多磨的历程。

本小说库凡八卷，长篇两卷中篇三卷短篇三卷。虽非全集，略做取舍，但它是我迄今为止小说作品最为齐全的版本。其本意为二：一是为读者提供我小说作品的全貌；二是为自己漫长的小说人生留下一份见证。

为了这个小说库，我的工作室同仁和作家出版社编辑们对我散布各处的小说广为搜集，严格整理，勘误改正，悉心尽力；此事此意，有感于心，在此一并深表谢意。

是为序。

目录

俗世奇人壹

俗世奇人贰

俗世奇人叁

俗世奇人肆

俗世奇人壹

· 序

　　天津卫本是水陆码头，居民五方杂处，性格迥然相异。然燕赵故地，血气刚烈；水咸土碱，风习强悍。近百余年来，举凡中华大灾大难，无不首当其冲，因生出各种怪异人物，既在显耀上层，更在市井民间。余闻者甚夥，久记于心；尔后虽多用于《神鞭》《三寸金莲》等书，仍有一些故事人物，闲置一旁，未被采纳。这些奇人妙事，闻若未闻，倘若废置，岂不可惜？近日忽生一念，何不笔录下来，供后世赏玩之中，得知往昔此地之众生相耶？故而随想随记，始作于今；每人一篇，各不相关。冠之总名《俗世奇人》耳。

苏七块

苏大夫本名苏金散，民国初年在小白楼一带，开所行医，正骨拿环，天津卫挂头牌，连洋人赛马，折胳膊断腿，也来求他。

他人高袍长，手瘦有劲，五十开外，红唇皓齿，眸子赛[①]灯，下巴儿一绺山羊须，浸了油赛的乌黑锃亮。张口说话，声音打胸腔出来，带着丹田气，远近一样响，要是当年入班学戏，保准是金少山的冤家对头。他手下动作更是"干净麻利快"，逢到有人伤筋断骨找他来，他呢？手指一触，隔皮戳肉，里头怎么回事，立时心明眼亮。忽然双手赛一对白鸟，上下翻飞，疾如闪电，只听咔嚓咔嚓，不等病人觉疼，断骨头就接上了。贴块膏药，上了夹板，病人回去自好。倘若再来，一准是鞠大躬谢大恩送大匾来了。

人有了能耐，脾气准各色。苏大夫有个各色的规矩，凡来瞧病，无论贫富亲疏，必得先拿七块银元码在台子上，他才肯瞧病，否则绝不搭理。这叫嘛规矩？他就这规矩！人家骂他认钱不认人，能耐就值七块，因故得个挨贬的绰号叫作：苏七块。当面称他"苏大夫"，背后叫他"苏七块"，谁也不知他的大名苏金散了。

苏大夫好打牌，一日闲着，两位牌友来玩，三缺一，便把街

---

① 赛：天津方言，有"像"或"似"之义。

北不远的牙医华大夫请来，凑上一桌。玩得正来神儿，忽然三轮车夫张四闯进来，往门上一靠，右手托着左胳膊肘，脑袋瓜淌汗，脖子周围的小褂湿了一圈，显然摔坏胳膊，疼得够劲。可三轮车夫都是赚一天吃一天，哪拿得出七块银元？他说先欠着苏大夫，过后准还，说话时还"哎哟哎哟"叫疼。谁料苏大夫听赛没听，照样摸牌看牌算牌打牌，或喜或忧或惊或装作不惊，脑子全在牌桌上。一位牌友看不过去，使手指指门外，苏大夫眼睛仍不离牌。"苏七块"这绰号就表现得斩钉截铁了。

牙医华大夫出名的心善，他推说去撒尿，离开牌桌走到后院，钻出后门，绕到前街，远远把靠在门边的张四悄悄招呼过来，打怀里摸出七块银元给了他。不等张四感激，转身打原道返回，进屋坐回牌桌，若无其事地接着打牌。

过一会儿，张四歪歪扭扭走进屋，把七块银元哗地往台子上一码。这下比按铃还快，苏大夫已然站在张四面前，挽起袖子，把张四的胳膊放在台子上，捏几下骨头，跟手左拉右推，下顶上压，张四抽肩缩颈闭眼龇牙，预备重重挨几下，苏大夫却说："接上了。"当下便涂上药膏，夹上夹板，还给张四几包活血止疼口服的药面子。张四说他再没钱付药款，苏大夫只说了句："这药我送了。"便回到牌桌旁。

今儿的牌各有输赢，更是没完没了，直到点灯时分，肚子空得直叫，大家才散。临出门时，苏大夫伸出瘦手，拦住华大夫，留他有事。待那二位牌友走后，他打自己座位前那堆银元里取出七块，往华大夫手心一放，在华大夫惊愕中说道："有句话，还得跟您说。您别以为我这人心地不善，只是我立的这规矩不能改！"

华大夫把这话带回去，琢磨了三天三夜，到底也没琢磨透苏大夫这话里的深意。但他打心眼儿里钦佩苏大夫这事这理这人。

刷子李

　　码头上的人，全是硬碰硬。手艺人靠的是手，手上就必得有绝活。有绝活的，吃荤，亮堂，站在大街中央；没能耐的，吃素，发蔫，靠边待着。这一套可不是谁家定的，它地地道道是码头上的一种活法。自来唱大戏的，都讲究闯天津码头。天津人迷戏也懂戏，眼刁耳尖，褒贬分明。戏唱得好，下边叫好捧场，像见到皇上，不少名角便打天津唱红唱紫、大红大紫；可要是稀松平常，要哪没哪，戏唱砸了，下边一准起哄喝倒彩，弄不好茶碗扔上去；茶叶末子沾满戏袍和胡须上。天下看戏，哪儿也没天津倒好叫得厉害。您别说不好，这一来也就练出不少能人来。各行各业，全有几个本领齐天的活神仙。刻砖刘、泥人张、风筝魏、机器王、刷子李等等。天津人好把这种人的姓，和他们拿手擅长的行当连在一起称呼。叫长了，名字反没人知道。只有这一个绰号，在码头上响当当和当当响。

　　刷子李是河北大街一家营造厂的师傅。专干粉刷一行，别的不干。他要是给您刷好一间屋子，屋里任嘛甭放，单坐着，就赛升天一般美。最叫人叫绝的是，他刷浆时必穿一身黑，干完活，身上绝没有一个白点。别不信！他还给自己立下一个规矩，只要身上有白点，白刷不要钱。倘若没这本事，他不早饿成干儿了？

　　但这是传说。人信也不会全信。行外的没见过的不信，行内的生气愣说不信。

　　一年的一天，刷子李收个徒弟叫曹小三。当徒弟的开头都是端茶、点烟、跟在屁股后边提东西。曹小三当然早就听说过师傅那手绝活，一直半信半疑，这回非要亲眼瞧瞧。

　　那天，头一次跟师傅出去干活，到英租界镇南道给李善人新造的洋房刷浆。到了那儿，刷子李跟管事的人一谈，才知道师傅派头十足。照他的规矩一天只刷一间屋子。这洋楼大小九间屋，得刷九天。干活前，他把随身带的一个四四方方的小包袱打开，果然一身黑衣黑裤，一双黑布鞋。穿上这身黑，就赛跟地上一桶白浆较上了劲。

　　一间屋子，一个屋顶四面墙，先刷屋顶后刷墙。顶子尤其难刷，蘸了稀溜溜粉浆的板刷往上一举，谁能一滴不掉？一掉准掉在身上。可刷子李一举刷子，就赛没有蘸浆。但刷子划过屋顶，立时匀匀实实一道白，白得透亮，白得清爽。有人说这蘸浆的手法有高招，有人说这调浆的配料有秘方。曹小三哪里看得出来？只见师傅的手臂悠然摆来，悠然摆去，好赛伴着鼓点，和着琴音，每一摆刷，那长长的带浆的毛刷便在墙面啪地清脆一响，极是好听。啪啪声里，一道道浆，衔接得天衣无缝，刷过去的墙面，真好比平平整整打开一面雪白的屏障。可是曹小三最关心的还是刷子李身上到底有没有白点。

　　刷子李干活还有个规矩。每刷完一面墙，必得在凳子上坐一大会儿，抽一袋烟，喝一碗茶，再刷下一面墙。此刻，曹小三借着给师傅倒水点烟的机会，拿目光仔细搜索刷子李的全身。每一面墙刷完，他搜索一遍。居然连一个芝麻大小的粉点也没发现。他真觉得这身黑色的衣服有种神圣不可侵犯的威严。

可是，当刷子李刷完最后一面墙，坐下来，曹小三给他点烟时，竟然瞧见刷子李裤子上出现一个白点，黄豆大小。黑中白，比白中黑更扎眼。完了！师傅露馅了，他不是神仙，往日传说中那如山般的形象轰然倒去。但他怕师傅难堪，不敢说，也不敢看，可忍不住还要扫一眼。

这时候，刷子李忽然朝他说话："小三，你瞧见我裤子上的白点了吧？你以为师傅的能耐有假，名气有诈，是吧？傻小子，你再细瞧瞧吧——"

说着，刷子李手指捏着裤子轻轻往上一提，那白点即刻没了，再一松手，白点又出现，奇了！他凑上脸用神再瞧，那白点原是一个小洞！刚才抽烟时不小心烧的。里边的白衬裤打小洞透出来，看上去就跟粉浆落上去的白点一模一样！

刷子李看着曹小三发怔发傻的模样，笑道："你以为人家的名气全是虚的？那你是在骗自己。好好学本事吧！"

曹小三学徒头一天，见到听到学到的，恐怕别人一辈子也未准明白呢！

酒婆

酒馆也分三六九等。首善街那家小酒馆得算顶末尾的一等。不插幌子，不挂字号，屋里连座位也没有；柜台上不卖菜，单摆一缸酒。来喝酒的，都是扛活拉车卖苦力的底层人。有的手捏一块酱肠头，有的衣兜里装着一把五香花生，进门要上二三两，倚着墙角窗台独饮。逢到人挤人，便端着酒碗到门外边，靠树一站，把酒一点点倒进嘴里，这才叫过瘾解馋其乐无穷呢！

这酒馆只卖一种酒，使山芋干造的，价钱贱，酒味大。首善街养的猫从来不丢，跑迷了路，也会循着酒味找回来。这酒不讲余味，只讲冲劲，进嘴赛镪水，非得赶紧咽，不然烧烂了舌头嘴巴牙花嗓子眼儿。可一落进肚里，跟手一股劲腾地蹿上来，直撞脑袋，晕晕乎乎，劲头很猛。好赛大年夜里放的那种炮仗"炮打灯"，点着一炸，红灯蹿天。这酒就叫作"炮打灯"。好酒应是温厚绵长，绝不上头。但穷汉子们挣一天命，筋酸骨乏，心里憋闷，不就为了花钱不多，马上来劲，晕头涨脑地洒脱洒脱放纵放纵吗？

要说最洒脱，还得数酒婆。天天下晌，这老婆子一准来到小酒馆，衣衫破烂，赛叫花子；头发乱，脸色黯，没人说得清她嘛长相，更没人知道她姓嘛叫嘛，却都知道她是这小酒馆的头号酒鬼，尊称"酒婆"。她一进门，照例打怀里掏出个四四方方小布包。打开布包，里头是个报纸包，报纸有时新有时旧；打开报纸包，又是个绵纸包，好赛里头包着一个翡翠别针；再打开这绵纸包，原来只是两角钱！她拿钱撂在柜台上，老板照例把多半碗"炮打灯"递过去，她接过酒碗，举手仰脖，碗底一翻，酒便直落肚中，好赛倒进酒桶。待这婆子两脚一出门槛，就赛在画上画天书了。

她一路东倒西歪向北去，走出一百多步远的地界，是个十字路口，车来车往，常常出事。您还甭为这婆子揪心，瞧她烂醉如泥，可每次将到路口，一准是噔的一下，醒过来了！竟赛常人一般，不带半点醉意，好端端地穿街而过。她天天这样，从无闪失。首善街上人家，最爱瞧酒婆这醉醺醺的几步扭——上摆下摇，左歪右斜，悠悠旋转乐陶陶，看似风摆荷叶一般；逢到雨天，雨点淋身，便赛一张慢慢旋动的大伞了……但是，为嘛酒婆一到路口就醉意全消呢？是因为"炮打灯"就这么一点劲头儿，还是酒婆有超人的能耐说醉就醉说醒就醒？

酒的诀窍，还是在酒缸里。老板人奸，往酒里掺水。酒鬼们对眼睛里的世界一片模糊，对肚子里的酒却一清二楚，但谁也不肯把这层纸捅破，喝美了也就算了。老板缺德，必得报应，人近六十，没儿没女，八成要绝后。可一日，老板娘爱酸爱辣，居然有喜了！老板给佛爷叩头时，动了良心，发誓今后老实做人，诚实卖酒，再不往酒里掺水掺假了。

就是这日，酒婆来到这家小酒馆，进门照例还是掏出包儿来，层层打开，花钱买酒，举手仰脖，把改假为真的"炮打灯"倒进肚里……真货就有真货色。这次酒婆还没出屋，人就转悠起来了。而且今儿她一路上摇晃得分外好看，上身左摇，下身右摇，愈转愈疾，初时赛风中的大鹏鸟，后来竟赛一个黑黑的大漩涡！首善街的人看得惊奇，也看得纳闷，不等多想，酒婆已到路口，竟然没有酒醒，破天荒头一遭转悠到大马路上，下边的惨事就甭提了……

自此，酒婆在这条街上绝了迹。小酒馆里的人们却不时念叨起她来。说她才算真正够格的酒鬼。她喝酒不就菜，向例一饮而尽，不贪解馋，只求酒劲。在酒馆既不多事，也无闲话，交钱喝酒，喝完就走，从来没赊过账。真正的酒鬼，都是自得其乐，不搅和别人。

老板听着，忽然想到，酒婆出事那日，不正是自己不往酒里掺假的那天吗？原来祸根竟在自己身上！他便别扭开了，心想这人间的道理真是说不清道不明了。到底骗人不对，还是诚实不对？不然为嘛几十年拿假酒骗人，却相安无事，都喝得挺美，可一旦认真起来反倒毁了？

死鸟

　　天津卫的人好戏谑，故而人多有外号。有人的外号当面叫，有人的外号只能背后说，这要看外号是怎么来的。凡有外号，必有一个好笑的故事；但故事和故事不同，有的故事可以随便当笑话说，有的故事人却不能乱讲；比方贺道台这个各色的雅号——死鸟。

　　贺道台相貌普通，赛个猪崽。但真人不露相，能耐暗中藏。他的能耐有两样，一是伺候头儿，一是伺候鸟。

　　伺候上司的事是挺特别的一功。整天跟在上司的屁股后边，跟慢跟紧全都不成。跟得太慢，遇事上不去，叫上司着急；跟得太紧，弄不好一脚踩在上司的后脚跟上，反而惹恼了上司。而且光是赛条小狗那样跟在后边也不成，还得善于察言观色，摸透上司脾气，知道嘛时候该说嘛，嘛时候不该说嘛；挨训时俯首帖耳，挨骂时点头称是。上司骂人，不准是你的不是，有时不过是上司发发威和舒舒气罢了。你要是耐不住性子，皱眉撇嘴，露出烦恼，那就叫上司记住了。从此，官儿不是愈做愈大，而是愈做愈小——就这种不是人干的事，贺道台却得心应手，做得从容自然。人说，贺道台这些能耐都出自他的天性。说他天生是上司的撒气篓子，一条顺毛驴，三脚踹不出个屁来，对么？

　　说完他伺候头儿，再说他伺候鸟儿。

　　伺候鸟的事也是另外一功。别以为把鸟关在笼子里，放点米，给点虫，再加点水，就能又蹦又跳。一种鸟有一种鸟的习惯，差一点就闭眼觖毛，耷拉翅膀；一只鸟有一只鸟的性子，不依着它就不唱不叫，动也不动，活的赛死的差不多。人说贺道台上辈子准是鸟儿。他对鸟儿们的事全懂，无论嘛鸟，经他那双小胖手一摆弄，毛儿鲜亮，活蹦乱跳，嗓子个个赛得过在天福茶园里那个唱落子的一毛旦。

过年立夏转天，在常关做事的一位林先生，打江苏常州老家歇假回来，带给他一只八哥。这八哥个大肚圆，腿粗爪硬，通身乌黑，嘴儿金黄；叫起来，站在大街上也听得清清楚楚。贺道台心里欢喜说："公鸡的嗓门也没它大。"

林先生笑道："就是学人说话还差点。它总不好好学。怎么教也不会，可有时不留神的话，却给它学去了。不过，到您手里一调教，保准有出息。"

贺道台也笑了，说道："过三个月，我叫它能说快板书。"

然而，这八哥好比烈马，一时极难驯服。贺道台用尽法子，它也学不会。贺道台骂它一句："笨鸟。"第二天它却叫了一天"笨鸟"。叫它停嘴，它偏不停。前院后院都听得清清楚楚，午觉也没法儿睡。贺道台用罩子把笼子严严实实罩了多半天，它才不叫。到了傍晚，太太怕把它闷死，叫丫鬟把罩子摘去，它一露面，竟对太太说："太太起痱子了吧？"把太太吓了一跳。再一想，这不是前几天老爷对她说的话吗，不留神竟给它学去了。逗得太太咯咯笑了半天。待贺道台回来，她对老爷说了。没等她去叫八哥再说一遍，八哥自己又说："太太起痱子了吧？"

贺道台给逗得咧嘴直笑，还说："这东西，连声音也学我。"

太太说："没想到这坏东西竟这么聪明。"

自此，贺道台分外仔细照料它。日子一长，它倒是学会了几句什么"给大人请安""请您坐上座""您走好了"之类的话，只是不好好说。可是，它抽冷子蹦出几句老爷太太平时说的"起痱子"那类的话，反倒把客人逗得大笑，直笑得前仰后合。

知府大人说："贺大人，从它身上就知道您有多聪明了。"

贺道台得意这鸟，更得意自己。这话就暂且按下不提。

九月初九那天，东城外的玉皇阁"攒九"，津门百姓照例都去登阁，俗称九九登高。此时，天高气爽，登高一望，心头舒畅，块垒皆无。这天直隶总督裕禄也来到了玉皇阁，兴致非常好，顺着那又窄又陡的楼梯，一口气直爬到顶上的清虚阁。随同来的文武官员全都跑前跑后，哄他高兴。贺道台自然也在其中。他指着三岔河口上的往来帆影，说些提兴致的话，直叫裕禄大人心头赛开了花。从阁上下来，贺道台便说，自己的家就在不远，希望大人赏脸，到他家去坐坐。裕大人平日绝不肯屈尊到属下家中做客。但今日兴致高，竟答应了。贺道台的轿子便在前面开道，其余官员跟随左右，骑龙驾虎一般去了。

贺道台的八哥笼子就挂在客厅窗前，裕大人一进门，它就叫："给大人请安。"声音嘹亮，一直送进裕禄的耳朵里。

裕大人愈发兴高采烈，说道："这东西竟然比人还灵。"

贺道台应声便说："还不是因为大人来了。平时怎么叫它说，它也不肯说。"

待端茶上来，八哥忽又叫道："这茶是明前茶。"

裕大人一怔，扭头对那笼子里的八哥说："这是你的错了。现在什么时候了，哪还有明前茶？"

上司打趣，下司拾笑。笑声灌满客厅。并一齐讪笑八哥是个傻瓜。

贺道台说："大人真是一句切中了要害。其实这话并不是我教的，这东西总是时不时蹦出来一句，不知哪儿来的话。"

知府笑道："还不是平日里说者无意，听者有心。想必贺大人总喝好茶，它把茶名全记住了！"

裕禄笑道说："有什么好茶，也请裕禄我尝尝。"

大家又笑起来。但八哥听到了"裕禄"两字，忽然翅膀一抖，跟着全身黑毛全奓起来，好赛发怒，声音又高又亮地叫道："裕禄那王八蛋！"

满厅的人全怔住。其实这一句众人全听到了，就在惊呆的一刻，这八哥又说一遍："裕禄那王八蛋！"说得又清楚又干脆。裕禄忽地手一甩，把桌上的茶碗全抽在地上，怒喝一声："太放肆了！"

贺道台慌忙趴在地上，声音抖得快听不见："这不是我教给它的——"话到这里，不觉卡住了。他想到，八哥的这句话，正是他每每在裕禄那里受了窝囊气后回来说的。怎么偏偏给它记住了？这不是要他的命吗？他浑身全是凉气。

等他明白过来，裕禄和众官员已经离去。只他一个人还趴在客厅地上。他突然跳起来，朝那八哥冲去，一边吼着："你毁了我！我撕了你，你这死鸟！"

他两手抓着笼子一扯，用力太大，笼子扯散，鸟飞出来，一把没有抓住。这八哥穿窗飞出，落在树上。居然把贺道台刚刚说的这话学会了，朝他叫道："死鸟！"

贺道台叫仆人们用杆子打，用砖头砍，爬上树抓。八哥在树顶上来回蹦了一会儿，还不住地叫："死鸟！死鸟！死鸟！"最后才展翅飞去，很快就无影无踪了。

　　自此，贺道台就得了"死鸟"的外号。而且人们传这外号的时候，还总附带着这个故事。

张大力

    张大力，原名叫张金璧，津门一员赳赳武夫，身强力蛮，力大没边，故称大力。津门的老少爷们喜欢他，佩服他，夸他。但天津人有自己夸人的方法。张大力就有这么一件事，当时无人不晓，现在没人知道，因此写在下边——

    侯家后一家卖石材的店铺，叫聚合成。大门口放一把死沉死沉的青石大锁，锁把也是石头的。锁上刻着一行字：

凡举起此锁者赏银百两。

    聚合成设这石锁，无非为了证明它的石料都是坚实耐用的好料。

    可是，打石锁撂在这儿，没人举起过，甚至没人能叫它稍稍动一动，您说它有多重？好赛它跟地壳连着，除非把地面也举到头上去！

    一天，张大力来到侯家后，看见这把锁，也看见上边的字，便俯下身子，使手问一问，轻轻一撼，竟然摇动起来，而且赛摇一个竹篮子，这就招了许多人围上来看。只见他手握锁把，腰一挺劲，大石锁被他轻易地举到空中。胳膊笔直不弯，脸上笑容满面，好赛举着一大把花儿！

    众人叫好呼好喊好，张大力举着石锁，也不撂下来，直等着聚合成的伙计老板全出来，看清楚了，才将石锁放回原地。老板上来笑嘻嘻说："原来张老师来了，快请到里头坐坐，喝杯茶！"

张大力听了，正色说："老板，您别跟我弄这套！您的石锁上写着嘛，谁举起它，赏银百两，您就快把钱拿来，我还忙着哪！"

谁料聚合成的老板并不理会张大力的话。待张大力说完，他不紧不慢地说道："张老师，您只瞧见石锁上边的字了，可石锁底下还有一行字，您瞧见了吗？"

张大力怔了。刚才只顾高兴，根本没瞧见锁下边还有字。不单他没瞧见，旁人也都没瞧见。张大力脑筋一转，心想别是老板唬他，不想给钱，以为他使过一次劲，二次再举不起来了，于是上去一把又将石锁高高举到头顶上，可抬眼一看，石锁下边还真有一行字，竟然写着：

唯张大力举起来不算！

把这石锁上边和下边的字连起来，就是：

凡举起此锁者赏银百两，唯张大力举起来不算！

众人见了，都笑起来。原来人家早知道唯有他能举起这家伙。而这行字也是人家佩服自己，夸赞自己——张大力当然明白。

他扔了石锁，哈哈大笑，扬长而去。

冯五爷

　　冯五爷是浙江宁波人。冯家出两种人，一经商，一念书。冯家人聪明，脑袋瓜赛粤人翁伍章雕刻的象牙球，一层套一层，每层一花样。所以冯家人经商的成巨富，念书的当文豪做大官。冯五爷这一辈五男二女，他排行末尾，几位兄长远在上海天津开厂经商，早早地成家立业，站住脚跟。唯独冯五爷在家啃书本。他人长得赛条江鲫，骨细如鱼刺，肉嫩如鱼肚，不是赚钱发财的长相，倒是舞文弄墨的材料。凡他念过的书，你读上句，他背下句，这能耐据说只有宋朝的王安石才有。至于他出口成章，落笔生花，无人不服。都说这一辈冯家的出息都在这五爷身上了。

　　冯五爷二十五，父母入土，他卖房卖地，携家带口来到天津卫，为的是投兄靠友，谋一条通天路。

　　他心气高，可天津卫是商埠，毛笔是用来记账的，没人看书，自然也没人瞧得起念书的。比方说，地上有黄金也有书本，您拣哪样？别人发财，冯五爷眼热，脑筋一歪，决意下海做买卖。但此道他一窍不通，干哪行呢？

　　中国人想赚钱，第一个念头便是开饭馆。民以食为天，民为食花钱；一天三顿饭，不吃腿就软，钱都给了饭馆老板。天津的钱又都在商人手里，商界的往来大半在饭桌上。再说，天津产盐，吃菜口重，宁波菜咸，正合口味。于是冯五爷拿定主意，开个宁波风味的馆子，便在马家口的闹市里，选址盖房，取名"状元楼"。择个吉日，升匾挂彩，燃鞭放炮，饭馆开张了。冯五爷身穿藏蓝暗花大褂，胸前晃着一条纯金表链，中印分头，满头抹油，地道的老板打扮，站在大厅迎宾迎客，应付八方。念书的人，讲究礼节，谈吐又好，很得人缘。再说，状元楼是天津卫独一家宁波馆，海鱼河虾都是天津人解馋的食品，在宁波厨子手里一做，比活鱼活虾还鲜。故此开张以来，天天坐满堂，晚上一顿还得"翻台"，上两拨客人。眼瞅着金河银河，往钱匣子里流，冯五爷心花怒放。可日子一长，赚钱并不多。冯五爷纳闷，天天一把把银钱，赛一群群鸟飞进来，都落到哪儿去了？往后再一瞧账，哟，反倒出了赤字！

一日，一个打宁波来帮工的小伙计，抖着胆子告诉他，厨房里的鸡鸭鱼肉，进到客人嘴里的有限，大多给厨子伙计们截墙扔出去了，外边有人接应。状元楼有多少钱经得住天天往外扔？

冯五爷盛怒之后，心想自己嘛脑袋，《二十四史》背得滚瓜烂熟，能拿这帮端盘子炒菜的没辙？这就开刀了。除去那个打宁波老家带来的胖厨子没动，其余伙计全轰走，斩草除根换一拨人，还有后院墙头安装电网，以为从此相安无事，可账上仍是赤字，怎么回事？

又一日，住在状元楼邻近一位婆子，咬耳朵对他说，每天后晌，垃圾车一到，一摇铃铛，打状元楼里抬出的七八个土箱子，只有上边薄薄一层是垃圾，下边全是铁皮罐头、整袋咸鱼、好酒好烟。原来内外勾结，用这法儿把东西弄走。这不等于拿土箱子每天往外抬钱吗？冯五爷赶在一个后晌倒垃圾的时候，上前一查，果然如此。大怒之下，再换一拨人。人是换了，但账本上的赤字还是没有换掉。

冯五爷不信自己无能。天天到馆子瞪大眼珠，内内外外巡视一番，却看不出半点毛病。文人靠想象过日子，真落到生活的万花筒里，便是"自作聪明真傻瓜"。状元楼就赛破皮球，撒气漏风，眼瞅着败落下来。买卖赛人，靠一股气儿活着，气泄了，谁也没辙。愈少客人，客人愈少；油水没油，伙计散伙。饭厅有时只开半边灯了。

冯五爷心里只剩下一点不服。

再一日，身边使唤的小童对他说，外头风传，状元楼里最大的偷儿不是别人，就是那个打老家带来的胖厨子。据说他偷瘾极大，无日不偷，无时不偷，无物不偷，每晚回家必偷一样东西走，而且偷术极高，绝对查看不出。冯五爷不肯相信，这胖厨子当年给自己父亲做饭，胖厨子的父亲给自己爷爷做饭，他家的根早扎在冯家了。倘若他是贼，谁还会不是贼？

但是，冯五爷究竟干了两年的买卖，看到的假笑比真笑多，听到的假话比真话多，心里也多了一个心眼儿了。当日晚上，状元楼该关灯闭门时候，冯五爷带着小童到饭馆前厅，搬一把藤椅，撂在通风处，仰面一躺，说是歇凉，实是捉贼。

等了不久，胖厨子封上炉火，打后头厨房出来，正要回家。他光着脑袋一身肉，下边只穿一条大白裤衩，趿拉一双破布鞋，肩上搭一条汗巾，手提一盏纸灯笼。他瞅见老板，并不急着脱身离去，而是站着说话。那模样赛是说：您就放开眼瞧吧！

冯五爷嘴里搭讪，一双文人的锐目利眼却上上下下打量他，心中一边揣度——这光头光身，往哪儿藏掖？破鞋里也塞不了一盒烟啊！灯笼通明雪亮，里头放点嘛也全能照出来。裤衩虽大，但给大厅里来回来去的风一吹，大腿屁股的轮廓都看得清清楚楚，还能有嘛？是不是搭在肩上那条擦汗的手巾里裹着点什么？心刚生疑，不等他说，胖厨子已把汗巾从肩上拿下，甩手扔给小童，说道："外边都凉了，我带这条大毛巾做什么，烦你给搭在后院的晾衣绳上吧！"说完辞过冯五爷，手提灯笼，大摇大摆走了。

冯五爷叫小童打开毛巾，里头嘛也没有，差点冤枉好人。

可是转天，这小童打听到，胖厨子昨晚使的花活，在那灯笼上。原来插洋蜡的灯座不是木头的，而是拿一块冻肉旋的，这块肉足有二斤沉！可人家居然就在冯五爷眼皮子底下，使灯照着，大模大样提走了，真叫绝了！

冯五爷听罢，三天没说话，第四天就把状元楼关了。有人劝他重返文苑，接着念书，他摇头叹息。念书得信书。他连念书的人能耐还是不念书的人能耐都弄不清，哪还会有念书的心思？

蓝眼

古玩行中有对天敌，就是造假画的和看假画的。造假画的，费尽心机，用尽绝招，为的是骗过看假画的那双又尖又刁的眼；看假画的，却凭这双眼识破天机，看破诡计，捏着这造假的家伙没藏好的尾巴尖儿，打一堆画里把它抻出来，晾在光天化日底下。

这看假画的名叫蓝眼。在锅店街裕成公古玩铺做事，专看画。蓝眼不姓蓝，他姓江，原名在棠，"蓝眼"是他的外号。天津人好起外号，一为好叫，二为好记。这蓝眼来源于他的近视镜，镜片厚得赛瓶底，颜色发蓝，看上去真赛一双蓝眼。而这蓝眼的关键还是在他的眼上。据说他关灯看画，也能看出真假；话虽有点玄，能耐不掺假。他这蓝眼看画时还真的大有神道——看假画，双眼无神；看真画，一道蓝光。

这天，有个念书打扮的人来到铺子里，手拿一轴画。外边的题签上写着"大涤子湖天春色图"。蓝眼看似没看，他知道这题签上无论写嘛，全不算数，真假还得看画。他刷地一拉，疾如闪电，露出半尺画心。这便是蓝眼出名的"半尺活"，他看画无论大小，只看半尺。是真是假，全拿这半尺画说话，绝不多看一寸一分。蓝眼面对半尺画，眼镜片唰的闪过一道蓝光，他抬起头问来者："你打算卖多少钱？"

来者没急着要价，而是说："听说西头的黄三爷也临摹过这幅画。"

黄三爷是津门造假画的第一高手。古玩铺里的人全怕他。没想到蓝眼听赛没听，又说一遍："我眼里从来没有什么黄三爷。你说你这画打算卖多少钱吧？"

"两条。"来者说。这两条是二十两黄金。

要价不低，也不算太高，两边稍稍地你抬我压，十八两便成交了。

打这天起，津门的古玩铺都说锅店街的裕成公买到一轴大涤子石涛的山水，水墨浅绛，苍润至极，上边还有大段题跋，尤其难得。有人说这件东西是打北京某某王府流落出来的。来卖画的人不大在行，蓝眼却抓个正着。花钱不少，东西更好。这么精的大涤子，十年内天津的古玩行就没现过。那时没有报纸，嘴巴就是媒体，愈说愈神，愈传愈广。接二连三总有人来看画，裕成公都快成了绸缎庄了。

世上的事，说足了这头，便开始说那头。大约事过三个月，开始有人说裕成公那幅大涤子靠不住。初看挺唬人，可看上几遍就稀汤寡水，没了精神。真假画的分别是，真画经得住看，假画受不住瞧。这话传开之后，就有新闻冒出来——有人说这画是西头黄三爷一手造的赝品！这话不是等于拿盆脏水往人家蓝眼的袍子上泼吗？

蓝眼有根，理也不理。愈是不理，传得愈玄。后来就说得有鼻子有眼儿了。说是有人在针市街一个人家里，看到了这轴画的真品。于是，又是接二连三，不间断有人去裕成公古玩铺看画，但这回是想瞧瞧黄三爷用嘛能耐把蓝眼的眼蒙住的。向来看能人栽跟斗都最来神儿！

裕成公的老板佟五爷心里有点发毛，便对蓝眼说："我信您的眼力，可我架不住外头的闲话，扰得咱铺子整天乱哄哄的。咱是不是找个人打听打听那画在哪儿。要真有张一模一样的画，就想法把它亮出来，分清楚真假，更显得咱高。"

蓝眼听出来老板没底，可是流言闲语谁也没辙，除非就照老板的话办，真假一齐亮出来。人家在暗处闹，自己在明处赢。

佟老板找来尤小五。尤小五是天津卫的一只地老鼠，到处乱钻，嘛事都能叫他拿耳朵摸到。他们派尤小五去打听，转天有了消息。原来还真的另有一幅大涤子，也叫《湖天春色图》，而且真的就在针市街一个姓崔的人家！佟老板和蓝眼都不知道这崔家是谁。佟老板便叫尤小五引着蓝眼去看。蓝眼不能不去，待到了那家一看，眼镜片唰唰闪过两道蓝光，傻了！

真画原来是这幅。铺子里那幅是假造的！这两幅画的大小、成色、画面，全都一样，连图章也是仿刻的。可就是神气不同——瞧，这幅真的是嘛神气！

他当初怎么打的眼，已经全然不知。此时面对这画，真恨不得钻进地里去。他二十年没错看过一幅。他蓝眼简直成了古玩行里的神。他说真必真，说假准假，没人不信。可这回一走眼，传了出去，那可毁了。看真假画这行，看对一辈子全是应该的，看错一幅就一跟斗栽到底。

他没出声。回到店铺跟老板讲了实话。裕成公和蓝眼是连在一块的，要栽全栽。佟老板想了一夜，有了主意，决定把崔家那轴大涤子买过来，花大价钱也在所不惜。两幅画都攥在手里，哪真哪假就全由自己说了。但办这事他们绝不能露面，便另外花钱请个人，假装买主，跟随尤小五到崔家去买那轴画。谁料人家姓崔的开口就是天价。不然就自己留着不卖了。买东西就怕一边非买，一边非不卖。可是去装买主这人心里有底，因为来时佟老板对他有话："就是砸了我铺子，你也得把画给我买来。"这便一再让步，最后竟花了七条金子才买到手，反比先前买的那轴多花了三倍的钱还多。

待把这轴画拿到裕成公，佟老板舒口大气，虽然心疼钱，却保住了裕成公的牌子。他叫伙计们把两轴画并排挂在墙上，彻底看个心明眼亮。等画挂好，蓝眼上前一瞧，眼镜片唰唰唰闪过三道光。人竟赛根棍子立在那里。天下的怪事就在眼前——原来还是先前那幅是真的，刚买回来的这幅反倒是假的！

真假不放在一起比一比，根本分不出真假——这才是人家造假画的本事，也是最高超的本事！

可是蓝眼长的一双是嘛眼？肚脐眼？

蓝眼差点一口气闭过去。转过三天，他把前前后后的事情捋了一遍，这才明白，原来这一切都是黄三爷在暗处做的圈套。一步步叫你钻进来。人家真画卖得不吃亏，假画卖得比天高。他忽然想起，最早来卖画的那个书生打扮的人，不是对他说过"黄三爷也临摹过这幅画"吗？人家有话在先，早就说明白这幅画有真有假，再看打了眼怨谁？看来，这位黄三爷不单是冲着钱来的，干脆就是冲着自己来的。人家叫你手里攒着真画，再去买他造的假画。多绝！等到他明白了这一层，才算明白到家，认栽到底！打这儿起，蓝眼卷起被袱卷儿离开了裕成公。自此不单天津古玩行没他这号，天津地面也瞧不见他的影子。有人说他得一场大病，从此躺下，再没起来。栽得真是太惨了！

　　再想想看，他还有更惨的——他败给人家黄三爷，却只见到黄三爷的手笔，人家的面也没叫他见过呢！

　　所幸的是，他最后总算想到黄三爷的这一手。死得明明白白。

好嘴杨巴

津门胜地，能人如林，此间出了两位卖茶汤的高手，把这种稀松平常的街头小吃，干得远近闻名。这二位，一位胖黑敦厚，名叫杨七；一位细白精朗，人称杨八。杨七杨八，好赛哥俩，其实却无亲无故，不过他俩的爹都姓杨罢了。杨八本名杨巴，由于"巴"与"八"音同，杨巴的年岁长相又比杨七小，人们便错把他当成杨七的兄弟。不过要说他俩的配合，好比左右手，又非亲兄弟可比。杨七手艺高，只管闷头制作；杨巴口才好，专管外场照应，虽然里里外外只这两人，既是老板又是伙计，闹得却比大买卖还红火。

杨七的手艺好，关键靠两手绝活。

一般茶汤是把秫米面沏好后，捏一撮芝麻撒在浮头，这样做香味只在表面，愈喝愈没味儿。杨七自有高招，他先盛半碗秫米面，便撒上一次芝麻，再盛半碗秫米面，沏好后又撒一次芝麻。这样一直喝到见了碗底都有香味。

他另一手绝活是，芝麻不用整粒的，而是先使铁锅炒过，再拿擀面杖压碎。压碎了，里面的香味才能出来。芝麻必得炒得焦黄不煳，不黄不香，太煳便苦；压碎的芝麻粒还得粗细正好，太粗费嚼，太细也就没嚼头了。这手活儿别人明知道也学不来。手艺人的能耐全在手上，此中道理跟写字画画差不多。

可是，手艺再高，东西再好，拿到生意场上必得靠人吹。三分活，七分说，死人说活了，破货变好货，买卖人的功夫大半在嘴上。到了需要逢场作戏、八面玲珑、看风使舵、左右逢源的时候，就更指着杨巴那张好嘴了。

那次，李鸿章来天津，地方的府县道台费尽心思，究竟拿嘛样的吃喝才能把中堂大人哄得高兴？京城豪门，山珍海味不新鲜，新鲜的反倒是地方风味小吃，可天津卫的小吃太粗太土：熬小鱼刺多，容易卡嗓子；炸麻花梆硬，弄不好硌牙。琢磨三天，难下决断，幸亏知府大人原是地面上走街串巷的人物，嘛都吃过，便举荐出"杨家茶汤"；茶汤黏软香甜，好吃无险，众官员一齐称好，这便是杨巴发迹的缘由了。

这日下晌，李中堂听过本地小曲莲花落子，饶有兴味，满心欢喜，撒泡热尿，身爽腹空，要吃点心。知府大人忙叫"杨七杨八"献上茶汤。今儿，两人自打到这世上来，头次里外全新，青裤青褂，白巾白袜，一双手拿碱面洗得赛脱层皮那样干净。他俩双双将茶汤捧到李中堂面前的桌上，然后一并退后五步，垂手而立，说是听候吩咐，实是请好请赏。

李中堂正要尝尝这津门名品，手指尖将碰碗边，目光一落碗中，眉头忽地一皱，面上顿起阴云，猛然甩手，啪地将一碗茶汤打落在地，碎瓷乱飞，茶汤泼了一地，还冒着热气儿。在场众官员吓蒙了，杨七和杨巴慌忙跪下，谁也不知中堂大人为嘛犯怒。

当官的一个比一个糊涂，这就透出杨巴的明白。他眨眨眼，立时猜到中堂大人以前没喝过茶汤，不知道撒在浮头的碎芝麻是嘛东西，一准当成不小心掉上去的脏土，要不哪会有这大的火气？可这样，难题就来了——

倘若说这是芝麻，不是脏东西，不等于骂中堂大人孤陋寡闻，没有见识吗？倘若不加解释，不又等于承认给中堂大人吃脏东西？说不说，都是要挨一顿臭揍，然后砸饭碗子。而眼下顶要紧的，是不能叫李中堂开口说那是脏东西。大人说话，不能改口。必须赶紧想辙，抢在前头说。

杨巴的脑筋飞快地一转两转三转，主意来了！只见他脑袋撞地，咚咚咚叩得山响，一边叫道："中堂大人息怒！小人不知道中堂大人不爱吃压碎的芝麻粒，惹恼了大人。大人不计小人过，饶了小人这次，今后一定痛改前非！"说完又是一阵响头。

李中堂这才明白，刚才茶汤上那些黄渣子不是脏东西，是碎芝麻。明白过后便想，天津卫九河下梢，人性练达，生意场上，心灵嘴巧。这卖茶汤的小子更是机敏过人，居然一眼看出自己错把芝麻当作脏土，而三两句话，既叫自己明白，又给自己面子。这聪明在眼前的府县道台中间是绝没有的，于是对杨巴心生喜欢，便说："不知道当无罪！虽然我不喜欢吃碎芝麻（他也顺坡下了），但你的茶汤名满津门，也该嘉奖！来人呀，赏银一百两！"

这一来，叫在场所有人摸不着头脑。茶汤不爱吃，反倒奖巨银，为嘛？傻啦？杨巴趴在地上，一个劲儿地叩头谢恩，心里头却一清二楚全明白。

自此，杨巴在天津城威名大震。那"杨家茶汤"也被人们改称"杨巴茶汤"了。杨七反倒渐渐埋没，无人知晓。杨巴对此毫不内疚，因为自己成名靠的是自己一张好嘴，李中堂并没有喝茶汤呀！

蔡二少爷

蔡家二少爷的能耐特别——卖家产。

蔡家的家产有多大？多厚？没人能说清。反正人家是天津出名的富豪，折腾盐发的家，有钱做官，几代人还全好古玩。庚子事变时，老爷子和太太逃难死在外边。大少爷一直在上海做生意，有家有业。家里的东西就全落在二少爷身上。二少爷没能耐，就卖着吃。打小白脸吃到满脸胡楂，居然还没有"坐吃山空"。人说，蔡家的家产够吃三辈子。

敬古斋的黄老板每听这话，心里暗笑。他多少年专卖蔡家的东西。名人家的东西较比一般人的东西好卖。而黄老板凭他的眼力，看得出二少爷上边几代人都是地道的玩主。不单没假，而且一码是硬邦邦的好东西，到手就能出手。蔡家卖的东西一多半经他的手，所以他知道蔡家的水有多深。十五年前打蔡家出来的东西是珠宝玉器、字画珍玩，十年前成了瓷缸石佛、硬木家具，五年前全是一包一包的旧衣服了。东西虽然不错，却渐渐显出河干见底的样子。这黄老板对蔡二少爷的态度也就一点点地变化。十五年前，他买二少爷的东西，全都是亲自去蔡家府上；十年前，二少爷有东西卖，派人叫他，他一忙就把事扔在脖子后边；五年前，已经变成二少爷胳肢窝里夹着一包旧衣服，自个儿跑到敬古斋来。

这时候，黄老板耷拉着眼皮说："二少爷，麻烦您把包儿打开吧!"连伙计们也不上来帮把手。黄老板拿个尺子,把包里的衣服一件件挑出来,往旁边一甩,同时嘴里叫个价钱,好赛估衣街上卖布头的。最后结账时,全是伙计的事,黄老板人到后边喝茶抽烟去了。黄老板自以为摸透了蔡家的命脉。可近两年这脉象有点古怪了。

蔡家二少爷忽然不卖旧衣,反过来又隔三岔五派人叫他到蔡家去。海阔天空地先胡扯半天,扭身从后边柜里取出一件东西给他看,件件都是十分成色的古玩精品。不是康熙五彩的大碟子,就是一把沈石田细笔的扇子。二少爷把东西往桌上一撂那神气,好赛又回到十多年前。黄老板说:"真是瘦死的骆驼比马大,二少爷的箱底简直没有边啦!东西卖了快二十年,还是拿出一件是一件!"蔡二少爷笑笑,只淡淡说一句:"我总不能把祖宗留下来的全卖了,那不成败家子了吗?"可一谈价就难了,每件东西的要价比黄老板心里估计的卖价还高,这在古玩行里叫作:脖梗价。就是逼着别人上吊。

像蔡家这种人家卖东西,有两种卖法:一是卖穷,一是卖富。所谓卖穷,就是人家急等着用钱,着急出手,碰上这种人,就赛撞上大运;所谓卖富,就是人家不缺钱花,能卖大价钱才卖。遇到这种人,死活没办法。蔡二少爷一直是卖穷,嘛时候改卖富了?

一天,北京琉璃厂大雅轩的毛老板来到敬古斋。这一京一津两家古玩店,平日常有往来,彼此换货,互找买主,熟得很。

毛老板进门就瞧见古玩架上有件东西很眼熟,走近一看,一个精致的紫檀架上,放着一叠八片羊脂玉板刻的《金刚经》,馆阁体的蝇头小字,讲究至极,还描了真金。他扭脸对黄老板说:"这东西您打哪儿来的？"脸上的表情满是疑惑。

黄老板说："半个月前新进的，怎么？"

毛老板追问一句："谁卖您的？"

黄老板眼珠一转，心想你们京城人真不懂规矩。古玩行里，对人家的买主或卖主都不能乱打听。他笑了笑，没搭茬。

毛老板觉出自己问话不当，改口说："是不是你们天津的蔡二少爷匀给您的？这东西是打我手里买的。"

黄老板怔住，禁不住说："他是卖主呀！怎么还买东西？"

毛老板接过话："我一直以为他是买主，怎么还卖，要不我刚才问您。"

两人大眼对小眼，都发傻。

毛老板忽指着柜上的一个大明成化的青花瓶子说："那瓶子也是我卖给他的！他多少钱给您的？我可是跟白扔一样让给他的。"

毛老板还蒙在鼓里，黄老板心里头已经真相大白。他不能叫毛老板全弄明白。待毛老板走后，他马上对伙计们说：

"记住，蔡二少爷不能再打交道了。这王八蛋卖东西卖出能耐来了，已经成精了！"

背头杨

　　光绪庚子后，社会维新，人心思变，光怪陆离，无奇不有，大直沽冒出一个奇人，人称"背头杨"。当时，男人的辫子剪得太急，而且头发受之父母，不肯剪去太多，剪完后又没有新发型接着，于是就剩下一头长长的散发，赛玉米穗子背在后脑壳上，俗称"马子盖"，大名叫"背头"。背头便成了维新的男人们流行的发式了。

　　既然如此，这个留背头姓杨的还有嘛新鲜的？您问得好，我告您——这人是女的！

　　大直沽有个姓杨的大户，两个没出门的闺女。杨大小姐，斯文好静，整天待在家；杨二小姐，激进好动，终日外边跑，模样和性情都跟小子们一样。而且好时髦，外边流行什么，她就立即弄到自己身上来。她头次听到"革命"二字，马上就铰了头发，仿照维新的男人们留个背头。这在当时可是个大新闻。可她不管家里怎么闹，外头怎么说，我行我素，快意得很。但没出十天，麻烦就来了——

　　这天傍晚，背头杨打老龙头的西学堂听完时事演讲回家。下边憋了一泡尿。她急着往家赶，愈急愈憋不住。简直赛江河翻浪，要决口子。她见道边有间茅厕，便一头钻进去。

　　天下的茅厕都是一边男一边女，中间隔道墙，左男右女。她正解裤带的当口，只听蹲着的一个女的大声尖叫："流氓，流氓！"

跟着，另一个也叫起来，声音更大。她给这一叫弄蒙了。闹不清流氓在哪儿，提着裤子跑出去。谁料里边的几个女的跟着跑出来，喊打叫骂，认准她是个到女厕所占便宜的坏小子。过路的人上来把她截住，一拥而上，连踢带打。背头杨叫着："别打，别打，我是女的！"谁料招致更凶猛的殴打："打就打你这冒牌的'女的'！"直到巡警来，认出这是杨家的二小姐，才把她救出来送回家。背头杨给打得一身包，脸上挂了彩，见了爹娘，又哭又闹，一连多少天，那就不去说了。

打这儿，背头杨在外边再不敢进茅厕。憋急了就是尿在裤裆里，也不去茅厕。她不能进男厕，更不能进女厕。一时间，连自己是男是女也弄不清了。

她不去找事，可是事来找她。

她听说，大直沽一带的女厕所接连出事。据说总有个留背头的男子闯进去，进门就说："我是背头杨。"唬住对方，占些便宜后扭身就跑。虽然没出大事，却闹得人心惶惶。还有些地面上的小混混儿也趁火打劫，在女厕所的墙外时不时叫一嗓子："背头杨来了！"叫这一带的女厕所都赛闹鬼的房子，没人敢进去。

背头杨真弄不明白，维新怎么会招来这么多麻烦。不过留一个背头，连厕所也进不得。而且是进厕所不行，不进厕所也不行。不知是她把事情扰乱，还是事情把她扰乱。一赌气，她在屋里待了两个月。慢慢头发长了，恢复了女相，哎，这一来女厕所自然就随便进了；而且女厕所也肃静起来，好似天底下的麻烦全没了。

认牙

治牙的华大夫，医术可谓顶天了。您朝他一张嘴，不用说哪个牙疼、哪个牙酸、哪个牙活动，他往里瞅一眼全知道。他能把真牙修理得赛假牙一样漂亮，也能把假牙做得赛真牙一样得用。他哪儿来的这么大的能耐？费猜！

华大夫人善、正派、规矩，可有个毛病，便是记性差，记不住人，见过就忘，忘得干干净净。您昨天刚去他的诊所瞧虫子牙，今儿在街头碰上，一打招呼，他不认得您了，您恼不恼？要说他眼神差，他从不戴镜子，可为嘛记性这么差？也是费猜！

后来，华大夫出了一件事，把这两个费猜的问题全解开了。

一天下晌，巡捕房来了两位便衣侦探，进门就问，今儿上午有没有一个黑脸汉子到诊所来。长相是络腮胡子，肿眼泡儿，挨着右嘴角一颗大黑痣。华大夫摇摇头说："记不得了。"

侦探问："您一上午看几号？"

华大夫回答："半天只看六号。"

侦探说："这就奇了！一上午总共才六个人，怎么会记不住？再说这人的长相，就是在大街上扫一眼，保管也会记一年。明白告你吧，这人上个月在估衣街持枪抢了一家首饰店，是通缉的要犯，您不说，难道跟他有瓜葛？"

华大夫平时没脾气，一听这话登时火起，"啪！"一拍桌子，拔牙的钳子在桌面上蹦得老高。他说："我华家三代行医，治病救人，从不做违背良心的事。记不得就是记不得！我也明白告诉你们，那祸害人的家伙要给我瞧见，甭你们来找我，我找你们去！"

两位侦探见牙医动怒，龇着白牙，露着牙花，不像装假。他们迟疑片刻，扭身走了。

天冷了的一天，华大夫真的急急慌慌跑到巡捕房来。跑得太急，大褂都裂了。他说那抢首饰店的家伙正在开封道上的"一壶春"酒楼喝酒呢！巡捕闻知马上赶去，居然把这黑脸巨匪捉拿归案了。

侦探说："华大夫，您怎么认出他来的？"

华大夫说："当时我也在'一壶春'吃饭，看见这家伙正跟人喝酒。我先认出他嘴角那颗黑痣，这长相是你们告诉我的，可我还不敢断定就是他，天下不会只有一个嘴角长痣的，万万不能弄错！但等到他咧嘴一笑，露出那颗虎牙，这牙我给他看过，记得，没错！我便赶紧报信来了！"

侦探说："我还是不明白，怎么一看牙就认出来了呢？"

华大夫哈哈大笑，说："我是治牙的呀，我不认识人，可认识牙呀！"

侦探听罢，惊奇不已。

这事传出去，人们对他那费猜的事就全明白啦。他记不住人，不是毛病，因为他不记人，只记牙；治牙的，把全部心思都使在牙上，医术还能不高？

青云楼主

　　青云楼主，海河边一小文人的号。嘛叫小文人？就是在人们嘴边绝对挂不上号，可提起他来差不多还都知道的那类文人。

　　此君脸窄身薄，皮黄肉干，胳膊大腿又细又长，远瞧赛几根竹竿子上晾着的一张豆皮。但人不可貌相，海水不可斗量。他能写能画，能刻图章，连托裱的事也行；可行家们说他——手糙了点儿。因故，天津卫的买卖没他写的匾，饭庄药铺的墙上不挂他的画。他于书画这行，是又在行里，又在行外。文人落到这步，那股子"怀才不遇"的滋味，是苦是酸，还是又苦又酸，只有他自己知道了。

　　于是，"青云楼"这斋号就叫他想出来了。他自号青云楼主，还写了一副对子挂在迎面墙壁上："人在青山里，心卧白云中。"他常常自言自语念这对子。每每念罢，闭目摇肩，真如隐士。然而，天津卫是个凡夫俗子的花花世界，青云楼就在大胡同东口，买东西的和卖东西的挤成个团儿。再说他隔墙就是"四季春"大酒楼，整天鱼味肉味葱味酱味换着样儿往窗户里边飘。关上窗户？那管屁用！窗玻璃拦得住鱼鲜肉香，却拦不住灯红酒绿。一位邻居对他说："你这青云楼干脆也改成饭馆算了。这'青云楼'三字听着还挺好听，一叫准响！"

　　这话当时差点叫他死过去。

　　天旋地转，运气有变。一天，有个好事的小子陈八，带来一位美国人拜访他。这人五十多岁，秃头鼓眼大胡子，胡子里头瞧不见嘴。陈八说这老美喜欢中国的老东西，尤其是字画。青云楼主头一回与洋人会面，脑子发乱，手脚也忙，踩凳子挂画时，差点来个人仰马翻。那老美并没注意到他，只管去瞧墙上的画，每瞧一幅，就哇啦哇啦叫一嗓子，好赛洗屁股时叫水烫着了。然后，嗫起嘴啧啧赞赏一番。这一嗫嘴，就见有一个樱桃样的东西，又湿又红，从他的胡子中间拱出来。青云楼主定神一看，原来是这老美的嘴唇。最后他用中文一个字一个字对青云楼主说："我、太、高、兴、了、谢、谢——我、太、高、兴、了、谢、谢——"他大概只学了这几个字，反反复复地说，一直到告辞而去。

青云楼主高兴得要疯。他这辈子，头次叫人这么崇拜。两个月后，他收到一封洋文写的信。他拿到《大公报》的报馆去找懂洋文的朱先生。朱先生一看就笑了，对他说："你用嘛法子，把人家老美都折腾出神经病来了！他说他回国后天天眼睛里都是你写的字，晚上做梦也是你的字，还说他感到中国的艺术家绝对都是天才！"

青云楼主如上青云，身子发飘，一夜没睡，天亮时，忽来灵感，挥笔给那老美写了"宁静致远"四个大字，亲手裱成横批，送到邮局寄去。邮件里还附一张信纸，提个要求，要人家把字挂在墙上后，无论如何站在这字前面，照张照片寄来。他想，他要拿这照片给人看。给亲友看，给街坊邻居看，给那些小看他的人看，再给买卖家那几个大老板看，给报馆的编辑们看，最后在报上刊登出来。都看吧！瞪圆你们的狗眼看看吧！你们不认我，人家老美认我！

他在青云楼中坐等三个月，直等到有点疑惑甚至有点泄气时，一封外皮上写着洋文的信终于寄来了。他忙撕开，抻出一封信，全是洋文，他不懂，里边并没照片。再看信封，照片竟卡在里边，他捏住照片抻出来一瞧，有点别扭，不大对劲，他再细瞧，竟傻了。那老美倒是站在他那字的前边照了相，可是字儿却挂倒了，全朝下了!

小杨月楼义结李金鳌

　　民国二十八年，龙王爷闯进天津卫，大小楼房全赛站在水里。三层楼房水过腿，两层楼房水齐腰，小平房便都落得"没顶之灾"了。街上行船，窗户当门，买卖停业，车辆不通，小杨月楼和他的一班人马，被困在南市的庆云戏院。那时候，人都泡在水里，哪有心思看戏？这班子二十来号人便睡在戏台上。

　　龙王爷赖在天津一连几个月，戏班照样人吃马喂，把钱使净，便将十多箱行头道具押在河北大街的"万成当"。等到水退了，火车通车，小杨月楼急着返回上海，凑钱买了车票，就没钱赎当了，急得他闹牙疼，腮帮子肿得老高。戏院一位热心肠的小伙计对他说："您不如去求李金鳌帮忙，那人仗义，拿义气当命。凭您的名气，有求必应。"

　　李金鳌是天津卫出名的一位大锅伙，混混头儿。上刀山、下火海、跳油锅，绝不含糊，死千①一个。虽然黑白道上，也讲规矩讲脸面讲义气，拔刀相助的事，李金鳌干过不少，小杨月楼却从来不沾这号人。可是今儿事情逼到这地步，不去也得去了。他跟随这小伙计到了西头，过街穿巷，抬眼一瞧，怔住了。篱笆墙，栅栏门，几间趴趴屋，大名鼎鼎的李金鳌就住在这破瓦寒窑里？小伙计却截

---

① 天津地方土语，也是混混儿的行话。千即抽千，混混儿行事都有抽千的办法。易事难事，全凭自己。死千表示担当出生人死的差事。

门一声呼："李二爷！"

应声打屋里猫腰走出一个人来，出屋直起身，吓了小杨月楼一跳。这人足有六尺高，肩膀赛门宽，老脸老皮，胡子拉碴；那件灰布大褂，足够改成个大床单，上边还油了几块。小杨月楼以为找错人家，没想到这人说话嘴上赛扣个罐子，瓮声瓮气问道："找我干吗？"口气挺硬，眼神极横，错不了，李金鳌！

进了屋，屋里赛破庙，地上是土，条案上也是土，东西全是东倒西歪；迎面那八仙桌子，四条腿缺了一条，拿砖顶上；桌上的茶壶，破嘴缺把，磕底裂肚，盖上没疙瘩。小杨月楼心想，李金鳌是真穷还是装穷？若是真穷，拿嘛帮助自己？于是心里不抱什么希望了。

李金鳌打量来客，一身春绸裤褂，白丝袜子，黑礼服呢鞋，头戴一顶细辫巴拿马草帽，手拿一柄有字有画的斑竹折扇。他瞄着小杨月楼说："我在哪儿见过你？"眼神还挺横，不赛对客人，赛对仇人。

戏院小伙计忙做一番介绍，表明来意。李金鳌立即起身，拱拱手说："我眼拙，杨老板可别在意。您到天津卫来唱戏，是咱天津有耳朵人的福气！哪能叫您受治、委屈！您明儿晌后就去'万成当'拉东西去吧！"说得真爽快，好赛天津卫是他家的。这更叫小杨月楼满腹狐疑，以为到这儿来做戏玩。

转天一早，李金鳌来到河北大街的"万成当"，进门朝着高高的柜台仰头叫道："告你们老板去，说我李金鳌拜访他来了！"这一句，不单把柜上的伙计吓跑了，也把来典当的主顾吓跑了。老板慌张出来，请李金鳌到楼上喝茶，李金鳌理也不理，只说："我朋友杨老板有几个戏箱押在你这里，没钱赎当，你先叫他搬走，交情记着，咱们往后再说。"说完拨头便走。

当日晌后，小杨月楼带着几个人碰运气赛的来到"万成当"，进门却见自己的十几个戏箱——大衣箱、二衣箱、三衣箱、盔头箱、旗把箱等等，早已摆在柜台外边。小杨月楼大喜过望，竟然叫好喊出声来。这样便取了戏箱，高高兴兴返回上海。

小杨月楼走后，天津卫的锅伙们听说这件事，佩服李金鳌的义气，纷纷来到"万成当"，要把小杨月楼欠下的赎当钱补上。老板不肯收，锅伙们把钱截着柜台扔进去就走。多少亦不论，反正多得多。这事又传到李金鳌耳朵里。李金鳌在北大关的天庆馆摆了几桌，将这些代自己还情的弟兄们着实宴请一顿。

谁想到小杨月楼回到上海，不出三个月，寄张银票到天津"万成当"，补还那笔欠款。"万成当"收过锅伙们的钱，哪敢再收双份，老板亲自捧着钱给李金鳌送来了。李金鳌嘛人？不单分文不取，看也没看，叫人把这笔钱分别还给那帮代他付钱的弟兄。至此，钱上边的事清楚了，谁也不欠谁的了。这事本该了结，可是情没结，怎么结？

转年冬天，上海奇冷，黄浦江冰冻三尺，大河盖上盖儿。甭说海上的船开不进江来，江里的船晚走两天便给冻得死死的，比抛锚还稳当。这就断了码头上脚夫们的生路，尤其打天津去扛活的弟兄们，肚子里的东西一天比一天少，快只剩下凉气了。恰巧李金鳌到上海办事，见这情景，正愁没辙，抬眼瞅见小杨月楼主演《芸娘》的海报，拔腿便去找小杨月楼。

赶到大舞台时，小杨月楼正是闭幕卸装时候，听说天津的李金鳌在大门外等候，脸上带着油彩就跑出来。只见台阶下大雪里站着一条高高的汉子。他口呼："二哥！"三步并两步跑下台阶。脚底板冰雪一滑，一屁股坐在地上，仰脸对李金鳌还满是欢笑。

小杨月楼在锦江饭店盛宴款待这位心中敬佩的津门恩人。李金鳌说："杨老板，您喂得饱我一个脑袋，喂不饱我黄浦江边的上千个扛活的弟兄。如今大河盖盖儿，弟兄们没饭辙，眼瞅着小命不长。"

小杨月楼慨然说："我去想办法！"

李金鳌说："那倒不用。您只要把上海所有名角约到一块儿，义演三天就成！戏票全给我，我叫弟兄们自个儿找主去卖，这么做难为您吗？"

小杨月楼说："二哥真行，您叫我帮忙，又不叫我费劲。这点事还不好办吗？"第二天就把大上海所有名角，像赵君玉、周信芳、黄玉麟、刘筱衡、王芸芳、刘斌昆、高百岁等等，全都约齐，在黄金戏院举行义演。戏票由天津这帮弟兄拿到平日扛活的主家那里去卖。这些主家花钱买几张票，又看戏，又帮忙，落人情，过戏瘾，谁不肯？何况这么多名角同台献艺，还是《龙凤呈祥》《红鬃烈马》一些热闹好看的大戏，更是千载难逢。一连三天过去，便把冻成冰棍的上千个弟兄全救活了。

李金鳌完事要回天津，临行前，小杨月楼又是设宴送行。酒足饭饱时，小杨月楼叫人拿出一大包银子，外头拿红纸包得四四方方，送给李金鳌。既是盘缠，也有对去年那事谢恩之意。李金鳌一见钱，面孔马上板起来，沉下来的嗓门更显得瓮声瓮气。他说道："杨老板，我这人，向例只交朋友，不交钱。想想看，您我这段交情，有来有往，打谁手里过过钱？谁又看见过钱？折腾来折腾去，不都是那些情义吗？钱再多也经不住花，可咱们的交情使不完！"
说完起身告辞。

　　小杨月楼叫李金鳌这一席话说得又热又辣，五体流畅。第二天
唱《花木兰》，分外地精气神足，嗓门冒光，整场都是满堂彩。

泥人张

手艺道上的人，捏泥人的"泥人张"排第一。而且，有第一，没第二，第三差着十万八千里。

泥人张大名叫张明山。咸丰年间常去的地方有两处，一是东北城角的戏院大观楼，一是北关口的饭馆天庆馆。坐在那儿，为了瞧各样的人，也为捏各样的人。去大观楼要看戏台上的各种角色，去天庆馆要看人世间的各种角色。这后一种的样儿更多。

那天下雨，他一个人坐在天庆馆里饮酒，一边留神四下里吃客们的模样。这当儿，打外边进来三个人。中间一位穿得阔绰，大脑袋，中溜个子，挺着肚子，架势挺牛，横冲直撞往里走。站在迎门桌子上的"瞭高的"一瞅，赶紧吆喝着："益照临的张五爷可是稀客，贵客，张五爷这儿总共三位——里边请！"

一听这喊话，吃饭的人都停住嘴巴，甚至放下筷子瞧瞧这位大名鼎鼎的张五爷。当下，城里城外气最冲的要算这位靠着贩盐赚下金山的张锦文。他当年由于为盛京将军海仁卖过命，被海大人收为义子，排行老五，所以又有"海张五"一称。但人家当面叫他"张五爷"，背后叫他"海张五"。天津卫是做买卖的地界儿，谁有钱谁横，官儿也怵三分。可是手艺人除外。手艺人靠手吃饭，求谁？怵谁？故此，泥人张只管饮酒，吃菜，西瞧东看，全然没把海张五当个人物。

但是不一会儿，就听海张五那边议论起他来。有个细嗓门的说："人家台下一边看戏，一边手在袖子里捏泥人。捏完拿出来一瞧，台上的嘛样，他捏的嘛样。"跟着就是海张五的大粗嗓门说："在哪儿捏？在袖子里捏？在裤裆里捏吧！"随后一阵笑，拿泥人张找乐子。

这些话天庆馆里的人全都听见了。人们等着瞧艺高胆大的泥人张怎么"回报"海张五。一个泥团儿砍过去？

只见人家泥人张听赛没听，左手伸到桌子下边，打鞋底下抠下一块泥巴，右手依然端杯饮酒，眼睛也只瞅着桌上的酒菜。这左手便摆弄起这团泥巴来，几个手指飞快捏弄，比变戏法的刘秃子的手还灵巧。海张五那边还在不停地找乐子，泥人张这边肯定把那些话在他手里这团泥上全找回来了。随后手一停，他把这泥团往桌上叭的一戳，起身去柜台结账。

吃饭的人伸脖一瞧，这泥人真捏绝了！就赛把海张五的脑袋割下来放在桌上一般。瓢似的脑袋，小鼓眼，一脸狂气，比海张五还像海张五。只是只有核桃大小。

海张五在那边，隔着两丈远就看出捏的是他。他朝着正走出门的泥人张的背影叫道："这破手艺也想赚钱，贱卖都没人要。"

泥人张头都没回，撑开伞走了。但天津卫的事没有这样完的——

第二天，北门外估衣街的几个小杂货摊上，摆出来一排排海张五这个泥像，还加了个身子，大模大样坐在那里。而且是翻模子扣的，成批生产，足有一二百个。摊上还都贴着个白纸条，上边使墨笔写着：

贱卖海张五。

估衣街上来来往往的人，谁看谁乐。乐完找熟人来看，再一块乐。

三天后，海张五派人花了大价钱，才把这些泥人全买走，据说连泥模子也买走了。泥人是没了，可"贱卖海张五"这事却传了一百多年，直到今儿个。

绝盗

老城区和租界之间那块地，是天津卫最野的地界。人头极杂，邪事横生。二十年代，这里一处临街小屋，来了一对青年男女租房结婚。新床新柜，红壶绿盆，漂漂亮亮装满一屋。大门外两边墙垛子上还贴了一双红喜字。结婚转天一早，小两口就出门做事上班。邻居也不知他们姓甚名谁。

事过三天，小两口去上班不久，忽然打东边飞也似的来了一辆拉货的平板三轮。蹬车的是个老头子，骨瘦肉紧，皮黑牙黄，小腿肚子赛两个铁球，一望便知是个长年蹬车的车夫。车板上蹲着两个小子，全是十七八岁，手拿木棍、板斧和麻绳。这爷仁面色都凶，看似来捉冤家。

老头子把车直蹬到那新婚小两口的门前，猛一刹车，车上俩小子蹦下来，奔到门前一看，扭头对那老头子说："爹，人不在家，门还锁着呢！"门板上确是挂着一把大洋锁。

老头子登时火冒三丈，眼珠子瞪得全是眼白，脑袋脖子上的青筋直蹦，跳下车大骂起来："这不孝的禽兽，不管爹娘，跑到这儿造他妈宫殿来了。小二、小三，给我把门砸开！"

应声，那两个小子抢起板斧，把门锁砸散。门儿大开，一屋子新房的物品全亮在眼前。老头子一看更怒，手指空屋子，又跳又叫，声大吓人："好啊，没心没肺的东西！从小疼你抱你喂你宠你，把你这白眼狼养活成人。如今你娘一身病，请大夫吃药没钱，你一个子儿不给，弄个小妖精藏到这儿享福来，你娘快死啦！你享福？我就叫你享福享福享福！小二小三！站着干吗！把屋里东西全给我弄回家去！要敢偏向你们大哥，我就砸折你俩的腿！"

那两个小子七手八脚，把屋里的箱子包袱、被褥衣服抱出来，往车上堆。

邻居们跑出来围观。听这老头子一通骂，才知道那新婚小两口的来历。这种连快死的老娘都不管的白眼狼，自然没人出来管。再说那老头子怒火正旺，人像过年放的火炮，一个劲儿往上蹿，谁拦他，他准和谁玩命！

东西搬得差不多了，那俩小子说："爹，大家伙抬不动，怎么办？"

老头子一声惊雷落地："砸！"

跟着一通乱响，最后玻璃杯子打屋里也扔了出来，这才罢手。老头子依旧怒气难消，吼一句："明儿见面再说！"便扬长而去。

门儿大敞开没人管，晾了一整天。邻居们远远站着，没人上前，可谁也没离开。等着那小两口回来有戏看。

下晌，新婚的小两口打西边有说有笑地回来。到家门口一看，蒙了。过去问邻居，一直站在那里的邻居反而纷纷散开。有位大爷出来说话，显然他对这不尽孝心的年轻人不满，朝新郎说道："早上，你爹和你兄弟们来了，是他们干的。你回你爹妈那儿去看看吧！"

新郎一听，更蒙，忽然禁不住大声叫道："我哪还有爹呀！我三岁时爹就死了，我娘大前年也死了。只一个姐姐嫁到关外去，哪儿来的兄弟？"

"嘛？"大爷一惊。可早上的事真真切切，一时脑筋没转过来，还是说，"那明明是你爹呀！"

小两口赶紧去局子报案。但案子往下足足查了十年，也没找到他们那个"爹"。

天津卫的盗案千奇百怪，这一桩却数第一。偷盗的居然做了人家的"爹"；被盗的损失财物不说，反当了"儿子"，而且还叫人哑巴吃黄连——有苦说不出来。若是忍不住跟人说了，招不来同情，反叫人取笑，更倒霉。多损，多辣，多绝——多邪！

小达子

　　小达子其貌不扬，短脖短腿，灰眼灰皮，软绵绵赛块烤山芋；站着赛个影子，走路赛一道烟儿，人说这种人天生是当贼的材料。没错！小达子眼刁手疾，就是你把票子贴在肚皮上，转眼也会到他手里，还保管叫你不知不觉，连肚皮贴票子的感觉也没变。可他最看家的本事，是在电车上。你在车上要是遇到他，千万别往他身上靠，否则你身上有什么，就一准没什么。

　　举个例子说，比方那种穿西服的小子，要是上了电车，保他没跑！因为那种小子好时髦，钱包都掖在西服裤子的屁股后边口袋里，口袋没盖，上边露着钱包窄窄一道边儿。可要想伸手把钱包抻出来，也是妄想。口袋小，钱包鼓，紧绷绷，屁股上的神经不比脸皮的神经差，一动就察觉。小达子却自有招儿。逢到此时，他往车门边的柱子一倚，等车一停，那小子下车的一刹那，他手比电光还快，唰的过去，用食指和中指的指尖夹住钱包的边儿。下车时人的重心和注意力都向下，于是口袋的钱包不用去抻，它自个儿就舒舒服服不知不觉退出来了。

　　话说到这儿，别以为这电车上的天下就是小达子的。

　　一天，小达子在车上，打白帽衙门那站上来一位中年男子，黑礼服呢的褂子外边亮晶晶晃荡着一条纯金的怀表链，还挺粗。小达子待着没动，等车快到梨栈时，他靠上去。这儿的车轨有一截

S形。车到这里，必得一晃，他借势往那人身上一靠，表就到他手里，跟手揣入怀中；动作快得连眼珠子也跟不上。等车到梨栈，下车人多，他便挤在人群中，快快下车离开了现场。

他一边走，一边美滋滋琢磨着今天的收获。忽然间发现走在前边的一个人，很像刚才车上那个中年男子。他正犹疑的当口，那人转过身来，果真就是那人；奇怪的是，那人胸口地方亮闪闪，依然晃着那条又粗又亮的表链！难道他还有一块表？小达子不自觉用手一摸自己怀中，吓了一跳，竟然空空如也。他半辈子偷别人，头一遭尝到挨偷后的感觉。更栽跟斗的是，他怎么也琢磨不出这家伙用什么法儿从他身上把表取回去的。这人见他发傻的样子，龇牙一笑，笑里分明带着几分轻贱他的意味，好似说："你笨手笨脚也想干这个！"然后收起笑来，转身而去。

打这天，小达子不再上电车。

大回

大回姓回，人高马大，手大脚大嘴大耳朵大，人叫他"大回"。叫惯了"大回"，反倒没人知道他的名字。

大回是能人，专攻垂钓。手里一根竹竿子，就是钓鱼竿；一个使针敲成的钩，就是鱼钩；一根纳鞋底子用的上了蜡的细线绳，就是鱼线；还有一片鸽子的羽毛拴在线绳上，就是鱼漂。只凭这几样再普通不过的东西，他蹲在坑边，顶多七天，能把坑里几千条鱼钓光了。连鱼秧子也逃不掉。

甭管水里的鱼多杂，他想要哪种鱼就专上哪种鱼；他还能钓完公鱼钓母鱼，一对对地往上钓。他钓的大鱼比他还沉，钓的小鱼比鱼钩还小。

人说钓鱼凭的是运气，他凭的全是能耐。

钓鲫鱼用的红虫子，又小又细，好赛线头，而且只有一层薄皮儿，里边一兜儿血红的水。要想把鱼钩穿进去，那可不易；弄不好钩尖一斜，一股红水出来，单剩下一层皮儿了。可人家大回把红虫子全放在嘴里，在腮帮子那里存着。用的时候，手指捏着鱼钩，张开嘴把钩往里边一挂，保管把那小红虫漂漂亮亮穿在鱼钩上。就这手活，谁会？

他无论钓什么都有绝法，比方钓王八。

钓鱼时钩到王八，都是竿儿弯，线不动，很容易疑惑是钩上了水下边的石块。心里急，一使劲，线断了！大回不急，稳稳绷住。停了会儿，见线一走，认准那是王八在爬，就更不急着提竿。尤其大王八，被鱼钩钩住之后，便用两只前爪子抓住水草。假若用力提竿，竿不折线断。每到这时候，大回便从腰间摸出一个铜环，从鱼竿的底把套进去，穿过鱼竿一松手，铜环便顺着鱼线溜下去。水底下的王八正吃着劲儿，忽见一个锃亮的东西直朝自己的脑袋飞来，不知是嘛，扬起前爪子一挡，这便松开下边的草。嘿，就势把它舒舒服服地提上来！

这招这法，还在哪儿见过？

天津卫人过年有个风俗，便是放生。就是把一条活鲤鱼放到河里去。为的是行善，求好报。放鱼时，要在鱼的背鳍上拴一根红绳，做个记号。倘若第二年把这鱼打上来，就再拴一根红绳。第三年照样还拴一根。据说这种背上拴着三根红绳的鲤鱼，放到河里，可以跳龙门。一切人间的福禄寿财，就全招来了。

可是鲤鱼到处有，拴红绳的鱼无处弄到。鱼要是给鱼钩钩过一次，就变得又灵又贼。拴一根红绳的鲤鱼在鱼市上偶尔还能看见，拴两根红绳的鲤鱼看不见，拴三根红绳的连撒网打鱼的也没瞧见过。你想花大价钱买，他会笑着说："你有本事把河淘干了，我就有本事把它弄上来。"

怎么办？找大回。天津卫八大家都是一进腊月，就跟大回订这种三根红绳的鲤鱼了。

大回站在河边，看好鱼道。鱼道就是鱼在水里常走的路，大回有双神眼，能一眼看到水里。他瞧准鲤鱼常待的地界，把一个面团扔下去。这面团比栗子大，小鱼吃不进嘴，大鱼一口一个。但这面团里边绝不下钩，纯粹是扔到河里喂鱼，一天扔一个。开头，那贼乎乎的大鱼冒着危险试着吃，一吃没事；第二天再来一个，胆儿便渐渐大起来；最后见了面团张嘴就吞。半个月二十天后，大回心想差不多了，用鱼钩钩个面团扔下去。错不了——一条拴红绳的大鲤鱼就结结实实绷住了。

可是这法子最多只能钓到拴两根红绳的鲤鱼。三根红绳的鲤鱼绝不上钩。这三根绳的鲤鱼已经给钓到三次，就是吃屎也不敢再吃面团了。使嘛法子？就用小孩的屁屁做鱼食！大回不是把鱼琢磨透了？

南门外那些水坑，哪个坑里有嘛鱼，哪个坑里的鱼大小，哪个坑的鱼有多少条，他心里全一清二楚。他能把坑里的鱼全钓绝了，但他也绝不把任何一个坑里的鱼钓绝了。钓绝了，他玩嘛？故而，小鱼不钓，等它长大，母鱼不钓，等它产子。远近钓者都称他"鱼绝后"。这可不是骂他，是夸他。

这外号并不好——

民国三年，夏至后转一天。大回钓一天鱼，人困力乏。多半辈子，整天站在坑边河边，风吹日晒，身子里的油耗得差不多了。他在鼓楼北的聚合成饭庄，吃饱肚子喝足酒，提着一篓子鱼摇摇晃晃回家。走不动就靠墙睡会儿。他家在北城根，这一段路不近，他走走停停直到午夜，迷迷糊糊就趴在大街上了。这时街上走过来一辆拉东西的马车，赶车人在车上睡着了。但就是醒着也瞧不见他——凑巧这段路的几盏街灯给风吹灭了。这真是该活死不了，该死活不了。马车从他身上轧过去时，车夫那老家伙睡得太死，居然也没觉出来。转天天亮才叫人发现，大回给车轧成一个片儿了，赛张纸似的贴在地面上。奇怪的是，人轧瘪了，鱼篓子却没轧着，里边的鱼还都活着。等巡警一追查，更奇怪的是，那车上拉的东西，竟然是一车鱼！这事叫人听了一怔一惊，脖子后边冒出凉气来。

有人说，这事坏就坏在他那个外号上了，"鱼绝后"就是叫"鱼"把他"绝后"了。但也有人说，这是上天的报应，他一辈子钓的鱼实在太多了，龙王爷叫他去以命抵命。可事情传到东城里的文人裴文锦——裴五爷那里，人家念书的人说的话就另一个味儿了。人家说：

"能人全都死在能耐上。"

刘道元活出殡

天津卫的买卖家多如牛毛。两家之间只要纠纷一起，立时就有一种人钻进来，挑词架讼，把事闹大，一边代写状子，一边去拉拢官府，四处奔忙，借机搂钱。这种人便是文混混儿。

混混儿是天津卫土产的痞子，历来分文武两种。武混混儿讲打讲闹，动辄断臂开瓢，血战一场；文混混儿却只凭手中一支笔，专替吃官司的买卖家代理讼事。别看笔毛是软的，可文混混儿的毛笔里藏着一把尖刀。白纸黑字，照样要人命。这文混混儿之中，拔尖的要数刘道元。

买卖家打官司，谁使刘道元的状子谁准赢，没跑。人说，他手里的笔就是判官笔，他本人就是本地人间的判官，谁死谁活，全看他笔下的一撇一捺了。可是他绝不管小店小铺的事，只给大买卖写状子。大买卖有钱，要多少给多少。他要是缺钱，也用不着去借，只要到大买卖门前，往门框上一靠，掌柜的立时就包一包钱，笑嘻嘻送上来。那些武混混儿来要钱，都是用爬头钉打嘴里把自己的嘴巴子钉在门框上，不给钱不算完。那模样龇牙咧嘴，鲜血直流，真把人吓死。但人家文混混儿刘道元绝不这么干，他倚在门框上的神气，好赛闲着没事晒太阳。只要钱一到手，扭身就走，绝不多事。这便是文混混儿的这个"文"字了。

刘道元有钱，不买房置地，不要钱，不逛窑子，连仆婢也一概不用。光棍一个人，一直住在西门外掩骨会北边的一个院子，由两个徒弟金三和马四伺候着。赚来的钱，吃用之外，全都使在义气上了。他走在路上，只要听到谁家在屋里哭哭啼啼，说穷道苦，或者穷得打架，便一撩窗子，一把钱哗啦啦扔进去。掩骨会那一带，不少人家受过他的恩惠。可谁也不敢当面谢他；你谢他，他不认账，还翻脸骂你。

要论混混儿的性子，不管文武，全一个混样。

一天，他忽把俩徒弟金三和马四叫到跟前说："师傅我今年五十六，人间的事看遍了，阴间的事一点也不知道。近来我总琢磨着，这人死后到底嘛样？我今儿有个好主意，我装死，活着出一次殡，我呢，就躲在棺材里，好好开开眼。可我人在棺材里，外边事不能料理，就全交给你们俩了。听着！你们俩王八蛋别心一黑，把我钉死在棺材里！"

金三灵又快，马四笨又慢。金三说："哪能呢，师傅要是完了，我俩还不如一对丧家犬呢。师傅！您的主意虽好，可人家死人，都得累七作斋，至少也得七天。您哪能天天躲在棺材里？那里边又黑又窄又闷，您受得住？再说您要是急着吃东西、急着拉屎怎么办？我的意思，棺材摆在灵堂上是空的，您人藏在后院那间堆东西的小屋里。后院绝对不准人去。吃喝一切，我俩天天照样伺候您。等到出殡那天，您再往棺材里一钻。至于那棺材盖儿，哪能钉呀，您还得掀开一点往外瞧呢！"

刘道元笑了，说："你这王八蛋还真灵，就这么办吧！"

跟着，天津卫全知道大文混混儿刘道元死了，还知道他是半夜得暴病死的。于是刘家门外贴出讣告，家内设了灵堂，放棺材，摆牌位，还供上那支大名鼎鼎的判官笔，再请来和尚，吹吹打打，作斋七天。来吊唁的人真不少，门口排成长龙，好赛大年夜卞家开粥场。

刘道元藏在后院小屋里，有吃有喝，还有个盆，能够拉尿，倒蛮舒服。金三一直在前边盯着应酬，马四不时跑来向师傅送个消息。开头，刘道元很是得意。心想自己活着时威风八面，人"死"后一样神气十分。可是两天过后，一寻思，有点不对。那些给他打赢官司的大掌柜们，怎么一个没来；没名没姓的人倒是蜂拥而至。是不是来看热闹的？这些人平时走过他家门口，连扭头朝里边瞥上一眼都不敢，此刻居然能登堂入室，把他这个大混混儿日常的活法，看个明白。马四说，头年里叫他一纸状子几乎倾家荡产的福顺成洋货店的贺老板，这次也来了。他大模大样走上灵堂，非但不行礼，却"呸"地把一口大黏痰留在地上。随后，任嘛稀奇古怪的事全来了。

作斋的第四天，一条大汉破门而入，居然还牵着一条狼狗进了灵堂。进门就骂："姓刘的，你一死，借我那十条金子，叫我找谁要去？你不还我钱，我就坐在这儿不起来。"他真的就坐在堂屋中央一动不动。占着地界儿，叫别人没法进来行礼。金三马四从来没见过这汉子，知道是找碴儿讹钱来的。上去连说带劝也没用，只好动手去拉，谁料这汉子劲儿奇大，一拳一个，把金三马四打得各一个元宝大翻身。金三马四都是文混混儿，下笔千斤，手中无力，拿他没辙，干瞪眼等着。直到后晌，他闹得没劲，才起身离去。临出门时说十天后要来收这几间屋子顶债。他牵来的那只大狼狗一蹿，把摆在桌上用来施舍给孤魂野鬼的大白馒头叼走一个。

马四人实，把这些事全都照实说了。刘道元一听，火冒三丈，气得直叫："哪个王八蛋敢来坑我！我刘道元跟谁借过钱？我不死啦！我看看这个王八蛋是谁？"这就要到前边去。

马四顶不住，赶紧把金三找来。金三说："您一出去，这不是诈尸了？咱的戏可就没法往下演了。师傅您先压压火，一切都等着出完大殡再说。您不也正好能看看这些人都是嘛变的吗？"

金三最后这句话管用，眼瞧着刘道元的火下去了。自此，马四不再对师傅学舌前边的事。刘道元忍不住时，向他打听平时那些熟人，哪个来哪个没来。马四明白，师傅心里问的是另一个文混混儿，大名叫一枝花。那家伙整天往他们这儿跑，跟刘道元称兄道弟，两人好得穿一条裤子，可是打刘道元一"死"，他也跟死了一样，一面不露。马四哪敢把这情形对师傅说。马四愈不说，他心里愈明白。脸就愈拉愈长，好赛下巴上挂个秤砣。后来干脆眼一闭，不闻不问了，看上去真跟死人差不多。

这天下晌，院里忽有响动，不像是金三马四。侧耳朵再听，原来是邻居那个卖开水的乔二龙，还有他儿子狗子，翻过墙头，来到他的后院。隔窗只听狗子说："爹，金三马四一来，咱再翻墙跑可就来不及了。"乔二龙说："怕嘛？脓包！金三马四连苍蝇都打不死，你还怕他们。这刘家无后，东西没主，咱不拿别人也拿！跟我来——"

刘道元肺快气炸了，心想，我"活"着的时候给你们钱，你们拿我当爷爷；我"死"了就来抄我的家！你们还要干吗？扒我的皮做拨浪鼓吗？

他想砸开门出去，但不行，不能为这两个狗操的把事坏了。心里一急，不知哪儿来的主意，竟装出一个女人腔，拿着嗓子细声尖叫："快来人呀！有坏人呀！"这一喊，竟把乔家父子吓得赛两个瞎驴，连跑带蹿，噼里啪啦翻墙跑了。幸好，前边念经的和尚们鼓乐正欢，没听到他这边的叫声。可马四再来时，却见他一桌子吃的东西，全扔在地上了。

过了一七，总算没出太大差错，万事大吉。金三把供桌上的判官笔放进棺材，对人说这支判官笔必须给师傅陪葬；还说，这支笔是支金笔，华世奎那支笔只是支草笔，这支金笔只配他师傅一个人使。然后，他悄悄去请师傅，乘人不注意，赶紧入棺，起灵出殡。刘道元骂一句："真他妈不知是活够了，还是死够了。"便一头钻进了棺材。

棺材里，金三给他一切准备得舒舒服服。盖是活的，想开就开；里边照旧有吃有喝，还有个枕头可以睡觉。他哪有空儿睡觉，好不容易"死"一次，也得"死"得再明白些。

棺材抬起，往灵车上摆放的时候，就听到金三和马四一左一右哭起来。金三灵，说哭就哭，声音就赛撕肝扯肺一般。刘道元想，还是金三好，马四这王八蛋连假哭也不会。可是金三的假哭却长不了，闹一会儿就没声了。这才听出马四这边也有哭声。马四来得慢，声音不大，可动了真格的，呜呜哭了一路，好赛死了亲爹。这没完没了的哭，反而扰得刘道元心烦，愈听愈丧气。刘道元已经弄不明白，到底是真的好还是假的好了。

走着走着，刘道元忽听，外边乱糟糟，声音挺大，好赛出了嘛事。跟着灵车也停住了。他心里奇怪，两手托住棺材盖，使劲举开一条缝，朝外一瞧，只见纸人纸马，纸车纸轿，黑白无常，银幡雪柳，白花花一片。街两旁却黑压压，站满瞧出殡的人。到底嘛事叫出殡的队伍停住了？他透过旗杆再一瞧，竟看见一些人伸拳伸腿挡在前面，原来是会友脚行的滕黑子那帮武混混儿。他心想这帮人平日跟他一向讲礼讲面，怎么也翻脸了，想干吗？这时他突然瞧见，他那弟兄一枝花也站在那帮人中间。只听一枝花在叫喊着："那支判官笔本来就该归我，他算个屁！死了还想把笔带走？没门！不交给我，甭想过去！"

刘道元的脑袋轰的一下——但这次没急，反倒豁朗了。心里说："原来人死了是这么回事，老子全明白了！"双手发力一推棺材盖，哐啷一响，他站了起来。

这一下，不但把出殡的和看热闹的全吓得叽哇喊叫，连劫道的那帮混混儿也四散而逃。

刘道元站在灵车上大笑不绝。

· 题外话

　　日本的新锐作家南条竹则极通吾国文学。他读过我刊在《收获》上的几篇《市井人物》，便问我所写的这类小说是否受冯梦龙的影响。我说：然也。我与他皆姓冯，我们这是"家传"。他笑了，接着问我受冯梦龙哪些影响。

　　我说：三个方面——

　　一是传奇。古小说无奇不传，无奇也无法传。传奇主要靠一个绝妙的故事。把故事写绝了是古人的第一能耐。故而我始终盯住故事。

　　二是杂学。杂学是生活，也是知识。杂学必须宽广与地道，而且现用现学不成。照古人看来，没有杂学的小说，只有骨头没有肉。故而我心里没根的事情绝不写。

　　三是语言。中国的文学史，散文在前，小说在后。小说的语言受散文影响。中国人十分讲究文字的功力，尤重单个的方块字的运用，绝不是一写一大片。故而我修改的遍数很多。

　　南条竹则说："你所有小说都这样写吗？"

　　我说："只这类小说才这样写。这是文本的需要。"

　　此后，我主动告诉他，鄙人写完《神鞭》与《三寸金莲》等书后，肚子里还有一大堆人物没处放，弃之实在可惜。后来忽有念头，何不一个个人物写出来？各自成篇，互不相关；读起来又正好是天津本土的"集体性格"。于是就此做了。

初写数篇，曾冠名《市井人物》。这次又续写十余篇，改名《俗世奇人》。话说明白，为了怕把读者搞乱。

再有，写完了这一组小说，便对此类文本的小说拱手告别。狡兔三窟，一窟必死；倘若再写，算我无能。

话到此处，已然兴尽。再无言之欲也。

龙年初月于津门俯仰堂

俗世奇人贰

· 又冒出一群人（序）

二十年前，脑袋忽冒出一群人物，全是我家乡天津卫的奇人异士。天津这块地里边，有碱有盐还有硝，因生出各色性格的人，又热又辣又爽又嘎又不好惹。因之，自儿时耳朵里就装满一群群乡土怪客与民间英雄，叫我称奇叫绝，心里佩服。我信——如果没这些人物，就不知道嘛叫作天津卫。

文化学者好述说一地的特征，写小说的只想把这一方水土独有的人物写出来，由此实实在在捧出此地的性情与精神，所以自从我写小说，此地的人物就会自个儿钻出我的笔管，然后一个个活脱脱站出来，独立成篇；一个人物一个故事一篇小说，反过来一篇小说一个故事一个人物。比如《俗世奇人》就是这种写法。

我喜欢这样的写法。好比雕工刻手，去一个个雕出有声有色有脾气有模样的人物形象。小说之所求，不就是创造人物吗？小说成功与否，往往要看掩卷之后，书中的人物能不能跑出来，立在书上。

《俗世奇人》成书前，先是以《市井人物》为题一组组刊在《收获》《故事会》及一些报纸上。后来集结成册，取名《俗世奇人》，凡十八篇。出版后读者甚夥，有些篇章被选入教材。这一来，脑袋里还有一些没写出来的人物便闹腾起来，也要出头露脸，展现身手。近日得闲，一下笔又冒出一群津门奇人，数一数，恰好也是十八个人物十八个短篇。怎么正好也是十八呢？别问我，我也不知。

如今这三十六篇的主人公站在一起，再加上众多配角，乱哄哄一大群。看上去，正是我心里老天津卫的各色人等。

若说地域文化，最深刻的还是地域性格。一般有特色的地域文化只是一种表象，只有进入一个地方人的集体性格的文化才是不可逆的。它是真正一种精灵。还有比《朝花夕拾》那些人物更鲜明的鲁镇，比《骑兵军》那些故事彰显得更夺目的哥萨克吗？

我承认，我是从文化视角来写这一组人物的。从年鉴学派的立场看，任何地域的性格，都是在其历史某一时期中表现得最充分和最耀眼；比如清末的北京、三四十年代的上海和清末民初的天津。我前后所写的这三十六个人物，都在清末民初同一时代，所以这些新写的人物仍然使用原名——《俗世奇人》，只在后边缀个"贰"字，以区别前后而已。

若君问我还会接着写下去吗？这由不得我，就看心里边那些没有写出的人物了，倘若哪天再有一群折腾起来，叫我不宁，自会捉笔再写。

2015 年 3 月 12 日

·篇首歌

十八又十八①，
隔门吹喇叭；
小说是诌的，
瞪眼说瞎话。

逗哏您就乐，
甭管真是假；
有心一琢磨，
没准明白啦！

---

① 十八又十八：戏说小说篇数。《俗世奇人》原为十八篇，这部《俗世奇人（贰）》
又是十八篇。

黑头

　　这儿说的黑头，可不是戏曲里的行当，而是条狗的名字。这狗不一般。

　　黑头是条好狗，但不是那种常说的舍命救主的"忠犬、义犬"，这是一条除了它再没第二的狗。

　　它刚打北大关一带街头那些野狗里出现时，还是个小崽子，太丑！一准是谁家母狗下了崽，嫌它难看，扔到这边来。扔狗都往远处扔，狗都认家，扔近了还得跑回来。

　　黑头是条菜狗——那模样，说它都怕脏了舌头！白底黑花，花也没样儿，像烂墨点子，东一块西一块；脑袋整个是黑的，黑得看不见眼睛，只一口白牙，中间耷拉出一小截红舌头。不光人见人嫌，野狗们也不搭理它。北大关挨着南运河，码头多，人多，商号饭铺多，土箱子①里能吃的东西也多。野狗们单靠着在土箱子里刨食就饿不着。可这边的野狗个个凶，狗都护食，不叫黑头靠前。故而一年过去，它的个子不见长，细腿瘪肚，乌黑的脑袋还像拳头那么点儿。

　　北大关顶大的商号是隆昌海货店，专门营销海虾河蟹湖鱼江鳖，远近驰名。店里一位老伙计商大爷，是个敦敦实实的老汉，打

---

① 土箱子：天津人对垃圾箱的俗称。

小在隆昌先当学徒后当伙计，干了一辈子，如今六十多岁，称得上这店里的元老，买卖水产的事儿比自家的事儿还明白。至于北大关这一带市面上的事儿，全都在他眼里。他见黑头皮包骨头，瘦得可怜，时不时便叫小伙计扔块鱼头给它。狗吃肉不吃鱼，尤其不吃生鱼，怕腥；但这小崽子却领商大爷的情，就是不吃也咬上几口，再朝商大爷叫两声，摇摇尾巴走去。这叫商大爷动了心。日子一久，有了交情，模样丑不丑也就不碍事儿了。

一天商大爷下班回家，这小崽子竟跟在他后边。商大爷家在侯家后，道儿不远，黑头一直跟着他，距离拉得不近不远，也不出声，直送他到家门口。

商大爷的家是个带院的两间瓦房。商大爷开门进去，扭头一看，黑头就蹲在门边的槐树下边一动不动瞧着他。商大爷没理它关门进屋。第二天一天没见它。傍晚下班回家时，黑头不知嘛时候又出来了，又是一直跟着商大爷，不声不响送商大爷回家。一连三天，商大爷明白这小崽子的心思，回到家把院门一敞说："进来吧，我养你了。"黑头就成了商家的一号① 了。

邻居们有点纳闷，商大爷养狗总得养条好狗；领野狗养，也得挑一条顺眼的，干吗把这么一个丑东西弄到家里？天天在眼皮子底下转来转去，受得了吗？

商大爷日子宽裕，很快把黑头喂了起来，个子长得飞快，一年成大狗，两年大得吓人，它那黑脑袋竟比小孩的脑袋还大，白牙更尖，红舌更长。它很少叫，商大爷明白，咬人的狗都不叫，所以从

---

① 一号：一员，天津方言。

不叫它出门，即便它不咬人，也怕它吓着人。

其实黑头很懂人事，它好像知道自己模样凶，绝不出院门，也绝不进房门，整天守在院门里房门外。每有客人来串门，它必趴下，把半张脸埋在前爪后边，不叫人看，怕叫人怕，耳朵却竖着，眼睛睁得挺圆，绝不像那种好逗能的家犬，一来人就咋呼半天。可是一天半夜有个贼翻墙进院，它扑过去几下就把那贼制服。它一声没叫，那贼却疼得吓得叽哇乱喊。这叫商大爷知道它不是吃闲饭的；看家护院，非它莫属。

商大爷常说黑头这东西有报恩之心，很懂事，知道怎么"做事"。商大爷这种在老店里干了一辈子的人，讲礼讲面讲规矩讲分寸，这狗合他的性情，所以叫他喜欢。只要别人夸赞他的黑头，商大爷辄必眉开眼笑，好像人家夸他孩子。

可是，一次黑头惹了祸，而且是大祸。

那些天，商大爷家西边的厢房落架翻修，请一帮泥瓦匠和木工，搬砖运灰里里外外忙活。他家平时客人不多，偶尔来人串门多是熟人，大门向来都是闭着，从没这样大敞四开，而且进进出出全是生脸。黑头没见过场面，如临大敌，浑身的毛全竖起来。但又不能出头露面吓着人，便天天猫在东屋前，连盹儿也不敢打。七八天过去，老屋落架，刨槽下桩，砌砖垒墙，很快四面墙和房架立了起来。待到上梁那天，商大爷请人来在大梁上贴了符纸，拴上红绸，众人使力吆喝，把大梁抬上去摆正，跟着放一大挂雷子鞭，立时引来一群外边看热闹的孩子连喊带叫，拥了进来。

黑头以为出了事，突然腾身蹿跃出来，孩子们一见这黑头花身、张牙舞爪、凶神恶煞般的怪物，吓得转身就跑。外边的往里拥，里边的往外挤，在门里门外砸成一团，跟着就听见孩子又叫又哭。

商大爷跑过去一瞧，一个邻居家的男孩儿被挤倒，脑袋撞上石头门墩儿，开了口子冒出血来。邻居家大人赶来一看不高兴了，迎面给商大爷来了两句："使狗吓唬人——嘛人？"

商大爷是讲礼讲面的人，自己缺理，人家话不好听，也得受着。一边叫家里人陪着孩子去瞧大夫，一边回到院里安顿受了惊扰的修房的人。

这时，扭头一眼瞧见黑头，心火冒起，拾起一根杆子两步过去，给黑头狠狠一杆子，骂道："畜生就是畜生，我一辈子和人好礼好面，你把我面子丢尽了！"

黑头挨了重重一击，本能地蹿起，龇牙大叫一声，那样子真凶。商大爷正在火头上，并不怕它，朝它怒吼："干吗，你还敢咬我？"

黑头站那儿没动，两眼直对商大爷看着，忽然转身夺门而去，一溜烟儿就跑没了。商大爷把杆子一扔说："滚吧，打今儿别再回来，原本不就是条丧家犬吗？"

黑头真的没再回来。打白天到夜里，随后一天两天三天过去，影儿也不见。商大爷心里觉得好像缺点嘛，嘴里不说，却忍不住总到门外边张望一下。这畜生真的一去不回头了吗？

又过两天，西边的房顶已经铺好苇笆，开始上泥铺瓦。院门敞着，黑头忽然出现在门口。这时候，商大爷去隆昌上班了，工人都盯着手里的活儿，谁也没注意到它。

黑头两眼扫一下院子，看见中间有一堆和好的稀泥，突然它腿一使劲，朝那堆稀泥猛冲过去，噗地一头扎进泥里，用劲过猛，只剩下后腿和尾巴留在外边。这一切没人瞧见。

待商大爷下晌回来，工人收工时，有人发现这泥里毛乎乎的东西是嘛呢，拉出来一看，大惊失色，原来是黑头，早断了气，身子都有点发硬了。它怎么死在这儿，嘛时候死的，是邻居那家弄死后塞在这儿的吗？

大伙猜了半天说了半天，谁也说不清楚。半天没说话的商大爷的一句话，把这事说明白了："我明白它，它比我还要面子，它这是自我了结。"随后又感慨地说："唉，死还是要死在自己家里。"

神医王十二

　　天津卫是码头。码头的地面疙疙瘩瘩可不好站，站上去，还得立得住，靠嘛呢——能耐？一般能耐也立不住，得看你有没有非常人所能的绝活儿。换句话说，凡是在天津站住脚的，不管哪行哪业，全得有一手非凡的绝活儿，比方瞧病治病的神医王十二。

　　要说那种"妙手回春"的名医，城里城外一捡一筐，可这只是名医而已，王十二人家是神医。神医名医，一天一地。神在哪儿，就是你身上出了毛病，急病，急得要死要活，别人没法儿，他有法儿，而且那法儿可不是原先就有的，是他灵光一闪，急中生智，信手拈来，手到病除。

　　王十二这种故事多着呢，这儿不多说，只说两段。一段在租界小白楼，一段在老城西马路。先说租界这一段。

　　这天王十二在开封道上走，忽听有人尖叫。一瞧，一个在道边套烟筒的铁匠两手捂着左半边脸，痛得大喊大叫。王十二疾步过去问他出了嘛事，这铁匠说："铁渣子迸进眼睛里了，我要瞎了！"王十二说："别拿手揉，愈揉扎得愈深，你手拿开，睁开眼叫我瞧瞧。"铁匠松开手，勉强睁开眼，一小块黑黑的铁渣子扎在眼球子上，冒泪又流血。

　　王十二抬起头往两边一瞧，这条街全是各样的洋货店，王十二喜好洋人新鲜的玩意儿，常来逛。他忽然目光一闪，也是灵光一闪，只听他朝着铁匠大声说："两手别去碰眼睛，我马上给你弄出来！"扭身就朝一家洋杂货店跑去。

王十二进了一家洋货店的店门，伸出右手就把挂在墙上一样东西摘下来，顺手将左手拿着的出诊用的绿绸包往柜台上一撂，说："我拿这包做押，借你这玩意儿用用，用完马上还你！"话没说完，人已夺门而出。

王十二跑回铁匠跟前说："把眼睁大！"铁匠使劲一睁眼，王十二也没碰他，只听叮的一声，这声音极轻微也极清楚，跟着听王十二说："出来了，没事了。你眨眨眼，还疼不疼？"铁匠眨眨眼，居然一点不疼了，跟好人一样。再瞧，王十二捏着一块又小又尖的铁渣子举到他面前，就是刚在他眼里那块要命的东西！不等他谢，王十二已经转身回到那洋货店，跟着再转身出来，胳肢窝夹着那个出诊用的绿绸包朝着街东头走了。铁匠朝他喊："您用嘛法给我治好的？我得给您磕头呵！"王十二头也没回，只举起手摇了摇。

铁匠纳闷，到洋货店里打听。店员指着墙上边一件东西说："我们也不知道是怎么回事，他就说借这东西用用，不会儿就送回来了。"

铁匠抬头看，墙上挂着这东西像块马蹄铁，可是很薄，看上去挺讲究，光亮溜滑，中段涂着红漆；再看，上边没钉子眼儿，不是马蹄铁。铁匠愈瞧愈不明白，问店员道："洋人就使它治眼？"

店员说："还没有听说它能治眼！这是个能吸铁的物件，洋人叫吸铁石。"店员说着从墙上把这东西摘下来，吸一吸桌上乱七八糟的铁物件——铁盒、铁夹子、钉子、钥匙，还有一个铁丝眼镜框子，竟然全都叫它吸在上边，好赛有魔法。铁匠头次看见这东西——见傻。

原来王十二使它把铁匠眼里的铁渣子吸下来的。

可是，刚刚那会儿，王十二怎么忽然想起用它来了？

神不神？神医吧。再一段更神。

这段事在老城西那边，也在街上。

那天一辆运菜的马车的马突然惊了，横冲直撞在街上狂奔，马夫吆喝拉缰都弄不住，街两边的人吓得往两边跑，有胡同的地方往胡同里钻，没胡同的往树后边躲，连树也没有的地方就往墙根扎。马奔到街口，迎面过来一位红脸大汉，敞着怀，露出滚圆锃亮的肚皮，一排黑胸毛，赛一条大蜈蚣趴在当胸。有人朝他喊："快躲开，马惊了！"

谁料这大汉大叫："有种往你爷爷胸口上撞！"看样子这汉子喝高了。

马夫急得在车上喊："要死人啦！"

跟着，一声巨响，像撞倒一面墙，把大汉撞飞出去，硬摔在街边的墙上，好像紧紧趴在墙上边。马车接着往前奔去，大汉虽然没死，却趴在墙上下不来了，他两手用力撑墙，人一动不动，难道叫嘛东西把他钉在墙上了？

人们上去一瞧，原来肋叉子撞断，断了的肋条穿皮而出，正巧插进砖缝，撞劲太大，插得太深，拔不出来。大汉痛得急得大喊大叫。

一个人嚷着："你再使劲拔，肚子里的中气散了，人就完啦！"

另一个人叫着："不能使劲，肋叉子掰断了，人就残了！"

谁也没碰过这事，谁也没法儿。

大汉叫着："快救我呀，我这个王八蛋要死在这儿啦！"声音大得震耳朵。有几个人撸袖子要上去拽他。

这时，就听不远处有人叫一声："别动，我来。"

人们扭头一瞧，只见不远处一个小老头朝这边跑来。这小老头光脑袋，灰夹袍，腿脚极快。有人认出是神医王十二，便说："有救了。"

只见王十二先往左边，两步到一个剃头摊前，把手里那出诊用的小绿绸包往剃头匠手里一塞说："先押给你。"顺手从剃头摊的架子上摘下一块白毛巾，又在旁边烧热水的铜盆里一浸一捞，便径直往大汉这边跑来。他手脚麻利，这几下都没耽误工夫，手里的白手巾一路滴着水儿、冒着热气儿。

王十二跑到大汉身前，左手从后边搂大汉的腰，右手把滚烫的湿手巾往大汉脸上一捂，连鼻子带嘴紧紧捂住，大汉给憋得大叫，使劲挣，王十二死死搂着捂着，就是不肯放手。大汉肯定脏话连天，听上去却呜呜的赛猪嚎。只见大汉憋得红头涨脸，身子里边的气没法从鼻子和嘴巴出来，胸膛就鼓起来，愈鼓愈大，大得吓人，只听砰的一声，钉在墙缝里的肋叉子自己退了出来。王十二手一松，大汉的劲也松了，浑身一软，坐在地上，出了一声："老子活了。"

王十二说："赶紧送他瞧大夫去接骨头吧。"转身去把白手巾还给剃头匠，取回自己那出诊用的绿绸包走了，好赛嘛事没有过。

可是在场的人全看得目瞪口呆。只一位老人看出门道，他说：

"王十二爷这法儿，是用这汉子自己身上的劲把肋条从墙缝里抽出来的。外人的劲是拗着自己的，自己的劲都是顺着自己的。"这老人寻思一下又说："可是除去他，谁还能想出这法子来？"

人想不到的只有神，所以天津人称他"神医王十二"。

皮大嘴

一个地界富不富看哪儿？看吃看穿看玩看乐？那都是浮头表面的，要看还得看钱号票庄银楼金店是多是少——顶要紧的是看金店。那些去银行钱号存钱的人未必富，真正的富人是有钱花不了。钱太多了怎么办，存起来藏起来是傻瓜，想一想——要给小偷偷了呢？家里着火烧了呢？受潮烂了呢？虫蛀鼠咬了呢？市面不景气钱毛了呢？顶好的法子还是买金子。金子烂不了、啃不动、烧不坏，金子永远是金子，金子比钱值钱。

买金子的人多金店就多。天津卫金店多，所以天津卫富。

可是，开金店的谁不想当头一号，彼此必有一争，于是八仙过海，各显奇能；群英打擂，各出奇招。

北门里的义涌金店先出高招，迎大厅摆一个菜篮子大的镏金元宝，上边刻六个隶书大字"摸元宝，运气好"，引得人们不买金子也要进门去摸一下，沾沾财气运气。做买卖要的就是人气儿，人多火爆，义涌出了名。可是天天不停地摸来摸去，就把上边挺薄的一层镏金摸掉，露出里边的黄铜。铜一出来，就没人摸了。就像过时的名人，名来得快去得也快，去了就不再来，那滋味反不如没名。

没多久，宫北的宝成金店出了一招，就来得实惠。你到它店里买金条，它送你一副真金的眼镜架，这比摸元宝强，摸是空的，金镜架不空，金光闪闪架在脸上，挺气派，有身份。可是人家宝成金店的眼镜架不是白送的，谁想要金眼镜架谁就得买金条，真正得实惠的还是人家金店老板，这叫"买的不如卖的精"。但这一招很快被日租界的物华楼学去。你送金镜架，我送大金牙。物华楼金店还请来一位牙医在柜台前给买金子的"没牙佬"镶金牙。那时镶金牙时髦，有人为了来镶金牙先拔个牙，这种人愈来愈多也麻烦，物华楼金店快成牙店了，店里边到处张嘴龇牙，等着拔牙镶牙；甭说好看不好看，气味也不好闻呵。

更有奇招的是马家口的三义金店，店铺设在租界里，老板脑子活，好新鲜事，常打洋人那里学些洋招。他看出洋人广告的厉害，花钱不多，能做到无人不知无人不晓。他便在租界找人画了一张时髦的广告纸，再找一位肚子里有墨水的先生给他写了一段赛绕口令式的广告词："存地存房子，不如存金子，哪儿金子纯，三义纯金子"。再把这广告纸拿到富华石印局里印了三千张，然后叫伙计们用上十天工夫打租界一直贴到北大关，跟着城里城外河东水西宫南宫北，墙头门柱灯杆树干车皮轿厢，就像光绪二十六年义和拳的揭帖，贴满天津城，在哪儿都能瞧见。可是广告不能总贴，五天旧了，十天破了，半个月晒掉色了，一阵雨不像样了，一阵风刮跑了。这招还是没奇到家。

天津有位说相声的叫皮大嘴，单看模样就可乐。个子高又瘦，手小脚小脑瓜小。圆圆小脑袋像杆子上挂的小灯笼，更怪的是——嘴大。他脑袋小嘴大，远看只剩下一张嘴了，所以绰号"皮大嘴"。

皮大嘴能说，死人能说活，张口就来，随处"现挂"，妙趣横生，很早就在三不管一带说单口相声出了名。能说的人都能编，凡是皮大嘴编的说的故事，都能口口相传。原本天津相声一行挺看好他，谁料他天天想发财。天津卫财主多，他看得眼馋。开头，他赚钱的法子是一边说相声一边卖药糖，说一段相声卖一会儿糖；嘴里嚼糖耳朵听相声，两不耽误挺舒服，单用这法儿他就赚不少钱。后来变了法子，说一段相声卖一会儿从租界弄来的洋凳子，洋凳子不单新奇好玩，还松松软软像个猪屁股，坐在凳子上听相声，舒服还有乐子，听完相声就忍不住把洋凳子买走了。皮大嘴脑袋灵活，脑子愈灵的人愈好做买卖。逢到雨天卖洋伞，遇到晴天卖太阳帽。那时候只要是洋货就有人买，他手里渐渐也就有了钱。有了钱，开饭店，饭店赚现钱。吃饭的人一半来吃一半听他说。凭皮大嘴的嘴加上他的脑袋，怎么干怎么来钱。三年过后，他居然在东北角干起一家金店。这时候，天津卫已经有九九八十一家金店，各家金店为了争头抢先，连吃奶的劲儿都使出来了，他能一炮打响？

皮大嘴在装潢店面时，就使出了一招绝的，叫作"满堂金"。据说他这店从里到外全是金的。从门把、门锁、门链、灯罩、拉手、栏杆、挂钩、算盘、笔杆、花盆，连茅厕里的水龙头、脸盆，连往里边拉屎撒尿的圆圆的洋便桶全是金的。有人说不是纯金是镏金，可这些金光闪闪的东西全都镏金也够惊人吓人。

皮大嘴给他的金店起的名字，就是金满堂。金满堂，满堂金。金店没开门，已经是隔着大门吹号——名声在外。有人信，有人摇头不信。

开张这天，门外挂灯悬彩，院子里摆宴，皮大嘴穿一身新，格外精神；还打租界请来洋乐队，洋鼓洋号，折腾得热热闹闹。那圆圆的亮晃晃的大洋号叫得震人耳朵。

来的宾客比请的多，人人都想看看皮大嘴的"满堂金"是假是真。结果出个笑话：

估衣街上一个绸缎庄的小老板前去祝贺，心里头却是想摸摸金满堂的虚实，到了金楼里里外外一看，傻了，真是哪儿哪儿全是金煌煌，照花了眼，也开了眼。中晌吃饭时，凑到一些熟人堆里一闹一喝，愈闹愈喝，喝得头晕脑涨，脸皮发烧，晃晃悠悠到茅厕里，朝着金马桶里撒泡热尿，出门叫个胶皮车拉他回家。回去进门倒下死了一般睡一大觉，直到转天太阳晒屁股才睁开眼。他老婆问："昨个儿你见到'满堂金'了吗？是真的吗？"

小老板说："一点不假！哪儿哪儿全是金子做的，那个洋马桶也是金子做的，我还往里边撒了一泡尿呢！"

他老婆说："你往金子里尿尿？我不信。"

小老板说："不信你自个儿去看去问。"

事后，他老婆还是疑惑，愈疑惑愈不信，就拔腿跑到东北角的金满堂一看，门把果真是金的；推门再看，到处金光照眼。她问店里的小伙计："我当家的说你们店里茅厕的马桶也是金的。我说他唬我，他说他还往里边撒一大泡尿呢！"

这小伙计一听一怔，瞪大眼看她半天，然后扭身跑去对老板皮大嘴说："掌柜的，昨天中晌往洋乐队那个大洋号里尿尿的人，我知道是谁了。"

这事谁听了都一阵大笑。

这笑话传出去，不胫而走，口口相传，人人知道人人说。这一说，不管是褒是贬，全天津的人没人不知"金满堂"了。笑话帮了皮大嘴的忙。

可是圈里的人都能听出这笑话是皮大嘴自己编的。这哪是笑话，纯粹是个相声段子。有铺垫，有包袱，出其不意，还逗乐，这便不得不佩服皮大嘴，编个段子，借众人的嘴，给自己扬了大名，肯定还得发财。

黄金指

　　黄金指这人有能耐，可是小肚鸡肠，容不得别人更强。你要比他强，他就想着法儿治你，而且想尽法子把你弄败弄死。

　　这种人在旁的地方兴许能成，可到了天津码头上就得栽跟头了。码头藏龙卧虎，能人如林，能人背后有能人，再后边还有更能的人，你知道自己能碰上嘛人？

　　黄金指是白将军家打南边请来帮闲的清客。先不说黄金指，先说白将军——

　　白将军是武夫，官至少将。可是官做大了，就能看出官场的险恶。解甲之后，选中天津的租界作为安身之处；洋楼里有水有电舒舒服服，又是洋人的天下，地方官府管不到，可以平安无事，这便举家搬来。

　　白将军手里钱多，却酒色赌一样不沾，只好一样——书画。那年头，人要有钱有势，就一准有人捧。你唱几嗓子戏，他们说你是余叔岩；你写几笔烂字儿，他们称你是华世奎，甚至说华世奎未必如你。于是，白将军就扎进字画退不出身来。经人介绍，结识了一位岭南画家黄金指。

　　黄金指大名没人问，人家盯着的是他的手指头。因为他作画不用毛笔，用手指头。那时天津人还没人用手指头画画。手指头像个肉棍儿，没毛，怎么画？人家照样画山画水画花画叶画鸟画马画人画脸画眼画眉画樱桃小口一点点。这种指头画，看画画比看画更好看。白将军叫他在府中住了下来，做了有吃有喝、悠闲享福的清客，还赐给他一个绰号叫"金指"。这绰名令他得意，他姓黄，连起来就更中听：黄金指。从此，你不叫他黄金指，他不理你。

一天，白将军说："听说天津画画的，也有奇人。"

黄金指说："我听说天津人画寿桃，是脱下裤子，用屁股蘸色坐的。"

白将军只当笑话而已。可是码头上耳朵连着嘴，嘴连着耳朵，三天内这话传遍津门画坛。不久，有人就把话带到白将军这边，说天津画家要跟这位使"爪子"画画的黄金指会会。白将军笑道："以文会友呵，找一天到我这里来画画。"跟着派人邀请津门画坛名家。一请便知天津能人太多，还都端着架子，不那么好请。最后应邀的只有二位，还都不是本人。一位是一线赵的徒弟钱二爷；一位是自封黄二南徒弟的唐四爷，据说黄二南先生根本不认识他。

钱二爷的本事是画中必有一条一丈二的长线，而且是一笔画出，均匀流畅，状似游丝。唐四爷的能耐是不用毛笔也不用手作画，而是用舌头画，这功夫是津门黄二南先生开创。

黄金指一听就傻了，再一想头冒冷汗。人家一根线一丈多长，自己的指头绝干不成；舌画连听也没听过，只要画得好，指头算嘛？

正道干不成，只有想邪道。他先派人打听这两位怎么画，使嘛法嘛招，然后再想出诡秘的招数叫他们当众出丑，破掉他们。很快他就摸清钱、唐二人底细，针锋相对，想出奇招，又阴又损，一使必胜。黄金指真不是寻常之辈。

白府以文会友这天，好赛做寿，请来好大一帮宾客，个个有头有脸。大厅中央放一张奇大画案，足有两丈长，文房四宝，件件讲究又值钱。待钱、唐二位到，先坐下来饮茶闲说一阵，便起身来到案前准备作画，那阵势好比打擂台，比高低，分雌雄，决生死。

　　画案已铺好一张丈二匹的夹宣，这次画画预备家伙材料的事，都由黄金指一手操办。看这阵势，明明白白是想先叫钱、唐露丑，自己再上场一显身手。

　　钱二爷一看丈二匹，就明白是叫自己开笔，也不客气走到案前。钱二爷人瘦臂长，先张开细白手掌把纸从左到右轻轻摸一遍，画他这种细线就怕桌子不平纸不平。哪儿不平整，心里要有数。这习惯是黄金指没料到的。钱二爷一摸，心里就咯噔一下。知道黄金指做了手脚，布下陷阱，一丈多长的纸下至少三处放了石子儿。石子儿虽然只有绿豆大小，笔墨一碰就一个疙瘩，必出败笔。他嘴没吭声，面无表情，却都记在心里，只是不叫黄金指知道他已摸出埋伏。

　　钱二爷这种长线都是先在画纸的两端各画一物，然后以线相连。比方这头画一个童子，那头画一个元宝车，中间再画一根拉车的绳线，便是《童子送宝》；这头画一个举着鱼竿的渔翁，那头画一条出水的大红鲤鱼，中间画一根光溜溜的鱼线牵着，就是《年年有余》。今天，钱二爷先使大笔在这头下角画一个扬手举着风车的孩童，那头上角画一只飘飞的风筝，若是再画一条风中的长线，便是《春风得意》了。

　　只见钱二爷在笔筒中择支长锋羊毫，在砚台里浸足墨，长吸一口气，存在丹田，然后笔落纸上，先在孩童手里的风车上绕几圈，跟着吐出线条，线随笔走，笔随人走，人一步步从左向右，线条乘风而起，既画了风中的线，也画了线上的风；围看的人都屏住气，生怕扰了钱二爷出神入化的线条。这纸下边的小石子在哪儿，也全在钱二爷心里，钱二爷并没叫手中飘飘忽忽的线绕过去，而是每到纸下埋伏石子儿的地方，则再提气提笔，顺顺当当不出半点磕绊，不露一丝痕迹，直把手里这根细线送到风筝上，才收住笔，换一口气说："献丑了。"立即赢得满堂彩。钱二爷拱手答谢，却没忘了扭头对黄金指说："待会儿，您使您那根金指头也给大伙画根线怎样？"

黄金指没答话，好似已经输了一半，只说："等着唐四爷画完再说。"脸上却隐隐透出点杀气来。他心里对弄垮使舌头画画的唐四爷更有根。

黄金指叫人把钱二爷的《春风得意》撤下，换上一张八尺生宣。

舌画一艺，天津无人不知，可租界里外边来的人，头次见到。胖胖的唐四爷脸皮亮脑门亮眼睛更亮，他把小半碗淡墨像喝汤喝进嘴里，伸出红红舌头一舔砚心的浓墨，俯下身子，整张脸快贴在纸上，吐舌一舔纸面，一个圆圆梅花瓣留在纸上，有浓有淡，鲜活滋润，舔五下，一朵小梅花绽放于纸上；只见他，小红舌尖一闪一闪，朵朵梅花在纸上到处开放，甭说这些看客，就是黄金指也呆了。白将军禁不住叫出声："神了！"这两字叫黄金指差点厥过去。他只盼自己的绝招快快显灵。

唐四爷画得来劲，可愈画愈觉得墨汁里的味道不对，正想着，又觉味道不在嘴里，在鼻子里。画舌画，弯腰伏胸，口中含墨，吸气全靠鼻子，时间一长，喘气就愈得用力，他嗅出这气味是胡椒味；他眼睛又离着纸近，已经看见纸上有些白色的末末——白胡椒面。他马上明白有人算计他，赶紧把嘴里含的墨水吞进肚里，刚一直身，鼻子眼里奇痒，赛一堆小虫子在爬，他心想不好，想忍已经忍不住了，跟着一个喷嚏打出来，霎时间，喷出不少墨点子，哗地落了下来，糟蹋了一张纸一幅画。眼瞧着这是一场败局和闹剧。黄金指心里开花。

众人惊呆。可是只有唐四爷一人若无其事，他端起一碗清水，把嘴里的墨漱干净吐了，再饮一口清水，像雾一样喷出口中，细细淋在纸上，跟着满纸的墨点渐渐变浅，慢慢洇开，好赛满纸的花儿一点点张开。唐四爷又在碟中慢慢调了一些半浓半淡的墨，伸舌蘸墨，俯下腰脊，扭动上身，移动下体，在纸上画出纵横穿插、错落有致的枝干，一株繁花满树的老梅跃然纸上。众人叫好一片，更妙的是唐四爷最后题在画上的诗，借用的正是元代王冕那首梅花诗：

吾家洗砚池头树，
个个花开淡墨痕。
不要人夸好颜色，
只留清气满乾坤。

白将军欣喜若狂，"唐四爷，刚才您这喷嚏吓死我了。没想到这张画就是用喷嚏打出来的。"

唐四爷微笑道："这喷嚏在舌画中就是泼墨。"

白将军听过"泼墨"这词，连连称绝，扭头再找黄金指，早没影儿了。

从此，白府里再见不到黄金指，却换了二位清客，就是这一瘦一胖一高一矮——钱、唐二位了。

四十八样

天津人灵，把药材弄到糖里，好吃又治病，这糖叫作"药糖"。

药糖在清末民初时流行起来，传到北京，广受欢迎。买卖二字，一因一果，有人吃就有人做，有人买就有人卖。于是，津京两地冒出了不少能人干这事，一是想出法儿来把各种草药弄进糖里，各色各味好看好吃的药糖愈来愈多；一是在"卖"上边想尽花活儿，或用说功唱功，或使江湖杂艺，为的是招人迎人取悦于人，叫人高高兴兴掏钱把药糖撂到嘴里。

天津人和北京人不同，卖药糖的法儿也不同。北京是官场，人们心里边全是大大小小的官儿，喜欢官场的是是非非。故此，在天桥卖药糖的"大兵黄"最招人的一手是骂官。站在那儿，破口大骂，从段祺瑞到张勋再到袁世凯，哪个官大骂哪个，别人不敢骂的他敢骂。他的糖自然卖得好。

天津是市井，百姓心里边就是生活——吃喝玩乐，好吃好喝好玩和有乐子的事都喜欢，还爱看绝活儿，这卖药糖的本事就五花八门了。有说段子的，有说快板的，有变戏法的，有献演武功杂耍车技打弹弓子的，连吆喝起来都有腔有调一套一套。

鼓楼前有个卖药糖的叫俞六，宝坻县人，脑瓜好使，两只手特别能干。他和别人不一样，他的功夫不在"卖"上，都在"糖"里边。他在家门口摆摊卖药糖，不说不唱不吆喝，就在一个桌上摆几排长长的带木框的玻璃盒子，中间隔开，每格里边一种糖，上边是镶玻璃的盒盖，隔着透明的盒盖看得见各色的药糖；你买哪样，他就掀开哪个盒盖，使镊子夹出几块，放进纸兜给你，没有花样，不会哄人高兴。可是他的糖好——色艳，味厚，有模有样，味道各异，不单有各种药材如茶膏、丹桂、鲜姜、红花、玫瑰、豆蔻、橘皮、砂仁、莲子、辣杏仁、薄荷，还把好吃的蔬果也掺和进去，比方鸭梨、桃子、李子、柿子、枇杷、香蕉、樱桃、酸梅、酸枣、西瓜等等。可是做买卖单靠真材实料不行，还得会卖。虽说他的药糖样儿最多，最全，总共四十八样，可是只摆在自家门口，这城里城外能有几个人知道？一提天津卫卖药糖的，第一王宝山，第二李傻子，第三连化清，一直往下数到大沽口，也瞧不见俞六的影子。

他的一个街坊刘二爷是位老到的人，读过书没当过官，做买卖赚点钱，早早收手在家坐享清福。一天碰到俞六便说："你会做糖却不会卖糖。你不能总守在家门口摆摊呀。"

俞六说："我也想走街串巷，可我嘴笨，说说唱唱全不会，也没别的功夫招人喜欢。"

刘二爷说："人家有的，你未必再有，学人家就不是绝活儿了。你不是本地人不知道，天津人认绝活儿，服绝活儿。"

俞六说："可这绝活儿哪儿找去？"

刘二爷说："没处找。绝活儿一是琢磨出来的，一是练出来的。"

"咋学咋练？"俞六还没全明白。

刘二爷笑道："要我说，琢磨——你就得琢磨使嘛新鲜玩意儿把你这四十八样亮出来；练——你就得琢磨使嘛法子招人来买。比方，你能不能不使镊子，天津卫卖药糖的手里全捏着这么个东西。"

俞六不是木头疙瘩，这两句话点石成金。没多久，俞六把刘二爷请到家喝杯茶，吃几块药糖，然后领刘二爷到后院一看，刘二爷立马眼前一亮。院中间放一个挑儿，一根扁担，两个桶柜，柜子上是一圈放药糖的小方盒，每个盒里一种糖。盒上边有个盖儿，带合页，可以掀；这一圈小盒总共二十四个，两个桶柜正好四十八样。

桶柜的捯饬前所未见。提梁上边各雕一个龙头，龙面相向，瞪眼龇牙，横梁正中一个锃亮的金珠，这叫"二龙戏珠"。龙头上还伸出两根弹簧，拴着红绒球，为的是挑起来一走，绒球就随着脚步一颠一颤。不知俞六从哪儿请来一位好漆工，把桶柜漆得油黑锃亮，上边使金漆写着"俞家药糖，四十八样"八个大字。每个糖盒的玻璃盖上还全用红漆写上糖名，玻璃盖下的药糖五颜六色。这样的药糖柜在街上一晃，保管全震！刘二爷看得高兴，夸赞道："好赛从宫里挑出来的。"

跟着俞六演了一手"卖糖"把式。他左手拿个纸兜，右手的大拇指和食指捏个小铜勺——他可真不用镊子了。上去，绕着两个桶柜各转一圈，顺手用右手的无名指一挑盒盖，小铜勺就从盒里舀出一块糖到纸兜里；挑盒盖麻利无比，舀药糖灵巧之极，比得上变戏法的"快手刘"的小碗扣球。单看这"卖法"，不吃糖，花点钱也值了。

刘二爷从中看得出俞六的用心与练功之苦，高兴地说："行了，你可以出山了，四十八样要成名了。"

第二天，俞六挑这挑子走出家门，城里城外，河东水西，宫南宫北，九个租界一转，立时名满津门。他还置了一身好行头，青裤白褂，皂鞋净袜；他挑着这对天下独有的花桶，一走一颠行在街头，还有洋人拿照相盒子给他照相呢。

可俞六没神气多久，就听说河东出现一个担挑卖药糖的，也用两个龙头漆桶，也叫"四十八样"，这一来，他的四十八样可就算不上独门绝技了。他心里发急，去找刘二爷请教。刘二爷说："你不学人，可挡不住别人学你，你得叫人想学学不去，那才叫绝活儿。"

三个月后俞六亮出一个新把式，叫"走八字"。原先他从桶柜取糖时，右手拿勺，人总往里怀转，不好看；现在他改成走八字，从一个桶左面绕过去，再从另一个桶右面绕回来，桶和人位置一变，两只手的家伙跟手就换，就像皇会里茶炊子的换肩。这一改，走八字，两手换"活儿"，把式出了花样，别忘了——还能吃到他俞六四十八样色鲜味正的药糖呢！这点儿钱谁不想花？

可不久，听说又有人开始练这走八字的把式了。俞六憋了几个晚上，再想出一招，就在每个桶中间加几个糖盒，里边全是半块的糖。他想在四十八样外再奉送半块，这半块由买主自选，人家要哪样，他就上去一掀一舀取出哪样。

他拿着这个新主意去请教刘二爷。

刘二爷听了笑哈哈，说道："你这法子早晚还得给人学去。我送你一个法子吧。"说完，给他用纸写了几句词，递给俞六说："你也不用唱，只要背下来，走着八字时把它踩着点儿念出来就行了。"

俞六一看，是六句：

天津药糖家家好，

四十八样数第一。

一色一味块块香，

再饶半块随您意。

俞家能耐不传女，

谁我儿子谁学艺。

俞六不是天津人，不懂天津人这几句嘎话里，有打趣逗笑，也暗含着骂人，挺厉害。他心里有点疑惑。刘二爷看了出来，说："放心去用，不会再有人敢招你了。"

俞六说："您开头就帮我，已经多回了。这次成了，我管您一辈子药糖。"

第二天俞六卖糖走八字时，便把刘二爷这六句念一遍，一回生，二回熟，熟能生巧，渐渐跟上步点，走起来挺好看，像徐策跑城。买糖的人、围观的人听了都笑，有人说："听你这几句，谁再敢偷艺谁就是你儿子了。"旁观的人都跟着笑。

俞六才明白这一招把他的绝活儿立住了。更明白天津人说话的妙处——既厉害又幽默，既幽默又厉害。单厉害不受听，单幽默不给劲。自今而后，果然再没有人学他。他感激刘二爷，天天给刘二爷送糖，一天六块，一天换一样，八天一轮，正好四十八样。多少年来一直送下去。

俞六有妻无子，他的手艺绝活儿后继无人。可到他死后，刘二爷还活着，人说刘二爷长寿，就是因为长年吃俞六的药糖。

马二

真的不难，以假乱真才难。比方人家马连良张嘴一唱，当然就是马连良唱，难吗？可要是你唱，让人听了说是马连良在唱，那就难死了。所以天津人最服的是以假乱真。称呼这种人时，不提"以假"，只夸他"乱真"。乱真是种大能耐。

民国年间天津老城这边出了位能乱真的能人，叫马二。马二的爹是干脚行出身，在运河边有自己的水陆码头，脚夫上百号，有了钱便折腾南货，赚了钱发了财，这便在老城租界两边都买了宅子，都开了铺子，上上下下都有人脉。可是，天津卫脑袋一个比一个大，后戳一个比一个硬，若是不小心得罪了更厉害的人，一定会遭人算计，弄得家败。马二他爹就是从这个坡上栽下来的，这就不多说了，只说马二。

马二打小娇生惯养任嘛能耐没有，可是破家值万贯，用不着去做苦力，整天闲玩闲逛，出酒馆进茶馆，游手好闲。人没大聪明，但有小聪明，最大的本事是学谁像谁。从市长、要人、富贾、名流，至少七八位都给马二学得活灵活现，尤其再配上这些名人要人一两个段子，一走一站一笑一招手一龇牙，学谁像谁学谁是谁，能够乱真。乱真这玩意儿是种笑料，乱到妙处，保你笑得下气儿接不到上气儿来，比常连安 ① 还逗乐儿。

马二学得最像的人，是租界那边一位管教育的官员管四爷。马二和管四爷除去脸蛋刷白有点像，别的都不像。管四爷是位正经八百的政府要员，马二游手好闲；管四爷出门有车，马二离不开自己的两条腿；管四爷油头粉面，马二灰头土脸；管四爷格格正正一身制服，马二从来没扣齐过褂子上的扣子；管四爷咳嗽的时候拿西洋的手绢捂嘴，马二咳嗽的时候往地上吐黏痰。可是别看这样，他要学起管四爷——乱真！

马二常往租界去，管四爷是出头露面的人，见他不难。老城这边的一般人不常去租界，至少一半人没见过管四爷，不管马二学得像几成，只是觉得他学得好玩罢了。可是一次管四爷来到城北边的总商做"文明讲演"，不少人跑去一看，大吃一惊，马二绝了！事后再看马二一学，更吃一惊，马二真是太绝了！

从此，马二扬名老城。人们见他干脆就戏称他"管四爷"。马二聪明，他知道要人名人都不好惹，不管人怎么称呼他，他却从来不说自己是管四爷。

这一来，在天津世面上，他也算一号。到哪儿都受欢迎，都爱看他乱真的能耐。

天津是商埠，事事都能找出机会找到好处。自打马二乱真成名，时不时有人请他吃餐赴宴，有的人根本不认得管四爷，请他去就是为了逗逗乐，给饭局助兴。他也不在乎，反正白吃白喝，省钱就是赚钱。这一来，连人家娶媳妇、儿子百日宴、老人做寿和买卖

---

① 常连安（1899—1966），相声大师，擅长单口相声。

开张，也给他送帖子了。

天津不大，老城这边马二的事儿，渐渐就传到租界那边管四爷的耳朵里。管四爷不是凡辈，表面不作声，暗中派随从葛石头到老城这边来刺探虚实，摸摸马二这个人，是否真能把自己学成另一个自己。

葛石头运气不错，到了老城就赶上一个机会，估衣街上的太平笔庄成立一甲子，在大胡同的状元楼设宴庆贺，据说请了马二。葛石头找人弄到一个席位，那天到了状元楼，很快就从人群里认出马二。乍一看这马二的脸真有点像管四爷，但除去这点就哪儿也不像了。管四爷是嘛派头，这家伙嘛样？活赛一条狗。

可是宴会开了不久，有人喊了一声："请咱管四爷讲两句！"众人齐声呼好。马二从那边桌子前一站起来，可就赛换了个人。虽然还是那身行头，但那股子劲儿变了。只见他左手往后腰上一撑——管四爷讲话时就一准这么单手撑腰；同时小肚子往前一鼓一挺——管四爷撑腰时肚子就这么一鼓一挺。还没说话就赢得满堂彩，有人叫道："管四爷附体了，绝啦！"

马二乘兴说："今儿太平笔庄甲子大庆，诸位爷给咱朱老板面子，大家也是难得一聚，大家只管吃喝痛快，钱——记在我局里的账上！"

葛石头傻了。听这两句话的声音和腔调，就像管四爷在那边说话呢。

再瞧，马二正举杯说："干了！"举手时胳膊伸得笔直，赛根杆子——管四爷就这么举杯！

葛石头在这边瞪圆眼珠子看；马二那边连吃带喝，说说笑笑，举手投足，活活一个管四爷，引得同桌和邻桌众宾客阵阵大笑。葛石头非但瞧不出破绽，反倒觉得他愈来愈入化境。到了后来，马二有点醉了，连摇身晃脑都像，已经难瞧出是在"学"管四爷了，就像每次教育局请客管四爷坐在那边吃吃喝喝的样子。

可是葛石头却看出他一边"乱真"，一边没忘了吃喝。桌上的鸡腿鱼肚虾腰肉块叫他择着拣着撂在嘴里，吞在肚里。心想这小子，一边用管四爷的"名儿"白吃白喝，一边拿着管四爷开涮给大伙找乐，真是太损太缺了。

正热闹着，马二起身弯腰使筷子去夹远处碟子里一块肥嘟嘟的大海参时，没料到腰一用劲，放个响屁，这屁真响——真臭。坐在他身边的一位立时说："四爷的屁——扣屎盆子了！"大伙大笑；马二用管四爷的声调说："不臭叫屁？"大伙又大笑。一直笑到席散。

葛石头回到租界那边，把自己耳闻眼见照实禀告管四爷。然后说："咱拿他还真没办法，马二嘴里从来没说过他是在学您，说您名字的都是别人。"

葛石头原以为管四爷会大发雷霆，谁料管四爷嘛话没说，只是一笑。

没过几天，老城这边就传出一个说法：人家管四爷是租界里有身份的文明人，从来不会当着人放屁。马二学管四爷，学得再像也不该有放屁这段。马二是小混混儿，没见识，这下子彻底穿帮了！还有一句比广告还厉害的话：一个屁崩飞了马二的饭碗子。

商场里没有比传言更管事的。码头的人又爱说笑话，爱找乐子。从此各种饭局没人再请马二，反而拿马二放屁的事当作饭桌上的笑料。

冷脸

南门外有位铁匠，四十多岁，怪人，他从来不笑，脸总阴着，外号"冷脸"。

他不是脾气怪才没笑脸；他打小就没笑过，无论嘛事，人都笑了，甚至捧腹大笑，笑破肚子，他也不笑。他那张脸就像用铁皮敲出来的盘子，又黑又硬，赛个铁面人。

冷脸是打保定府来的，在天津至少待了二十年，人有点偏，性子闷，不好结交，没人知道他的事。后来，不知打哪儿传出一段他不会笑的根由，说他爹是钉马掌的，他四五岁时候，站在一边看他爹钉马掌，那马忽然犯起性子，一炮蹶子，后蹄子踢在他脑袋上，他挺在床板上不动劲不睁眼，滴水不进，大夫来一号脉，说没命了，顶多三天阎王爷就把他领走；可三天后他没走，还有气，七天过后，居然睁开眼醒过来，翻身下地，走路说话吃喝拉撒一切照旧，就少一样——不会笑了；人说他的笑脸给阎王爷留下了。

这说法听起来像那么回事，对不对，没人敢去和他核对。

他刚来天津那年，几个小子不信他绝不会笑，一天摸黑，一起上去把他按在地上，一起胳肢他，想叫他笑。可怎么胳肢他也不笑，直到将他胳肢得上边流泪下边尿尿，大喊求饶，可还是不笑。这几个小子住了手，认定这家伙到死也绝不会笑。

不会笑是怪人，怪人还有更怪的事，就是好听相声，怪不怪事？听相声就为了笑，他不笑听相声为了嘛？练笑吗？谁也弄不明白。

冷脸不赌不嫖不贪杯，干完活儿，有点清闲，就钻进说相声的园子，找个凳子一坐，听几段。园子里的人都认识他那张半死不活的冷脸，这张脸好像专和说相声的找别扭，说相声就怕人不乐，你不乐等于人家的包袱不眼，活儿使得不绝，栽人家面子。在天津卫，谁要和说相声的作了对，就找几个人坐在园子里死活不乐，成心戗火。这一来，冷脸可就跟说相声的较上劲了。天津说相声的高手如林。开头，一个个跑到南门外来，看谁能把冷脸逗乐了，结果个个丢盔卸甲，掉头回去。于是南门外有句歇后语：

说相声逗冷脸——自找别扭。

可只有冷脸自己不知道这句话。

北京挨着天津，这怪人怪事传到北京的相声圈子。北京有不少高手，不信世上还有一个逗不乐的人，就来了一逗眼一捧眼的两位。这两位早先在厂甸、天桥一带扬名立万。先甭说"说学逗唱"的功夫都是超一流，单凭长相就不一般。逗眼的又高又瘦，像个瘦猴，人偏姓侯；捧眼的又矮又肥，像个胖猫，人偏姓毛，江湖给他俩一个绰号叫"毛猴"。北京不是还有种拿蝉蜕做的那种人见人爱的小玩意儿"毛猴"吗？这外号就在北京叫得山响。

毛猴来到天津，在南门外的喜福来开说。头一天，台下就坐满了人。冷脸听到信儿也来了。不少人都知道毛猴是冲冷脸来的，只有冷脸自己完全不知道。可他在台下一坐，阵势就摆开了。

毛猴上来，在台上一站，一高一矮一瘦一肥一精一傻，就惹得哄堂大笑。毛猴他俩往下一看，心里咯噔一下，满屋子七八十张笑脸里，有张脸赛铁板，又黑又硬又阴冷，甭打听，这就是那个冷脸。他俩想：今儿是不是真遇到克星了？可是毛猴是二十年老江湖，嘛都见过，先不管这脸，轻轻快快有说有笑之间，啪地甩一个包袱，甩得意外、漂亮、逗哏，人全笑了，唯独冷脸不笑。毛猴目光都扫见了，相互递个眼神，表面不当事，接着说笑，不经意中又使一个包袱，这包袱使得又巧又妙又绝，看出了老到，引得大家大笑，可冷脸还是没笑。毛猴见了，还不当事，接着再来，下边的包袱是毛猴拿手的——听一百次得笑一百次。毛猴一使，全场爆笑，笑声要掀去屋顶，毛猴再看，冷脸居然赛个睁着眼的死人。

毛猴觉得不好，知道今儿弄不好要栽在天津卫了。心里没根，接下去就有什么算什么了。老段子、新段子、文段子、荤段子，加上不停的现挂，直说得脑门流汗、嗓子冒烟，冷脸还是那张冷脸。最后，那个逗哏的瘦猴索性对着冷脸抖一个砸锅卖铁似的包袱，说："这位爷，您要是再不笑，我俩可真要脱裤子了。"

全场又一阵大笑。冷脸忽然站起身，板着面孔拱拱拳说："您二位说得真棒，谢你们了。我退了。"话说完，起身离座走了。到了也没露出个笑脸。

毛猴两个站在那儿下不了台，这算栽到家，只好耷拉脑袋回北京。

自打毛猴走后，没人敢再往南门外说相声。人们把冷脸愈说愈神，好像冷脸是天生的相声杀手。可奇怪的是打那天起，不单南门的相声园子，全天津的相声园子里，没人再见过冷脸。有人说他远走高飞了，可有人说他哪儿也没去，还在南门外打铁，只是绝不再听相声了。

这事就费琢磨了。那天他要是真夸毛猴的相声棒，干吗不笑？他要是真的不会笑，干吗非来听相声？他要真的爱听相声，干吗从那天起与相声一刀两断了？

这几句问话没人答得上来。当时答不上来，今天更是答不上来。

一阵风

三岔河口那边那块地，各种吃的穿的用的玩的应有尽有，无奇不有。码头上的东西，一半是本地的特产，一半是南来北往的船儿捎来的新鲜货；外来的玩意儿招引当地人，本地的土产招引外来客。于是，走江湖卖艺的都跑到这儿来赚钱吃饭，吃饭赚钱。可是，要想在这儿立足就不易了。谁知道嘛时候忽然站出一位能人高人奇人，把你一脚踢一个跟斗。

民国元年，一位打山东来的跤手无敌手，个子大赛面墙，肩厚似牛臀，臂粗如大腿，光头圆脸冒红光；浑身的肌肉一使劲，好比上上下下到处肉球，再动两下，肉球满身乱滚。这小子拿手的本事是摔跤时，两手往对手肩上一搭，就紧紧抓住，腰一给劲，就把对手端起来。你两脚离地使不上劲，他胳膊长你踢不上他，你有再好的跤法也用不上。他呢？端着你一动不动，你再沉再重也没他劲大。等你折腾够了，他把你往地上一扔，就赛给他玩够的小猫小狗，扔在一边。据说他这手是从小练的一个怪招：端缸。他爹是烧瓦缸的，开头叫他端小缸，天天端着缸在院里转；等他端缸赛端鸡笼子，便换大一号的缸，愈换愈大，直到端起荷花缸赛端木桶，再往里边加水，每十天加一瓢水，等到他端着一缸水在院里如闲逛，这门天下罕见的功夫就练成了。天津的好跤手挺多，可是没人想出能治他的法儿来。

别以为这端缸的山东小子能在三岔口站住脚。一天，打河北沧州来了一位凶悍的汉子，这汉子是练铁砂掌的。人挺黑，穿一件夏布褂子，更显黑；乱糟糟连鬓大胡子，目光凶狠，一看就知不是善茬。这人过去谁也没见过，他在山东小子面前一站嘛话没说，把夏布褂子脱下往后一扬，露出一身肉赛紫铜，黑红黑红，亮得出奇，肉怎么能这么亮？可是，端缸的山东小子没把他当回事，出手往他肩上一搭，跟手一抓，怪事出来了，居然没抓住；再一抓，还是没抓住，这黑汉子肩上的肉滑不哧溜，赛琉璃的，山东小子没遇到过这种肩膀这种肉，唰唰唰连抓三下，竟赛抓鱼，他忽觉不好——原来这黑汉子半个身子涂了挺厚的一层油，怪不得这么亮这么滑！可是抓不住对方的肩，端不起来，他的功夫就用不上了。就在他一惊一怔之间，这汉子双掌疾出，快如闪电，击在他的当胸，他还没明白过来，只觉胸膛一热，已经坐在五尺开外的地上，耳听围观的人一片叫好。

从这天起，三岔河口这块地，这沧州来的黑汉子是爹。

每天都有人不服，上来较量，个个叫这黑汉子打得像挨揍的儿子。这汉子双掌又快又重，能受他一掌的只待高人。

没想到半个月后就有一位怪人站在他对面。

这人赛个文人，清瘦小老头，穿件光溜溜蛋青色绸袍，一身清气立在那儿，眼角嘴角带着笑。没等黑汉子开口，他叫身边一个小伙子帮他脱去外边的长袍，跟着再把这长袍穿上。可再穿上长袍时，他就把两条胳膊套在袍子里面，只叫两条长长的袖子空空垂在肩膀两边，像两根布条。黑汉子说："你这叫怎么一个打法。"

小老头淡淡一笑，说："君子动口不动手，我绝不用手打你。"
这口气透着心里的傲气。

黑汉子说："真不用手？那么咱说好了——不是我不叫你用手，
我可就不客气了。"

小老头说："有本事就来吧。"

黑汉子说句："承让。"上去呼呼几掌，每掌只要扫上，都叫小
老头够呛。可是黑汉子居然一掌也没打上，全叫小老头躲闪过去。
黑汉子运气使力，加快出掌，可是他出手愈快，小老头躲闪愈灵。
一个上攻下击，一个闪转腾挪，围观的人看得出小老头躲闪的本领
更高，尤其是那翻转、那腾跳、那扭摆，比戏台上跳舞的花旦好
看。黑汉子打了半天，好像凭空出掌。拳掌这东西，打上了带劲，
打不上泄劲。一会儿就累得黑汉子呼呼喘了。尤其小老头的空袖
子，随身飞舞，在黑汉子的眼里，哗哗的，花花的，渐渐觉得好赛
和好几个小老头在打，直到打得他气短力竭，浑身冒汗，才住手，
说了一句："我服您了。"

小老头依旧刚才那样，垂着两条空袖笑吟吟、气定神闲地站在
那里。他一招没使，没动手，就把黑汉子制服了。这小老头是谁，
从哪儿来，谁也不知。但是打这天起，三岔河口又改名换姓，小
老头称雄。有人不服，上来较量，小老头还是不出手，就凭着闪转
腾挪和两条飞舞的空袖子，叫对手自己有劲没处使，自己把自己累
趴下。

看来小老头要在这块地立一阵子，没过十天，又一位高人冒出
来了。

谁也没留神，这些天一位高人一直扎在人群里，欣赏着小老头

"动口不动手"的绝技，琢磨其中的诀窍，也找破绽。这人年轻健朗，穿个白布对襟褂，黑布裤，挽着裤腿，露出的腿肚子像块硬邦邦的圆石头。这种装束的人在三岔河口一带随处可见——船夫。他们使桨掌舵扯缆扬帆，练达又敏捷，逢到黑风白浪，几下就爬到桅杆顶尖，比猴子还快。可是要想和练武的人——尤其小老头较量较量，胜负就难说了。

看就看谁比谁绝。

这船夫一上来双手拱一拱拳，就开打。小老头照例闪转腾挪，叫这船夫沾不上自己的边儿。小老头这双空袖子绝的是，舞起来叫人眼花缭乱，不知对他该往哪儿出拳使掌。袖子是空的，打上也没用。可是谁料这船夫要的正是这双长袖子。他忽地伸手抓住左边的衣袖，一阵风似绕到小老头身后，再抓住右边的衣袖，飞快地跑到小老头身后，把两条袖子结个扣儿，这个扣儿是活扣儿，懂眼的人一看便知，这是系船的绳扣儿。别看是活扣儿，愈使劲挣，扣儿愈死。待这袖子赛绳子扎得死死，小老头可就跟棍子一样戳在地上。这船夫上去一步蹬上小老头，两脚站在小老头双肩上。小老头看出不妙，摇肩晃膀，想把这船夫甩下来。可是船夫任他左晃右晃，笑嘻嘻交盘着手臂，稳稳地一动不动。船夫整天在大风大浪的船板上，最不怕摇晃。一直等到小老头没劲再晃，站老实了，才跳下来，伸手两下给小老头解开衣袖，转身便走。

从此，小老头人影不见，这船夫也不见再来。这船夫姓甚名谁，哪门哪派，家在何方呢？

渐渐有了传闻，说这人家在北塘，没人知道他练过功夫，只说他是个好船夫，在白河里来来往往二十年，水性好，身手快，绰号

"一阵风"。有人说前些天在大直沽那边碰见过他，问他为嘛不在三岔河口地上画个圈，显显身手，多弄点钱。一阵风说，天津这码头太大，藏龙卧虎，站在那儿不如站在船上更踏实。

张果老

好好一套的老东西失去一件，不成套了，这不成套的东西叫作"失群"。失群原本是令人惋惜又没辙的事，失群东西的价钱本应大打折扣，到了天津卫的古玩行反倒能拿它赚钱。怎么——

不信？

今儿天好，索七来到估衣街，逛一逛他最欢喜的宜宝轩古玩店，他运气不错，隔着临街的玻璃窗，一眼就瞧见里边木架上立着一排五彩瓷人。他玩瓷器绝对到家，那一排瓷人在他眼前一过，立时看出是嘉庆官窑五彩八仙人。进门就径直朝这东西奔去，走近一看果然极好，色气正，包浆好，人物有姿有态，神情各异，个头又大，个个近一尺高，难得的是没一点残缺。瓷人最易伤残的是手指，这几个瓷人没一根手指断尖。那股子富丽劲儿、沉静劲儿、滋润劲儿、讲究劲儿，就甭提了，大开门的嘉庆官窑！可是再盯一眼，问题就出来了。八仙人是八位，这怎么是六位？他细看一下，这儿站着的是汉钟离、铁拐李、曹国舅、吕洞宾、何仙姑、蓝采和，还缺着吹笛子的韩湘子和倒骑驴的张果老呵。没等他找老板问，只听声音就在耳边："您别看东西失群，价钱也失群了呢。"再瞧，掌柜辛居仁就笑嘻嘻站在他身边。辛掌柜个子矮，嘴唇上边长几根花白的鼠须，仰头对他笑着说："这套嘉庆官窑八仙要是整套的，品相这么好，还不得八根条子，一根条子一个人儿，现在您只出这半价——"他用手比画个"四"，笑着说："一半价！您就抱走了。这点钱您到哪儿买去？实话告您，您索七爷走运了，人家等着用钱！"

古董是死的，卖古董的能把它说活了。

"这是谁家的东西？"索七问。

"瞧您问的，干我们这行能说东西是谁的吗？不过这家可不一般，天津卫无人不知，只是我不能连名带姓地告诉给您。再说，东西这么好，您管它是谁家的干吗？"

索七爷仔细再看看这六个瓷人，真是没挑；瓷人是手工活儿，每个瓷人都捏得好，画得好，烧得好，太难得！可要是整套齐全，花十根条子他也会狠下心来买。现在失了群，差大事了。辛掌柜好赛明白他想的是嘛，对他说："嘉庆成套的东西哪有不失群的？您要摆在家里，别像我这样儿全都摆出来，您可以单摆一两个。单摆显得珍贵，隔一阵儿再换换，更新鲜。"

索七爷动了心。做买卖的比当大夫的还会察言观色，辛掌柜说："老实跟您说，您要错过了，甭想再碰上。这东西今儿一早才摆出来，就叫您迎头撞上了。东西好，又这么贱，说不定下晌就叫人抱走了。"

于是索七回去取钱，来把款付了。辛掌柜给他包瓷人时说："您索七爷是福运当头的人，往后多留神，说不定碰上失群的那两个，那您就发大财了。"这几句话把索七说得心花怒放，高高兴兴把这六位神仙抱回家。

打这天起，索七几乎天天逛古玩店。天津卫是商埠，来天津做生意的有钱人多，洋人也多，自然少不了古玩店，从租界马家口到老城内外，大大小小总有几十家。索七每五天就把所有古玩铺子都跑一圈。

索七这种人天津卫挺多。祖上有钱，本人无能，吃喝之外，雅好古玩，天天在城中转悠。一个月后，索七又转到估衣街的宜宝轩，这个月已经来三次了，次次落空。这次不一样，他又是隔着玻璃窗一眼看到古玩架上站着一个瓷人，同时还看到辛掌柜朝他弯着眼笑嘻嘻招手呢。

他急忙跨进去，辛掌柜赶忙迎上来，边说："我说上天不负有心人嘛。您看，这东西可是自己找您来的。"索七定睛一瞧，没错，嘉庆官窑五彩瓷人，和他那六个是一套的——双手执笛横吹的韩湘子，按捏笛孔的十根手指根根都有姿有态，小脸斜扭，红唇上翘，神情已入笛声之中。这瓷人做得似乎比那六个还好。这就要掏钱买。辛掌柜却说："您先别急，价钱咱还没说呢，上回叫您买到便宜了，这回不行了。"开口就要两根条子。

索七说："怎么这一个顶那三个的价？"辛掌柜说："您别还价，就这价钱，顶多三天准出手。单卖单说，按品相说价钱，您自己凭心说，您手里那六个虽然都好，可都没法儿和这个比。这套八仙，这个最好！极品！"两人争了半天，最后辛掌柜搭上一个带款的宣德炉要了两根条子，才把这韩湘子给了索七。索七问他这东西是不是还上次那家的货。辛掌柜说："谁还会分两次拿出来卖？这件韩湘子是庚子闹义和团八国联军屠城后，人家在护城河边地摊上买的。人家可爱这件东西了。等着用钱，才拿出来卖。再告诉您吧，这东西刚上了架，已经有两位想要，我没卖，就等着您来，我不想再叫这套瓷人失群。失了群再想合群只有等下辈子了。"

索七说："还差一个张果老。你还得给我留神。"辛掌柜听了，露出笑容，说："那您可得天天烧高香，古玩行里还没遇见过这种事呢。"

索七把这韩湘子拿回家，和先前那几位神仙排成一排，别提多美，也别提多别扭了。没这韩湘子，只当是几个失群的古董，有了韩湘子，反觉得是一堆残品。索七的一位朋友说，八仙是八卦五行之象，缺一不可。索七就像着了魔似的满城寻找张果老。三天去一趟北城外估衣街的宜宝轩，回回落空。急得他恨不得买条驴自己坐上去。

一天后晌回家，打西北城角走进太平街——他天天回家就走这条道，看见街口一边围着十来个人，兴致勃勃看着什么，他过去往人中间伸脑袋一瞧，有个人手里拿件东西在卖。再瞧，眼睛登时花了；待定住神瞧，竟然就是他想掉了魂儿的那个瓷人张果老！没错，不用细瞧，就是自己那套八仙，那个张果老！这是老天爷派人送到他手上来的吗？再瞧瞧卖东西这人，五十来岁，模样赛个小生意人，穿得不错，但脸上透着穷气。索七问道："你是打哪儿来的？"没料到头一句话就把对方问火了，"你是买东西还是买人？你想说我是偷来的？"索七赶紧解释，愈解释对方愈冒火，后来干脆从腰里掏出块布，把张果老一裹，夹在胳肢窝里就要走，不肯卖了。索七爷赶紧拦住他，说好话，赔不是，说自己真心要买这件东西。对方听了，带着气说："你要真要，六根条子！"这是天价，不沾边了，可是索七爷却不敢说个不字，死磨硬泡往下拉价，他愈拉对方把价咬得愈死，最后干脆说："没工夫跟你绕舌头，我扔了砸了也不卖了。"

索七只好认头。回去取钱买了。

围观的人看不明白，明摆着成心刁难人的价钱也买？是买他爹他娘的灵牌吗？拿黄金当黄土了。

张果老抱回家，八仙终于凑齐了，也算各显了"其能"。

一天，索七一位上海的朋友来津，上门做客，看到摆在正中条案上的嘉庆官窑五彩八仙，这友人也好古瓷，懂行懂眼，连声称绝。说道："这东西得值六根条子。你花了多少请回来的？你买到便宜了吧？"

索七用心算一算，前前后后加在一起，竟是十二根。自己怎么会花这么多钱呢？他再把买这八仙前前后后的故事连起来一想，忽然明白到底怎么回事了——他钻进了人家早做好了的圈套！栽跟头的事不能对外人说，嘴上说着："不多不多。"却觉得条案上的八仙人都在咧嘴笑他这个傻瓜。

狗不理

天津人讲吃讲玩不讲穿，把讲穿的事儿留给上海人。上海人重外表，天津人重实惠；人活世上，吃饱第一。天津人说，衣服穿给人看，肉吃在自己肚里；上海人说，穿绫罗绸缎是自己美，吃山珍海味一样是向人显摆。天津人反问：那么狗不理包子呢？吃给谁看？谁吃谁美。

天津人吃的玩的全不贵，吃得解馋玩得过瘾就行。天津人吃的三大样——十八街麻花耳朵眼炸糕狗不理包子，不就是一点面一点糖一点肉吗？玩的三大样——泥人张风筝魏杨柳青年画，不就一块泥一张纸一点颜色吗？非金非银非玉非翡翠非象牙，可在这儿讲究的不是材料，是手艺，不论泥的面的纸的草的布的，到了身怀绝技的手艺人手里一摆弄，就像从天上掉下来的宝贝了。

运河边上卖包子的狗子，是当年跟随他爹打武清来到天津的。他的大名高贵友，只有他爹知道；别人知道的是他爹天天呼他叫他的小名：狗子。那时候穷人家的孩子不好活，都得起个贱名，狗子、狗剩、梆子、二傻、疙瘩等等，为了叫阎王爷听见不当个东西，看不上，想不到，领不走。在市面上谁拿这种狗子当人，有活儿叫他干就是了。他爹的大名也没人知道，只知道姓高，人称他"老高"；狗子人蔫不说话，可嘴上不说话的人，心里不见得没想法。

老高没能耐，他卖的包子不过一块面皮包一团馅，皮厚馅少，肉少菜多，这种包子专卖给在码头扛活儿的脚夫吃。干重活儿的人，有点肉就有吃头，皮厚了反倒能搪时候。反正有人吃就有钱赚，不管多少，能养活一家人就给老天爷磕头了。

他家包子这点事，老高活着时老高说了算，老高死了后狗子说了算。狗子打小就从侯家后街边的一家卖杂碎的铺子里喝出肚汤鲜，他就尝试着拿肚汤排骨汤拌馅。他还从大胡同一家小铺的烧卖中吃到肉馅下边油汁的妙处，由此想到要是包子有油，更滑更香更入口更解馋，他便在包馅时放上一小块猪油。之外，还刻意在包子的模样上来点花活儿，皮捏得紧，褶捏得多，一圈十八褶，看上去像朵花。一咬一兜油，一口一嘴鲜，这改良的包子一上市，像炮台的炮一炮打得震天响。天天来吃包子的比看戏的人还多。

狗子再忙，也是全家忙，不找外人帮，怕人摸了他的底。顶忙的时候，就在门前放一摞一摞大海碗，一筐筷子，买包子的把钱撂在碗里。狗子见钱就往身边钱箱里一倒，碗里盛上十个八个包子就完事，一句话没有。你问他话，他也不答，哪有空儿答？这便招来闲话："狗子行呵，不理人啦！"

别的包子铺干脆骂他"狗不理"，想把他的包子骂"砸"了。

狗子的包子原本没有店名，这一来，反倒有了名。人一提他的包子就是"狗不理"。虽是骂名，也出了名。

天津卫是官商两界的天下。能不能出大名，还得看是否合官场和市场的口味。

先说市场，在市场出名，要看你有无卖点。好事不出门，坏事传千里；好名没人稀罕，骂名人人好奇。狗不理是骂名，却好玩好笑好说好传好记，里边好像还有点故事，狗子再把包子做得好吃，狗不理这骂名反成了在市场扬名立万的大名了。

再说官场。三岔河口那边有两三个兵营，大兵们都喜欢吃狗不理的包子。这年直隶总督袁世凯来天津，营中官员拜见袁大人，心想大人山珍海味天天吃，早吃厌了，不如送两屉狗不理包子，就叫狗子添油加肉，精工细作，蒸了两屉，赶在午饭时候，趁热送来。狗子有心眼，花钱买好衙门里的人，在袁大人用餐时先送上狗不理。人吃东西时，第一口总是香。袁大人一口咬上去，满嘴流油，满口喷香，心中大喜说："我这辈子头次吃这么好吃的包子。"营官自然得了重赏。

转过几天，袁大人返京，寻思着给老佛爷慈禧带点什么稀罕东西。谁知官场都是同样想法。袁大人想，老佛爷平时四海珍奇，嘛见不着；鱼翅燕窝，嘛吃不到；花上好多钱，太后不新鲜，不如送上前几天在天津吃的那个狗不理包子。就派人办好办精，弄到京城，花钱买好御膳房的人，赶在慈禧午间用餐时，蒸热了最先送上，并嘱咐说："这是袁大人从天津回来特意孝敬您的。"慈禧一咬，喷香流油，勾起如狼似虎的胃口。慈禧一连吃了六个，别的任嘛不吃，还说了这么一句：

"老天爷吃了也保管说好！"

这句话跟着从宫里传到宫外，从京城传到天津。金口一开，天下大吉，狗不理名满四海，直贯当今。

钓鸡

民国十六年入冬，天津卫地面上冒出来一位奇人，这人谁也没见过。姓嘛叫嘛，长的嘛样，也就没人能说清楚。既然是奇人，就得有出奇的地方。这人是位钓客，但不是钓鱼，是钓鸡。鸡怎么钓？我说您听——别急。

那时，天津家家户户都养鸡养狗养猫。养鸡吃蛋，养狗看门，养猫抓耗子。狗在院里猫在屋里，鸡不圈着，院里院外随便跑，后晌该进窝的时候，站在门口一吆喝，或敲敲食盆食罐，就全颠颠跑回家了，绝丢不了。可是到了民国十六年天津人开始丢鸡，开始以为闹黄鼠狼，黄鼠狼抓鸡总留下点鸡毛，可是丢鸡的地方没人见过鸡毛；后来认为是有人抓鸡，可是抓鸡的地方总能听见鸡嘎嘎叫，怪的是——没人听过鸡叫。

不多时候，家住粮店后街的一位姓刘的老江湖，瞧出了门道。他发现丢鸡不总在一个地方，今儿河东，过两天河北，再几天杨庄子。丢鸡的地界都不大，不过几条胡同，一两条街，几十只鸡，好似给一阵风刮走，不留半点痕迹。黄鼠狼绝没这种心计，只有人才干得出来。这叫打一枪换一个地方。这偷鸡的人真够聪明。可他用嘛法子，不声不响，鸡也不叫，不大工夫，就把一个地界满地跑的几十只鸡全敛去了？

老刘开始到处走，留神用耳朵摸，只听到哪儿哪儿丢鸡的传闻，却没人说偷鸡的人给逮着了，只听到一个绰号叫"活时迁"——叫得挺响。嘿，人没见，号先有了。

二十天后一个小痦子告他这个活时迁的事，叫他大吃一惊。

据说这活时迁抓鸡不用手抓，用线钓。他先把一颗黄豆中间打个眼儿，用一根细线绳穿过去，将黄豆拴在线绳一头；再使一个铜笔帽，削去帽尖，露出个眼儿，穿在线绳另一头上，铜笔帽像串珠那样可在线上任意滑动，然后将黄豆、线绳、铜笔帽全攥在手里，偷鸡的家伙就算全预备好了。

活时迁看到一个有鸡的地界，蹲在一个墙角，抽着旱烟，假装晒太阳。待鸡一来，先将黄豆带着线抛出去，笔帽留在手中。鸡上来吞进黄豆，等黄豆下肚，一拽线，把线拉直，就劲把铜笔帽往前一推，笔帽穿在线中，顺线飞快而下，直奔鸡嘴，正好把嘴套住。鸡愈挣，线愈紧，为嘛？豆子卡在鸡嘴里边，笔帽套在鸡嘴外边，两股劲正好把鸡嘴摽得牢牢的，而且鸡的嘴套着笔帽张不开，叫不出声。活时迁两下就把鸡拉到跟前。

小痦子说，活时迁多在入冬钓鸡，冬天穿一件黑棉大衣，抓了鸡，塞进怀里，谁也看不出来，更因为谁也想不到他用这法子偷鸡。小痦子还说，他一天吃三只鸡，吃不了拿到就近的集市上卖了。

老刘问他这话当真，小痦子说他前些天在挂甲寺一带亲眼见的。

老刘在家里寻思一天一夜，想出一招。他想，他住这粮店后街，养鸡的人家多，地势杂，活时迁迟早会来这儿偷鸡。他家也养鸡，他便守在家候着活时迁。他说："他钓鸡，我钓他。"

入了腊月，他的鸡和隔墙陈三家的鸡忽然没了，十几只，光光的一只没剩下。老刘说："行了，上钩了。"

老刘知道在哪儿能找到活时迁。他去到附近一带几个卖活禽的集市上转，转来看去，瞧见一个胖子，脸色红，皮肤光，小眼赛一对琉璃珠黑又亮，身穿大棉袍蹲着，旁边一个竹编的罩笼，扣着五六只活鸡。老刘过去对这胖子说："鸡吃得不少呀，嘴巴都流油了。"

胖子一听一惊，坐个屁股蹲儿。老刘心想这就是活时迁了。

活时迁手一撑地，又蹲回来，朝老刘笑道："这么肥的鸡哪有福气吃？"

老刘一听他说话的口音不是当地人，却不和他多废话，指着鸡笼子说："你把那白公鸡拿出来瞧瞧。"

活时迁应声伸手从叽哇乱叫的几只鸡中间，把白公鸡抓出来，递给老刘。白毛红冠，雄姿勃勃。活时迁说："这公鸡起码十斤，还是当年鸡，肉多又嫩，煮着炒着怎么吃都成。"

老刘拿着鸡问他："多少钱？"

活时迁："不便宜也不贵，十个铜子儿。"

老刘："好，你就给我十个铜子儿吧，还有笼里那五只，总共六十个铜子儿。"

活时迁："别打岔了，你吃我鸡还要我给钱。"

老刘："谁打岔了，你抓我鸡还要我给钱。"

活时迁觉得话茬儿不对，把脸一撂，说："好，你可得说明白，这鸡怎么是你的？"

老刘笑了，说："你说这鸡是你的，可有记号？"

活时迁有点发急，"鸡不是你抱来的，是在我笼子里的。我没记号，你有记号？"

老刘说："肚子上有个红圈儿。"

活时迁抓过鸡，翻过来，拿给围观的大伙看，叫着："大伙瞧呵，哪儿来的红圈儿。"没有红圈，只有一肚子厚厚的白绒毛。

老刘冷冷一笑，左手把鸡抓过来，右手将肚子上的白毛一把把揪下，果然一红圈儿，用漆画在鸡皮上。他说："我早在它换毛时就把这红圈儿画上去了。"

活时迁心想：这回要玩儿完，人家早早画个圈儿，等着自己往里跳呢。这才叫魔高一尺，道高一丈。码头人真厉害。自己只有叫爹叫爷，求饶了。

人家老刘是江湖。真正的江湖都厚道，得饶人处且饶人。他叫活时迁把笼子里的鸡腿拴在一起，头朝下提在手里。只朝活时迁说了一句："小能耐，指着它活不了一辈子，弄不好只活半辈子。打住吧。"

打这天起，天津没听说谁再丢鸡。却都知道粮店后街有位姓刘的汉子，叫"赛时迁"。

龙袍郑

天津卫的名人都有来头，来头都不小。绰号"龙袍郑"这个郑老汉的来头顶了天——皇上。

郑老汉是海河边一个渔夫，一个人，一条船，有兴致时拉网打鱼，有清闲时握竿钓鱼，吃鱼卖鱼，靠鱼活着，傻傻乎乎，乐乐呵呵。

乾隆下江南时，乘船途经天津，看到河上桅杆林立，岸边货堆成山，开了大眼，皇宫里头虽然金装银裹，却看不到这种冒着人间活气的景象。皇上高兴，要到岸上溜达溜达，怕招眼招事，不敢骑龙驾虎，便在龙袍的外边罩件大氅，只带着两个随从，靠岸下船，边走边看，愈看愈有兴致，也就愈走愈远。

看着看着，一个景色把皇上吸引住。不远河上停着一只船，有舱有篷，一个渔翁坐在船头钓鱼。人在船上，影在水里，像个画儿。看钓鱼都是等着看人家钓上鱼，老翁一条一条总有鱼上钩，皇上就看得有滋有味，扭头对随从说："回到宫里，我也去御花园钓钓鱼。"

随从说："皇上钓的比他强，皇上钓的是金鱼。"

可是没大一会儿，这渔翁收起竿子，把船几下划到岸边。这渔翁就是郑老汉。皇上走过去问他："你正上鱼，怎么收竿不钓了？"

郑老汉站在船头，手往西一指说："没见那云彩？要下雨了。"

皇上往西边一看，果然一块黑云。云形很怪，前头像刀裁一般齐。乌云前边是晴天，这云就像一块黑色的床单要遮过来。郑老汉说："这是齐头云，来得可快，雨说下就下。您这是往哪儿去？还不快跑，迟了可就成落汤鸡了。"

皇上说："哎哟，我是从船上下来玩儿的，我的船还远。"

郑老汉说："您要不嫌弃就上船来避避，这雨说着就到。"

皇上抬头一看，果然半个天都黑了，风也大起来，而且冷飕飕，往领口袖口里钻。随从赶忙把皇上扶上了船。船不大，舱不小，连皇上带随从都钻进去。皇上头次钻进这渔家的窝里，看哪儿都新鲜。郑老汉拿几个破碗，沏了茶。这茶比树叶多点味罢了，皇上竟说好喝。喝茶间，雨已经来了，雨落舱篷，像大把大把撒豆子。这一来，皇上更有兴致，说："你有吃的么？我有点饿了。"

郑老汉笑道："我猜到您会饿，正给您热这锅熬面鱼呢！我郑老汉熬的面鱼，谁吃谁爱。这边打鱼的常提着酒葫芦来吃我的面鱼。"他说话这当儿，鱼味已经钻进皇上的鼻子眼儿，勾馋虫子了。

郑老汉的面鱼捧上来，皇上吃上两口就大声说好。面鱼又小又没样，从来上不了御膳，所以皇上没吃过；可是，面鱼又鲜又嫩又没刺，皇上头一遭吃，竟然大呼这才是山珍海味。御膳房的菜添油加酱，民间饭食原汁原味。皇上一边避雨，一边又吃又喝好快活，一高兴，把外边大氅解开，将里边的龙袍脱下来赐给了郑老汉。郑老汉万万没想到，天降洪福，居然在自家的小船篷里见到万岁爷了。两腿一软，两膝一松，啪地跪下，连连叩头，直到风停雨住，皇上走了，还趴在那儿把脑门撞着船板嘣嘣响。

整整一夜，郑老汉也弄不清这事是真是假。当今皇上到自己船上吃鱼喝茶——谁也不信是真的，可金光闪闪的龙袍就在自己手里。一时，他觉得赛做梦，连自己都不是真的了。

第二天一早，郑老汉没出船，在船头摆一张椅子，一张桌子。桌上铺着龙袍，自个坐在椅子上。不一会儿就招来许多好奇的人，而且人愈来愈多。当今皇上乾隆爷上过郑老汉的船，吃了他的面鱼夸好，还赐他身上的龙袍，这事眨眼传遍全城。几年前，皇上来天津，赶上妈祖生日看皇会，不过赐了两件黄马褂，民间就闹翻天。龙袍比黄马褂厉害多了，见了龙袍就如同见到皇上，于是有人跑去给龙袍叩头，这一来津城的乡绅、富贾、文人和官员纷纷赶往这里，像是皇上还在这里。官员碰上这种事都争先恐后，听说知府大人很快也要赶到。

郑老汉出了大名，从此人们就叫他"龙袍郑"。关于龙袍郑的各种传闻也就很快热闹起来。可是，人出了名就有人说好，有人说坏。一句好话后边总是跟着一堆坏话——恨人有笑人无嘛。有不怀好意的说龙袍郑天天夜里偷着把龙袍穿在身上，坐在舱里装皇上。这传闻跟着就引来一个可怕的消息，说知府大人听了发火了，不但不来了，还要抓龙袍郑，没收龙袍，治他"亵渎圣上"的重罪。后边还有更邪乎的传闻呢。

这一下就把龙袍郑吓跑了。三天过去，便不见龙袍郑的人影船影龙袍影，看来是吓破胆了，划船跑了。

码头的事再热闹，都是一阵风，说过去就过去。渐渐人们不再提龙袍郑，却时不时有人把船泊在原先龙袍郑停船的地方，握竿垂钓，想也碰到一次皇上。

在估衣街上有个摆摊卖槟榔的小子，人挺精明，做梦都想发财，一直没撞上好机会。这小子也姓郑，兄弟排行老三，人称"郑三"。一天，有人对他说："你也姓郑，人家龙袍郑也姓郑，人家是嘛运气，皇上找上门来。不过那老家伙有机会不会使，福报不够，天大好事竟然叫他差点惹来杀身之祸。"

郑三听了，灵机忽动，眨眨眼说："我会使。"没多少天，他就把自己祖传的北城根的两间瓦房，换到了海河边三间屋，开个面鱼店。自称自己和龙袍郑是同姓同宗同族，龙袍郑熬面鱼那两下子他都擅长，所以他开的面鱼店门口就挂起了"龙袍郑"的牌子。

做买卖靠旗号。谁不想品品皇上的口味？郑三的熬面鱼便成了天津卫小吃的名品。真龙袍郑亡命天涯，假龙袍郑日进斗金。日子一久，郑三就叫"龙袍郑"。那段故事便成了他店里天天讲的老事了。

陈四送礼

人世间最吃得开的有四大样：钱、权、爹、长相。有钱通神，有权比神还顶用，有好爹就是有靠山，长相俊招得人见人爱。可是单这些还不行。有钱有权还得会使，有爹有长相还得会用，这里边有一件要紧的东西不能缺——好法儿。

比方送礼，给官送礼，虽说官不打送礼的，可你能端着一盘子金元宝打人家大门进去吗？送礼得有送礼的法儿。天津卫最会给官送礼的是陈四，他打官场得到的恩惠也最多。书没读过几本，年纪轻轻已经做上邮政局的副局长。人说他每一步路都是拿礼铺出来的。陈四却说，官场从来路不平，有礼如履平地，没礼寸步难行。

陈四送礼的诀窍，是在人不知鬼不觉之间。礼要在暗处，送却要送在"明处"，这个"明处"学问可大着呢，它得叫受礼的人心知肚明，外人在场也看不出来。这礼怎么送法？

一日，陈四有一位做珠宝买卖的朋友戈老板，要在法租界的平安饭店宴请直隶省贾省长，陈四没见过贾省长，打早就想给省长送点礼拉拉关系，这是机会，便磨着戈老板带他去，把自己引见给省长。

戈老板说："你可别当着我面送大礼，人家省长是有身份的人，不会当众收礼的，你要是叫我没面子，就把我的事也坏了。"

陈四笑道："你当我是雏儿？真送礼，连你也绝看不出来。"

吃饭那天，戈老板把陈四引见给省长，人家省长和他一个小副局长差着十级八级，拿他只当见到的一条小狗。商场里谁有钱谁说话，官场里谁官大谁说话，根本轮不到陈四开口。陈四耐着性子等了好长时候才等出个空当，忽指着墙上一幅花鸟画说："这画可不受看。"陈四早听说贾省长爱画，收藏的名人字画能装满一屋子。他想拿话勾起贾省长的兴致。

这一招果然生效。贾省长问："怎么，你也懂画？"

陈四摇摇手中的筷子，"我不行，也不喜好，家父迷字画，老人家今年去世了，留下了一大堆字画，当初有钱置房子置地多好，结果一辈子把钱全扔在字画里了。如今这一大堆东西，不当吃不当穿，我看全是破烂，正忙着处理呢。"

贾省长一听，眉毛一扬，明显来了兴致。问道："都是谁的画？"

陈四露出一副傻相，说："我哪懂，人说名人就名人呗，省长懂画？"

贾省长迟疑一下说："一知半解，喜欢看就是了。你知道你家那些画都是哪些人画的吗？"

陈四说："好像一个叫嘛'石'的，画上边还有几行字儿。"

贾省长马上说："齐白石？"

陈四说："这齐白石我知道，不是那个画螃蟹大虾的吗，没嘛好，也不能吃。我家有几卷，全叫我送人了。这个不是齐白石，只是名字也有个'石'字，嘛嘛石，想不起来了，画得黑糊糊，看都看不清楚，瞎抹呗。等收破烂的来了，给他！"

贾省长稍一寻思，眼一亮："傅抱石？"

陈四琢磨琢磨，忽叫道："对——对！抱石，抱石，我还说画画这人名字真怪。抱着石头干吗。这人有名吗？"

贾省长想一想，说："还算有点名，画也可以。"

陈四接过话说："黑糊糊一片还算可以？我反正不懂，省长想看，哪天我拿给您。今儿要不说起它来，说不定明天就卖破烂了。"他那神气像给丑闺女找到婆家，巴不得一下推给人家。

于是大家一笑，接着吃饭，省长也就和陈四有说有笑了。

戈老板虽然在座，没太听明白这里边的故事。他是个肚子没几滴墨水的人，回去找人一打听，才知道傅抱石非同小可，刚在南京办过大画展，惊动全城。细细寻思，这才明白陈四送礼的法儿之妙之高之绝。又过半年，戈老板听说陈四升了官，当上局长，不禁说：

"陈四送礼——你知我知，神鬼不知。这个人还能当上更大的官。"

燕子李三

光绪末年，天津卫出了一位奇人，叫"燕子李三"。他人叫李三，"燕子"是他的绰号。他是个天下少见的飞贼，专偷富豪大户，每偷走一物，必在就近画下一只燕子做记号，表示东西是他大名鼎鼎的燕子李三偷的。此贼牵涉到富贵人家，官府必然下力缉拿，但李三的功夫奇高，穿房越脊，如走平地。遇到河面还能用脚尖点着水波而行，从这岸到那岸，这一手叫作"蜻蜓点水"。轻功不到绝顶，绝对学不会这一手。

燕子李三的事闹了半年，在城里城外十多个富人家窃去的宝贝旁，留下了那个燕子的记号，府县的捕快使了不少计谋逮他，却连李三的影儿也没见过。有的说模样像时迁，一身紧身皂衣，长筒软靴，深夜出来行盗，人混在夜色里，绝对看不出来。有的说他长相和杨香武一样，嘴唇上留一撮两头向上翘的小黑胡，更是"燕子"的来历。于是一时间，留小胡子的人走在街上总会招人多看两眼。后来又有人说，什么时迁杨香武，都是戏迷瞎诌的。此人肯定长相平平，不惹眼，白天睡觉，半夜出行，像蝙蝠。

这李三怎么突然冒出来的？为嘛以前从没人说过？肯定是新近打外地窜来的。天津卫有钱的人多，有钱的人宝贝多，就把李三这种人招来了。传说这个李三是河北人，燕赵之地的人身上都有功夫，还有说得更有鼻子有眼——是吴桥人。吴桥人善杂技，爬杆走绳，如履平地。说法虽然多，谁也没见过。愈见不着愈瞎猜，愈猜愈玄愈神愈恨，甚至有人说这李三就是几个月前刚打外地调任天津的县太爷。县太爷是河北人，人瘦如猴，能文善武，还爱财。甭管是不是他，反正说来挺好玩，愈说愈有乐子。天津人就好过嘴瘾，往里是吃，往外是说；说美了和吃美了一样痛快。

不过这飞贼李三在人们嘴里口碑不坏。反正他不偷穷人的。不但偷富，还济贫。东门内一家穷人欠着房租还不上，被房主逼得无奈，晚上在屋里哭哭啼啼，忽然打后窗外扔进一包东西，打开一瞧，竟是不少银子，令这家人更惊奇的是，包袱一角画着一只小燕。这家人急忙出去谢恩人，跑到门外一片漆黑，早没了人影。听说最有机会看到李三长相的是蹲在城门口讨饭的裴十一。李三把一纸包钱亲手搿在他手心里，可裴十一是个瞎子，只捏到李三的手，这手不大却挺硬；虽然脸对脸，嘛也瞧不见。

这一来，李三在人们口里就更神奇了。

一天，燕子李三在天津卫，把偷窃一事做到了头——他偷到天津最大的官直隶总督荣禄老爷的家。

这天，荣禄的老婆早晨起来梳妆，发现梳妆匣子里的一个珍珠的别针不见了。这是她顶喜欢的一件宝贝，珠子大小跟葡萄差不多大，亮得照眼，这么大的珍珠在海里蚌里得五百年才能养成，当年荣禄想拿它孝敬老佛爷，她都死活不肯。丢了这东西跟她丢条命差不多。最气人的是在放别针那块衬绸上画了一只燕子，这纯粹是和荣禄老爷叫板！气得荣禄一狠劲咬碎一颗后槽牙。

荣禄也不是凡辈，他使个法儿：在大堂中间放一张八仙桌，桌面中央摆了总督的官印，上边罩一个玻璃罩子，然后放出话去，说当夜他要关上大堂门，堂内不设兵弁护卫，只他自己一人坐在堂上守候着官印，他要从天黑守到天亮，燕子李三有胆量有本事就来把官印取走！

这话一出，算和李三较上劲了，而且总督大人保准能赢。想想看，虽然大堂内没有一兵一卒，可是堂外必然布满兵力。大堂的门关着，官印在玻璃罩子里边扣着，总督又坐在堂上瞪圆眼守着，李三能耐再大，怎么取法？再说，门窗全都紧紧关着，怎么进去？钻老鼠洞？

当夜总督大人就这么干了。桌子摆在大堂上，官印放在桌面中央，罩了玻璃罩子；然后叫衙役退出大堂，所有门窗关得严严实实。总督大人自己坐在公案前，燃烛读书，静候飞贼。

从天黑到天亮，总督大人只在近五更时，困倦难熬时略打一个盹，但眨眼间就醒了。整整一夜没听到一点动静。天亮后，打开门窗，阳光射入，仆役们也都进来，只见那方官印还好好摆在那里，纹丝没动。总督大人笑了，说道："燕子李三只是徒其虚名罢了。"

然后，举起双手伸个懒腰，喝口茶漱漱嘴，喷在地上，预备回房休息。

这时，收拾官印的仆人掀开玻璃罩子时，忽然发现官印朝南一面趴一个虫子似的东西，再仔细一看，竟然是一只毛笔画的又小又黑的小燕子！燕子李三画的！

总督大人登时目瞪口呆，猜想是不是自己五更时那个小盹，给了超人燕子李三可乘之机，但门窗是闭着的，他怎么进来怎么出去的？衙门里上上下下没人能猜得出来。

真人能人全在民间，很快民间就有了说法。说李三是在大堂还没关门窗时飞身进来，躲在了大堂正中那块"清正光明"大匾的后边，待到总督大人困极打盹时，下来把事干了，然后重回匾后藏身，天亮门窗一开，趁人不备，飘然而去。

这说法合情合理。可是总督大人纳闷，他当时为什么不拿走官印，只在上边画个小燕？

人们笑道：官印？李三爷能拿却不拿，就是告诉你，那破东西只有你当宝贝，谁要那个！

鼓一张

天津卫的杨柳青有灵气，家家户户人人善画；老辈起稿，男人刻版，妇孺染脸，孩童填色，世代相传，高手如林。每到腊月，家家都把画拿到街上来卖，新稿新样，层出不穷，照得眼花。可是甭管多少新画稿冒出来，卖来卖去总会有一张出类拔萃地"鼓"出来。杨柳青说的这个"鼓"字就是"活"了——谁看谁说喜欢，谁看谁想买，争着抢着买，这张画像着了魔法，一下子能卖疯了。

于是年年杨柳青人全等着这画出现，也盼着自己的画能"鼓"起来，都把自己拿手的画亮出来；这时候，全镇的年画好比在打擂。

这画到底是怎么鼓的？谁也说不好。没人鼓捣，没人吆喝，没人使招用法，是它自己在上千种画中间神不知鬼不觉鼓出来的。这画为嘛能鼓呢？谁也说不好。戴廉增和齐健隆[①]两家大店，画工都是几十号，专门起稿的画师几十位，每年新画上百种，却不见得能鼓出来；高桐轩[②]画得又好又细，树后边有窗户，窗户格后边还透出人来；他的画张张好卖，可没一张鼓过。就像唱戏的角儿，唱得好不一定红。人们便说，这里边肯定有神道，神仙点哪张，哪张就

---

① 戴廉增、齐健隆：杨柳青年画鼎盛时期（清代光绪以前）最重要的两家画店。店铺设在镇上，规模大，品种多，印绘精美，影响甚广，今已不存。
② 高桐轩：名荫章，天津杨柳青人，清末著名年画画师。曾入清廷如意馆作画，擅长工笔和界画，造型精美，画艺高超，著有《墨余琐录》。

能鼓;但神仙绝不多点,每年只点一张。这样,杨柳青就有句老话:年画一年鼓一张,不知落到哪一方。

镇上有个做年画的叫白小宝。他祖上几代都干这行,等传到他身上,勾、刻、印、画样样还都拿得起来,就是没本事出新样子,只能用祖传的几块老版印印画画。比方《莲年有余》《双枪陆文龙》《俏皮话》,还有一种《金脸财神》。这些老画一直卖得不错,够吃够穿够用,可老画是没法再鼓起来的,鼓不起来就赚不到大钱,他心里憋屈,却也没辙。

同治八年立冬之后,他支上画案,安好老版,卷起袖子开始印画。他先印《双枪陆文龙》那几样,每样每年一千张;然后再印《莲年有余》,这张画上是个白白胖胖的小子抱条大红鲤鱼,后边衬着绿叶粉莲。莲是连年,鱼是富裕,连年有余。这是他家"万年不败"的老样子。其实,《莲年有余》许多画店都有,画面大同小异,但白家画上的胖小子开脸喜相,大鱼鲜活,每年都能卖到两千张,不少是叫武强南关和东丰台那边来人成包成捆买走的呢。

一天后晌,白小宝印画累了,撂下把子,去到街上小馆喝酒,同桌一位大爷也在喝酒。杨柳青地界不算太大,镇上的人谁都认得谁。这大爷姓高,年轻时在货栈里做账房先生,好说话,两人便边喝酒边闲聊。说来说去自然说到画,再说到今年的画,说到今年谁会"鼓一张"。高先生喝得有点高,信口说道:"老白,你还得出新样子呵,吃祖宗饭是鼓不出来的。"这话像根棍子戳在白小宝的肋骨上。他挂不住面子,把剩下的酒倒进肚子,起身回家。

一路上愈想高先生的话愈有气,不是气别人,是气自己,气自己没能耐。进屋一见画案上祖传的老版,更是气撞上头,抓起桌上一把刻刀上去几下要把老版毁了，只听老婆喊着："你要砸咱白家的饭碗呀。"随后便迷迷糊糊被家里的人硬拽到床上，死猪一样不省人事。

转天醒来一看，糟了，那块祖传的老版——《莲年有余》真叫他毁了，带着版线剁去了一块，再细看还算运气，娃娃的脸没伤着，只是脑袋上一边发辫上的牡丹花儿给剁去了。可这也不行呀——原本脑袋两边各一条辫，各扎一朵牡丹花，如今不成对儿了。急也没办法，剁去的版像割去的肉，没法补上。眼瞅着这两天年画就上市了。好在这些天已经印出一千张，只好将就再印一千张，凑合着去卖，能卖多少就卖多少，卖不出去认倒霉。

待到年画一上市，稀奇的事出现了。买画的人不但不嫌娃娃头上的花儿少一朵，不成对，反而都笑嘻嘻说这胖娃娃真淘气，把脑袋上的花都给耍掉了，太招人爱啦！这么一说，画上的娃娃赛动了起来，活了起来！于是你要一张，我要一张，跟着你要两张，我要两张，三天过去，一千张像一阵风刮走，一张不剩。白小宝手里没这幅画了，只好把先前使老版印的双辫双花的娃娃拿出来，可买画人问他："昨天那样的卖没了吗？"他傻了，为嘛人人都瞧上那个脑袋上缺朵花的呢？

可他也没全傻，晚上回去赶紧加印，白天抱到市上。画一摆上来，转眼就卖光。一件东西要在市场上火起来，拿水都扑不灭。于是一家老小全上手，老婆到集市上卖，他在家里印，儿子把印好的画一趟趟往集市上抱。他夜里再玩命印，也顶不住白天卖得快。几天过去，忽然一个街坊跑到他家说："老白，全镇的人都嘈嘈着——今年你的画鼓了！"然后小声问他："这张画你家印了几辈子了，怎么先前不鼓，今年忽然鼓了？"

白小宝只笑了笑，没说，他心里明白。可是往深处一琢磨，又不明白了，怎么少一朵花反倒鼓了？

年三十晚上，白小宝一数钱，真发了一笔不小的财。过了年他家加盖了一间房，添置了不少东西，日子鲜活起来。

他盼着转年这张画还鼓着，谁知转年风水就变了，虽说这张画卖得还行，但真正鼓起来的就不是他这张了，换成一家不起眼的小画店"义和成"的一张新画，画名叫作《太平世家》。六个女人在打太平鼓。那张画也是没看出哪儿出奇的好，却卖疯了，天天天没亮，义和成门口买画的人排成队挨着冻候着。

洋相

自打洋人开埠，立了租界，来了洋人，新鲜事就入了天津卫。"租界"这两字过去没听说过，黄毛绿眼的洋人没见过，于是老城这边对租界那边就好奇上了。

开头，天一擦黑，人们就到马家口看电灯，那真叫天津人开了眼。洋人在马家口教堂外立根杆子，上面挂个空心的玻璃球，球上边还罩个铁盘子，用来遮雨。围观的人不管大人小孩全仰着脑袋，张着嘴儿，盯着那个神奇的玻璃球，等着瞧洋人的戏法。天一暗下来，那玻璃球忽地亮了，亮得出奇，直把下边每张脸全都照亮，周围一片也照得像大太阳地，人们全都"哎哟"一声，好像瞧见神仙显灵了。洋人用嘛鬼花活儿叫这个玻璃球一下变亮的？

再一样，就是冬天里去南门外瞧洋人滑冰。南门外全是水塘河道，天一上冻，结上光溜溜的冰，那些大胡子小胡子和没胡子的洋人就打租界里跑来，在鞋底绑上快刀，到冰上滑来滑去，转来转去，得意之极。他们见中国人聚在河堤上看他们，更是得意，原地打起旋儿来，好比陀螺。有时玩不好，一个趔趄摔屁股蹲儿，或者大仰八叉躺在冰上，引来众人齐声大笑。当时有位文人的一首诗就是写这情景：

脚缚快刀如飞龙，

舒心活血造化功。

跌倒人前成一笑，

头南脚北手西东。

不久，就有些小子去到租界那边弄洋货，再拿回到老城这边显摆。一天，一个小子搬了个自鸣钟到东北角大胡同的玉生春茶楼上，摆在桌上，上了弦，这就招了一帮人围着看，等着听它打点。到点打钟，钟声悦耳，这玩意儿把天津人镇住了，茶楼上一天到晚都坐满了人，把玉生春的老板美得嘴都并不上了，说要管那个抱钟来的小子免费喝茶吃东西。没过十天，玉生春又来个中年人，穿戴得体，端着一个讲究的锦缎包，先撂在桌上，再打开包，露出一个挺花哨的镏金的洋盒子，谁也不知干吗用的。只见他也拧了弦，可不打点，盒里边居然叮叮当当奏出音乐，好听得要死。人称这小魔盒为"八音盒子"。这一来，来玉生春喝茶看热闹的人又多一倍，连站着喝茶的也有了。

不多时候，老城东门里大街忽然出现一个怪人，像洋人，又不像洋人，中等个儿，三十边儿上，穿卡腰洋褂子，里边小洋坎肩，领口有只黑绸子缝的蝴蝶，足蹬高筒小洋靴，头顶宽檐小洋帽，一副深色茶镜遮着脸，瞧不出是嘛人。看长相，像洋人，可是再看鼻子小了点。洋人鼻子又高又大前边带钩，俗称"鹰钩鼻子"；这人鼻子小，圆圆好赛小蒜头。

这怪人在街头站了一会儿，忽然打腰里掏出一个小纸盒，从里边抽出一根一寸多长的小细木棍儿，棍儿一头顶着个白头。他举起小木棍儿，从上向下一划，白头一蹭衣裤，嚓地生出火来，把木棍儿引着，令街上的众人一大惊，不知怪人这小棍儿是嘛奇物。怪人待手里的小木棍儿烧到多半，扔在地上，跟着从小盒再抽一根，再划，再生火，再烧，再扔。就这么一连划了十多根，表演完了，嘛话没说，扬长而去。

从此天津人称怪人这种"一划就着"的玩意儿叫"自来火"。

怪人走后十天，又来到东门里大街上，换了穿戴，领口那蝴蝶换只金色的。他又掏出自来火，划着；可这次没扔，而是打口袋又掏出一个纸盒来，这纸盒比自来火那纸盒大一号，上边花花绿绿印了一些外国字；他从盒里抽出一根，这根不是木棍儿，而是小拇指粗细大小白色的纸棍儿，他插在嘴上，使自来火点着，街两边的人吓得捂耳朵，以为要放炮。谁料他点着后不冒火，只冒烟；他嘬了两口，张嘴吐出的也是烟。人们不知他干吗，站在近处的却闻出一股烟叶味，还有股子异香。去过租界的人知道这是洋人抽的烟。原来洋人不抽烟袋，抽这种纸卷的怪烟，烟不放在腰间，藏在衣兜里。

从此天津人称这种洋烟叫"衣兜烟卷"。

这一阵子老城东门里大街上天天聚着一些人，有的人就是等着看这怪人和怪玩意儿。可是他不常露面，一露面就惹得满城风雨。一天，他牵来一只狗。这狗白底黑花，体大精瘦，两耳过肩，长舌垂地，双眼赛凶魔，它从街上一过，连街上的野狗不单吓得一声不出，一连几天都不敢露头。

人要出头出名，就该有人琢磨了。这怪人到底是谁，是真洋人还是冒牌货？不久就有两样说法截然相反。一说，他家在西头，父亲卖盐，花钱不愁，近些年父亲总在南边跑买卖，没人管他，他特迷洋人，整天泡在租界里，举手投足都学洋人。另一说，这怪人是地道洋人，刚到租界才一年，觉得老城新鲜，过来逛逛而已，听说还会说一句半句中国话。进而有人说这怪人是英吉利人，叫巴皮。

那时候，天津卫闹新潮，常有人演讲。讲新风，反旧习，倡文明。演讲的地方在估衣街谦祥益对面的总商会，主办是广智馆。一天，总商会又有演讲会，先上来一位先生站在台前，向台下边听众介绍一位来自租界的贵宾。跟着怪人出现了，还是那身穿戴，脖子上的蝴蝶又换成了白底绿格的了。他上来弯下腰手一撇，行个洋礼，说几句洋话。

下边一个学生说："他说的是哪国话？不像英文。我可是学英文的。"

这下人们就议论开了。

下边忽有人叫道："你是叫巴皮吗？"

这怪人好似生怕给别人认错，马上说："我就是巴皮。"

下边人接着问："你打哪儿学的中国话，怎么还是天津味的？"

这话问过，众人一寻思，怪人刚刚说的话还真有点天津口音。

怪人一怔，不好答。下边人又问："你爹是谁？"

怪人又一怔，马上把话跟上说："米斯特·巴皮。"

没想到下边问话这人放大嗓门说："小子，睁大眼看看我是谁？我才是你爹！我刚打广东回来。巴皮？巴嘛皮？快把这身洋皮给我扒下来回家！别在这儿出洋相了。"

自打这天，天津人管学洋人装洋人的叫作"出洋相"。

现在人说的"出洋相"，这典故就是从这件事来的。

黄莲圣母

庚子闹义和团时，天津大乱，入夜城门不关，灯火通明，人不睡觉，满街乱窜。一群群打河北山东来的义和团拥入津城，衣服的前胸后背写着各自的八卦字符，扎各色的包头，举着自己的旗号，佩剑提刀，提棍拿枪，神气也不一样：有的狂喊乱叫，有的举动齐刷刷，有的全都阴沉着脸，口不出声，面带杀气，后槽牙咬得咯吱咯吱响，叫人不寒而栗。入城之后先立坛口、竖旗幡、升黄表、挂红灯，城中百姓马上把大饼、馒头、咸菜、大葱和香喷喷的油食一车车送来。听说义和团马上就要和租界里的洋人大打一仗了；马家口和老龙头那边已经有了火光，冒着黑烟，枪声一会儿紧一会儿松，义和团正在那边烧洋人的"狗窝"。

老城里人居十万，义和团一来至少二十万。这些年天津人和洋人打过不少仗，不管打赢打输，从来不怵洋人。

六月初的一天傍晚，城中各团都跑到北城外，沿着南运河两岸，人马整齐列出阵势，一片刀光剑影连同呼呼燃烧的火炬，倒映在河中。可是这么大场面居然听不到半点人声，静得出奇，也静得吓人，据说是黄莲圣母带领的红灯照的船队由南边开来了，说到就到。

这些天有关红灯照神兵天降的消息传遍津城。有一张揭帖贴满了城里城外，上边的话口气凶猛：

"男练义和拳，女练红灯照。踹开紫竹林，大刀砍洋人。"

这揭帖上的"洋人"两字还用朱笔勾了，只有死刑告示才用这写法。据说这帖子贴到了紫竹林，把洋人吓得不敢上街，窗帘都拉得死死的。

可是红灯照嘛样，谁也没见过。都说是些大姑娘小媳妇，穿一身红，个个貌美如天仙，手里握着灭洋人的法术。首领黄莲圣母长相美过天仙，好赛天后宫里的娘娘像；要说她武艺之强和法术之高，各团大师兄都差一大截。

眼瞧着，南运河上真的来了一队大船，桅杆上挂满红灯，一直开到贾家胡同停住，红灯照们出舱登岸，个个红裤红袄，背插银刀，一手拿红纱折扇，一手提红绢灯笼，灯光照在脸上，真比戏里的杨门女将还好看还神奇。

站在岸上的义和团规矩很大，一见红灯照，一齐单手竖立胸前打问心，同时低下头来，不能瞪着眼瞧。黄莲圣母不出舱，不露面，各团大师兄全要进舱拜见。大师兄张德成、曹福田、刘呈祥等站成竖排依次入舱时，神态虔敬之极，好赛进庙拜佛。

这一来，就招得天津人对身世不明的黄莲圣母胡猜乱想。有人说她名叫林黑儿，就是喝海河水长大的本地人，自小从父学武，随父卖艺，父亲惹了洋人入狱死了，她怀恨报仇。也有人说她根本不是凡人，是王母娘娘附体，能降神火烧掉紫竹林，直到把海水烧干，洋船开不进来；天津码头人杂嘴杂，有的说她是河东那边跳大神的巫婆，甚至说她是侯家后妓院里一个挺邪性的土娼。坏话一出来就会占上风。

三天后一早，红灯照忽然全从舱里出来，在岸上列队。霎时间，三千红灯照背插钢刀站成一片。右手提灯，左手执扇。黄莲圣母仍然没露面，由一位头发梳成高髻的"三仙姑"引着排队入城。城中义和团早已分列街道边，守护着红灯照。红灯照一进城门，便一齐跺脚。数千人跺脚响声震地，尘土遮天，铺天盖地，气势压人。这便是红灯照出名的"踩城"；踩城就是压邪气，镇洋人。

红灯照先在城里踩了一圈，然后来到西城里的教堂前。五百红灯照摆出一个阵势，突然一个四人抬的轿子出现，好赛由天而降，轿子直对教堂，敞开轿帘，还是无法瞧到里边的人，可是人人都知道黄莲圣母就坐在轿子里。不知黄莲圣母在轿子里施了嘛法术，只见站在轿边的三仙姑跑到教堂门前，一脚踹开教堂门，回头大叫一声："烧！"

五百红灯照上去把手里的红灯一齐扔进去，登时教堂里边轰轰炸响，大火黑烟冲天而起。五百红灯照同时举起左手，朝着大火摇起了手里的小折扇。小扇如有神力，眼看着火势猛起，愈烧愈旺。在众人呼喊助威声中，顷刻教堂已烧成了一个黑糊糊的废砖窑，然后稀里哗啦成了一片废墟。

黄莲圣母大显神威的事，传到总督裕禄的耳朵里。三天后裕禄把黄莲圣母和张德成、曹福田等师兄请到了三岔河口的总督衙门，共议攻打紫竹林洋人的大事。至于裕禄与圣母怎么见的面，说了嘛话，谁也不知。只是抬轿子的轿夫听到裕禄问圣母："洋人会打进天津城吗？"圣母隔着轿帘只说了三个字："不当紧。"这话好赛没说出嘛，可是细一琢磨，这话却是又大气，又有根，拿着天大的事不当事，叫裕禄心里有了底，喜笑颜开，当下送了圣母一大捆黄布做旗子。

黄莲圣母回去就用这捆黄布做了一个特大的幡旗，足足两丈长，上缝四个墨色绒布大字：黄莲圣母。周围镶一圈金色的流苏，高高挂在大船的桅杆上，两边再配上两串红灯笼，威风十足，入夜之后更加照眼。天津百姓天天晚间跑到贾家胡同口对着这大船摆案烧香，拿她当神仙，求她保平安。各种坏话全给一扫而空。

红灯照每隔七天踩城一次，给自己壮势，给义和团师兄们壮威，也给津城百姓壮胆。过了些天，仗打起来，踩城更是必不可少。每踩一次城，天津人觉得浑身的力气和精神都加了一倍。于是踩城改做每隔三天一次，后来干脆就一天一次了。姑娘们一忙就来不及梳妆，头发蓬散着，衣衫皱巴巴，可是在炮火里，谁还看穿戴，要的是精气神。她们踩城时便一边踩脚，一边唱道：

> 妇女不梳头，砍掉洋人头。
> 妇女不裹脚，杀尽洋人笑呵呵。

打仗时，红灯照常常出征，飞天降火，火烧租界。每烧一次租界，就有一个红灯照，手举黄色三角得胜旗，骑着马跑回来报喜，完事把旗子插在船篷上。这时候，关于黄莲圣母的说法又多又神，却一直也没人见到她的模样。想想看，一个女子，能带数千女兵，威震津城，叫朝廷命官一品大臣也弯下腰来，还飞身杀入洋人刀枪中出生入死，能是凡人吗？若是凡人，不就更叫人佩服得五体投地了？

庚子之战，义和团败了，红灯照大多不知去向。前一阵子，洋人们给红灯照吓得尿了裤子，现在闯进天津城，见到穿红衣女子就开枪，其实他们枪杀的红衣女子未必都是红灯照。天津人素来以红色为喜庆，女子好穿红衣。这一来，事后二十年，天津城里看不见穿红衣服的女子了。

至于黄莲圣母的下落，无人能说清楚；或战死、或隐匿、或被俘，其说不一。据说洋人在三岔河口一带抓到了黄莲圣母和三仙姑，一度关在总督衙门的大牢里，洋人还给她俩拍了照片，后来被作为战利品押到西方展览。是真是假，再没有一点消息和凭据。

这说法天津人不认头。天津人说，照片上这两个被俘虏的女子，看上去是普通人家的妇女，肯定是洋人为了炫耀武力，瞎编的。连天津人都没一个见过黄莲圣母，洋人凭嘛说是？这只能说，洋人虽然打赢了，可心里还是怕咱的黄莲圣母。

甄一口

要说喝酒，谁也喝不过甄一口。

酒量，没边儿；各种酒杂着喝，没事儿；喝急酒，多急多猛多凶都不含糊。他喝啤酒时仰着脑袋，把酒瓶倒立在嘴上，手不扶瓶子，口对口，不用去喝，一瓶酒一下倒进胃里，只过食管，绝不进气管，要呛早呛死了，还有谁能这么喝？他能一晚上两箱啤酒，二十四瓶，全这么下去。"甄一口"的大号就这么来的。

有人不服，说他是县长，喝酒不花自己的钱，敞开喝，想喝多少喝多少，这么喝狗也能练出来。可是，本事是练出来的，海量不醉是人家天生的。甄一口从来就没醉过。甄一口说："我娘说过，我要真醉就醒不过来了。"

别人只当笑话，可是老娘的话绝不能当假。这话先撂在这儿。

有人问，几十瓶酒进身子里，都放哪儿了。这话问到关口，也问到喝酒的门道上了。人喝酒，酒进身子，但不能只进不出；肚子有多大，能装二三十瓶酒？身子里的酒必得排出去，俗话叫"出酒"。能喝酒的人必能出酒，出酒的地方各不相同。有的尿，从下边排出来；有的倒，从上边吐出来；有的冒汗，从浑身汗毛眼儿发出来。纳税局一位局长上酒桌，必带一块毛巾擦汗，喝完酒，毛巾赛从酒缸里捞出来的。

甄一口都不是，他另有一绝——从脚上出来。

他不喝酒时，脚是旱脚；喝酒时，脚是汗脚。

打脚上冒出来的可不是汗，是酒。上边的嘴进的酒多，下边的脚出的酒就多。每次赴宴，绝不穿丝袜和皮鞋，必穿线袜布鞋，皮鞋憋酒，布鞋吸酒。他的随从还要事先在他座位前落脚的地方，放一小块厚毛毯，为了好吸酒。每每酒终人散，他两只脚像从酒河里蹚过来的。回到家第一件事是热水泡脚，把脚上的残酒泡去，要不就成醉鸡醉鸭了。因此，甄一口两只脚从不生脚气，光滑白嫩，好似一双妇人足。

某日，甄一口去上司那里开会，会后正要返回，被一位上司留下吃饭谈事，这上司是他的"现管"，自己升迁的梯子在人家手里，不能谢绝，只好说好。随行却对他说："县长您今天喝酒可得悠着点，您没穿布鞋，小毯子也没带着。"甄一口说："我有根。"可是上了饭桌上了酒，就另一码事了。开头，甄一口压着量，推推挡挡；可是这位领导馋酒，就不好硬推硬挡。偏偏上司七八盅下去就上头，上兴，来劲；再七八盅下去，就较上劲了。冲他叫着："都说你大名'甄一口'，喝啤酒时嘴和瓶子口对口，眼见为实，今儿我得亲眼看看，不然就是瞧不起我。"

甄一口被降住了，不能不喝也不敢不喝，一箱啤酒就搬上来，开箱开盖；两人说好，甄一口啤酒一瓶上司白酒一盅。上司的酒多半趁乱倒掉，甄一口却货真价实。他把一瓶啤酒举上头顶，脑袋朝后一仰，就势手腕一翻，瓶口立在嘴上，嘴巴没动，脖子笔直，顷刻满满一瓶酒灌进肚里，再一翻腕，空酒瓶放在桌上；这种喝法，天下无二。

上司看得高兴，大呼"人才难得"，随手又操起一瓶啤酒哐地放在甄一口面前，喝道："再来！"既是赞许又是命令，更想大开眼界。这就一瓶一瓶干下去了。

不一会儿，甄一口就觉脚热，脚烫，两只脚呱唧呱唧不舒服。心想不好，自己的脚出酒了，皮鞋不透水，怎么办？没等他想明白，脑袋已经想不了事了。

事后甄一口的随从说，他给县长脱下皮鞋时，每只鞋窝里足有一瓶酒。

甄一口到头来，还真的应上他娘的那句话：要是真醉就再醒不过来了。

可是他娘是怎么知道的？

· 后记

　　这部《俗世奇人（贰）》的初稿早在前年国庆的假日里就写出来。

　　近二十年忙于遗产抢救，无暇写作，大部分小说都殁于腹稿中。每年只有国庆与春节的假日是空闲的，可以让位于我的绘画或写作。于是前年的国庆，抓住那几天一口气写下这部《俗世奇人（贰）》的初稿。然而，此后整整一年都在为古村落的抢救奔波，再难找出时间来修改，每当想起这未竟的手稿，都会隐隐心急。

　　近日腿疼休息些日子，得以来修改此稿，再不敢懈怠，我知道，我欠自己文学的时间真是太多了。

　　改好此稿，于自己的文学也是一种补偿吧，因记之。

2015 年 3 月 19 日

俗世奇人叁

·奇人辈出（书前短语）

小说《俗世奇人》已经写了两本，缘何又写？因为这两本书为吾乡之奇人搭了一个台。再有奇人冒出，自然一个个蹦上来，都想在台上演一演自己得意的故事。这些人物个个标新立异，又执意太强，叫我不好谢绝。只好上来一个写一个，不觉间又是十八篇，于是有了这本《俗世奇人（叁）》。

天津这地方自有特别之处，寻常百姓，茶余饭后，津津乐道者，往往就是乡土异士和市井奇人。他们不崇尚精英，偏爱活在身边的那些非凡的凡人。这些人物的身上也就融入此地百姓集体的好恶，地域性格因之深藏其中。地域性格乃最深刻的地域文化，我对将它挖掘和呈现出来十分着迷。这是我续写本书的另一个缘故。

一准会有人问我还会再写下去吗？写作人都是性情中人，最靠不住的是写作人的计划。写作人最好的状态是信马由缰。马，自己的性情与不期而至的灵感；缰，笔也。

2019 年 11 月

一本又一本，
一群复一群；
民间奇人涌，
我笔何以禁？

张王李赵刘，
众生非蚁民，
定睛从中看，
人人一尊神。

大关丁

天津是北方头号的水陆码头，什么好吃的都打这儿过，什么好玩的都扎到这儿来。这就把当地的阔少爷们惯坏了。这些少爷个个能吃能玩，会吃会玩，讲吃讲玩，还各有一绝，比方北大关丁家的大少爷丁伯钰。

丁家原本是浙江绍兴的一个望族，燕王扫北来到天津，祖上在北城外南运河边弄到一个肥差——钞关的主事。这差事就是守在河边一坐，南来北往的船只全要向他交钱纳税。不用干活，坐地收钱，眼瞅着金山银山往上长，铜子儿扔着花也花不完。

丁家掌管这钞关在城北，人称"北大关"；丁家这差事世袭，上辈传下辈，只传家人，不传外人，故人叫他家为"大关丁"。

大关丁虽然有钱有势，可是他家的大少爷丁伯钰却非比常人，绝不是酒囊饭袋。他玩有玩的绝门，吃有吃的各色。

先说玩，他不玩牌不玩鸟不玩狗不玩酒令不玩小脚女人，他瞧不上这些玩烂了的东西。他脑瓜后边还耷拉一根辫子时，就骑着洋人的自行车，城里城外跑，叫全城的人全都傻了眼。

据说李鸿章早就听说，海外洋人全都骑这种东西，在大街上往来如梭。后来李鸿章访美，亲眼瞧见了，大呼神奇，还把自行车称作洋人的"木牛流马"。美国人送他一辆，他不敢一试。他不试，谁还敢试？拿回来一直扔在库房里。丁伯钰听到了，心里好奇，就找租界的朋友，花大价钱由西洋进口一辆，拿回来就骑，开始时不免摔得人仰车翻，但不出半个月，居然在估衣街上晃悠悠地亮了相。这一亮相，满城皆知。半年后，天津卫城里城外，河东水西，大街小道，全见过这位高大壮实的丁大少爷，骑一辆前后两个轱辘的洋车，宛转自如，轻如小燕，飞驰街头。他是头一位骑自行车的天津人，一时成了津门一景。

这种玩法，除去丁大少，谁还能做到——想到，想到——做到？

再说吃。他不爱吃登瀛楼的锅塌里脊不爱吃全聚楼的高丽银鱼不爱吃天丰园的酸沙紫蟹不爱吃德昇楼的炒鲤鱼须子，不爱吃广东馆宁波馆京饭庄和紫竹林洋菜馆所有的名菜。在天津这码头上，天下各种口味一概全有，好吃的东西五花八门。酸的、甜的、咸的、咸甜的、酸甜的、辣的、麻的、怪味的、又臭又香的；黏的、酥的、脆的、软的、松的、滑的、面的、焦的、外焦里嫩的、有咬劲的、愈嚼愈带劲的……这些东西，不光吃不过来，看都看不过来。可是丁大少爷口味个别，他顶爱吃一样，这东西吃不腻吃不够，却并不金贵，也不稀罕，街头巷尾到处见，就是——糖堆。

一串蘸糖的山里红，有嘛吃头？穷人解馋吃的，哄孩子吃的，丫头片子吃的，城中顶尖的阔少爷干吗偏吃这个？

人笑他"富人穷嘴"，他不在乎。坐着胶皮车穿过估衣街时，只要看到街口有小贩卖糖堆，立时叫停了车，打发车夫去买一根，坐在车上，大口咔哧咔哧嚼起来。这模样城北的人全都见过。别笑人家丁大少阔没阔相。他说过，糖堆就是一两金子一串，他照吃。由此叫人知道，有钱人就是想干吗就干吗。丁大少拥着金山银山，偏拿着这街头小吃当命了。谁能？

一次，一位打京城来的阔少爷来拜访他。京津两地虽近在咫尺，脾气秉性、吃法活法，连说话说什么都不同；天津人好说八大家，京城的人张口就是老佛爷。天津这里有钱的王八大二辈，京城那里官大一级压死人。今儿一提糖堆，京城阔少问丁大少："这糖堆在我们京城叫作'糖葫芦'。老佛爷也爱吃糖葫芦，你可知道？"

丁大少摇头。京城阔少神气起来，笑道："老佛爷吃的糖葫芦是仙品，与你们这儿街头货色可是一天一地了。"随后他顺口又说了一句："现在京城鼓楼前九龙斋饭庄掌勺的王老五，在御膳房里干过，据说就给老佛爷蘸过糖葫芦。"

京城阔少见自己把津门阔少压住了，心里高兴，不再说糖堆的事，换了话题。其实他也就知道这么一点儿。

可是等京城阔少一走，丁大少马上派两个能人，带许多银子，跑到京城，在鼓楼跟前找到九龙斋，接着找到王老五，跟着把这退了役却正缺钱的御膳房的厨师请到了天津。向来京城里必须托大官来办的事，在天津卫用银子全能办成办好。

这王老五人矮，微胖，小手，小脚，小鼻子，小耳朵，其貌不扬，也不好说话。可是身上透着一点威严。若不是出身名门，抑或身怀绝技，身上绝没有这般神气。待他到丁家院子当中，先支起火炉，架上铁锅，铺好石板和案板，随后把从京城带来的两个大包袱打开，将各种见所未见的干活的家伙，还有花花绿绿、奇香异味的食材，一样一样、有章有法地铺开摆开。这阵势，叫四周围观的男仆女婢全都看傻了眼。丁大少咧开笑嘴，他家当院成了御膳房！

他眼瞅着王老五，一步一步把一串串糖堆做好。他头次见糖堆还能做得这么晶亮悦眼、五彩斑斓、玲珑剔透，好似一串串小花灯。他叫人把蘸好的糖堆送到家中各房，自己挑了新奇俏皮的一串，张口一咬，立时觉得自己已经是老佛爷了。原来做皇上这么有口福。可是皇上能吃到的，他使银子不也照样吃到吗？从此，他只要想吃老佛爷的糖葫芦，就用车把王老五从京城拉来。有一次他还在家摆上一桌糖堆宴，把城中一些吃过见过的大人物全请来。一席过后，便将明里暗里笑话他吃糖堆的臭嘴们全堵了。要说天津卫会吃加上会玩的，大关丁的丁大少顶了天。

渐渐，人们把他家这个有钱有势的称号"大关丁"给了他，称他"大关丁"了。

天底下无论坏事好事不会总在一个人身上，这叫物极必反。庚子年间，天降大祸，朝廷内乱，拳民举事，中外恶斗，跟着是聚在紫竹林里的八国联军血洗了天津老城。大关丁家富得惹眼，便被联军抄得精光，此后他家的摇钱树——钞关也不叫干了。一下子，他从天上掉在了地上。这世上的事很奇怪，活在天上的人掉下来好像绝了路，一直在地上的小老百姓反倒没这感觉，该吃就吃，该睡就睡，该干活就干活。

联军屠城后不久，天就凉下来。大关丁只剩几间没烧毁的破屋子，他一家好几口，饥肠饿肚，睡觉没被，没东西可卖。人劝他借贷他不肯，他不肯背债，他明白背上债就像扛上墓碑，一直到见了阎王爷，才能卸下身来。

一天，他在估衣街上看见一个卖山里红的老乡。他吃了半辈子糖堆，见了山里红哪能不动心。但这次不是心里一动，而是脑筋一动。他口袋只有几个铜子儿，便买了三五十个山里红，又去杂货店买了一小包糖，回家后切果，剔核，熬糖稀，然后从堆在墙角的苇帘中抽出几根苇秆，剥去干皮，露出白秆，截断削尖，穿果蘸糖，拿到街上一卖，都说好吃，顷刻卖光。他攥着钱又去买山里红，买糖，做糖堆，这么来来去去，跑来跑去，快断绝了的一口气就这么一点点缓过来了。

两个月后，大关丁居然有模有样站在估衣街江西会馆对面一条胡同口卖糖堆了。看样子他有几个钱了。天气凉，他居然穿上了一件二大棉袄，头戴无檐毡帽，脚下蹬兔皮里子的一双毡靴。一根裹着厚厚一圈稻草的木杆上，插满红通通的糖堆。估衣街上平日总有几个卖糖堆的，可人嘴挑好的，很快都认大关丁的了。大关丁的糖堆果大，足实透亮，糖裹得又厚又匀，松脆不粘牙；吃他一串，赛别人两串。

快到年底，丁大少手头阔绰些，开始在糖堆上玩起花活，夹豆馅的、裹黑白芝麻的、镶上各种干鲜杂果的，愈做愈好奇愈做愈精，天津人吃了多少年的糖堆，还没吃过大关丁这些花样翻新的糖堆。这就奇了，他不过一个玩玩闹闹的少爷，哪儿来的这种能耐？

连大关丁家里的人也不知道大少爷的能耐哪儿来的。谁也没想到，不过是当年御厨王老五在他家当院做糖堆时，他在一边拿眼看到的。怎么选果，除核，做馅，熬糖，夹花，配料，削签，穿果，蘸糖，等等，他全看在眼里。他那时候并无心偷艺，王老五对这好吃的阔少爷也全无戒心。大少爷好奇便问，王老五有问必答。能人对自己的能耐向来守口如瓶，所以王老五在京城没有知音。到了天津卫大少爷这儿，百无禁忌，便开了河。王老五愈说愈得意，可就把一生的诀窍全说给了大少爷。大少爷拿糖堆当命，这些话听了自然全都记住。谁想到王老五当年每句话，今天在大关丁手里全成了真刀真枪。

大关丁过去是吃糖堆，今天是做糖堆。吃糖堆用嘴，做糖堆用心。一旦用心，能耐加倍。他还将山里红改用北边蓟县的，黄枣改用漳州的，苇秆改用白洋淀的。天津是码头，要什么有什么。大关丁亲口吃过老佛爷的糖葫芦，只有知道那个味儿才能做出那个味儿来。天津又有租界，有洋货，他能知道洋人哪样东西好。他把白糖改为荷兰的冰花糖，不单又甜又香，还分外透亮，看上去每个红果外边都像罩个玻璃泡儿。这些法子，一般小贩哪里知道！过年的时候，大关丁做一种特大糖堆，顶上边的一个果儿特别大；他别出心裁，拿橘子瓣、瓜子仁儿、青红丝做成一个虎头，一对葡萄当眼珠子，凶猛又喜人。他给这糖堆取名"花里虎"。虎性阳刚，过年辟邪，过年买东西不怕贵，这一下他的糖堆名扬津门。开始时花里虎限购三支，后来一支也买不上。

这一来，大关丁又站了起来。

他在钞关长大，懂得做事要讲规矩。他每天必走一条路线，起自针市街，东穿估衣街和锅店街，西至大胡同止。天天下午，按时准到。只是刮风、下雨、三伏天不出来。北门里的富人多，想叫他到那儿去卖，被他婉拒。他说他每天做的东西有限，只够估衣街那边的老主顾。他的糖堆是在估衣街上卖出名来的，心里总装着这里的老主顾们。

于是，估衣街上天天能见到他。他富裕起来后，衣装也更像样。小瓜皮帽是用俄国的材料定做的，褂子裤子干干净净。他面有红晕，眸子发光。自己不再担糖堆挑子，专门雇一个人替他担。他大腹便便走在前边，右手不离一根长柄的花鸡毛的掸子。每到一个小胡同口，必朝胡同里边喊一声："堆儿——"

天津人卖糖堆，从来不吆喝"糖堆"两个字，只一个"堆儿——"。

他人高腹圆，嗓门粗，中气足，一声可以直贯胡同深处。如果是死胡同，这个"堆儿"的声音撞到墙还会返回来。

他身上总还有点当年大关丁的派头。

天津人再没人贬他，反而佩服这人。人要阔得起，也得穷得起。阔不糟钱，穷就挣钱。能阔也能穷，世间自称雄。

跟会

今儿，天刚麻糊亮，木头就把两块玉米饼子揣在怀里，急急忙忙赶往东城外的娘娘宫去。其实他整整一夜没合眼，躺在炕上，等着天亮，愈等天亮得愈慢。他今年十八，爹终于答应他去看皇会。过去不敢，怕他出事。皇会年年挤伤挤死人。为这个，官府多次禁会。禁了又开，开了又禁。禁是怕出事，开是不开不行，没皇会像没过年。

天津临海，使船的人多，分外拿这位海神娘娘当回事。娘娘可以保佑出海的人平安无事。海上黑风白浪，弄不好船就翻个儿，一船的人全喂了鱼。故此，天津人吃鱼，吃完上面，把鱼翻过来吃下面时，绝不说"翻过来"，忌讳这个"翻"字，必定要说"划过来"。这个"划"字，就是"划船"的"划"。老百姓有老百姓的讲究。

年年三月二十三日娘娘生日，天津人必办娘娘会，一连几日给娘娘烧香叩头，还要把娘娘的雕像从庙里抬出来，满城巡游，散福万家。城里城外上百道花会，全要上街一展才艺，各逞其能，亮出绝活，死卖力气，以示庆贺。一时，商家歇市，万人空巷，争相观赏，举城欢庆。

所谓皇会，是因为乾隆皇帝下江南，路过天津，正赶上娘娘庙出会，看得高兴，赐给各道老会黄马褂、金项圈和两面龙旗。小百姓哪受过皇上的赏赐，一受宠就来了劲儿，从此把花会改称为"皇会"。出会之举也就折腾得一年比一年盛大。倘若家住天津，没看过皇会，那就是白活了。

木头的爹是位行医的大夫，做人做事也如同给病人下药，谨小慎微。在当爹的眼里儿子永远长不大，更何况木头天性木讷，哪敢叫他去看皇会。今年还是别人提醒他，儿子十八了，别总拿绳拴着了，这才放行。

可是木头一出东门，就挤进了人群，待他挤到了娘娘宫前的广场上时，天已大亮。这时候围在广场周围一圈的住房和店面，全让了出来，给各道老会化装打扮，等候出会。各会的用具和仪仗都整整齐齐摆在门外。这些个家伙件件都是上百年的老东西，旗幡伞盖，各样器物，非常好看。木头在人群中挤来挤去，真开了眼。

忽然一个踩跷的人从他前边走来。这人踩在高高的跷上，却如走平地。他抬头看，踩跷这人是个女子，白衣青花，彩带飘垂；头上一圈粉白月季花，把一张俏皮的小脸儿鲜红娇嫩地烘托出来，清眉秀眼，樱桃小嘴，极是俊美。忽然她好像踩到地上的什么，绊了一下，身子一歪，似要跌倒。木头赶紧一托她的胳膊，扶住了她。她直起身子时，扭头朝木头一笑。这一笑算谢了他，神气却仿佛带些娇羞。木头没见过世面，竟然面皮发热低了头，待抬起头来，只见远近各处都有站着一些高高的踩跷的人，但不知哪个是刚才那个踩跷女子了。

大太阳升起，鼓号齐鸣，气氛庄严，出会了。广场上的人潮水一般往娘娘宫那边涌去。木头如在大浪里，自己不使劲，别人也帮他用劲。可是离庙还远着呢，他就被卡在人中间动弹不得。他个子不高，人瘦没劲儿，只能听到前边人呼人叫和鼓乐之声，从攒动的人头上边可以看到一些旗头、吊灯、轿顶、塔尖、花杆从眼前走过；顶稀奇的是给许多人举着的几口铁锅，乌黑奇大，百姓纷纷往锅里扔铜钱，这钱是功德钱；钱落锅中，唰唰如雨。后来他才知道，这是娘娘起驾。各道护驾的老会要走在前头。

每年出会的路线不同，木头不懂，只有跟着人流，叫人推着后背，往前边挤边走。有一阵子，挤来挤去竟把他挤到前边。忽然一些人，穿黄坎肩，扎黄包头，用一根挺粗黄绳子把他拦住。一个黄衣黑脸的大汉朝他厉声喝叫："挤嘛！后退！"这人手里还拿着一面三角形的小黄旗朝他唰地一晃，旗面上绣着三个黑字：黄龙会。原来这也是一道会。专管出会时道路通畅。此时黄龙会好像有极大的权力，人人都得听他们的。

跟着，他看到一道道见所未见的老会，又演又耍，又唱又跳，各逞其能地从眼前走过。每换一道会，换一番风景。旗幡不同，装扮不同，演艺不同，曲调不同，除了皇会哪儿还能见到这样的场面？出会的人强，看会的人也强，很快一些硬胳膊硬膀子的人把他挤到后边，任嘛也看不到了。

今天出会，出了庙门，先往宫北。木头一直被挤到华锦成灯笼铺前，他已经没有劲儿挤到前边去，正心急的时候，一个声音对他说："你想不想到上边去看？那儿正好有个空地方。"

他定睛一瞧，跟他说话的是个中年男子，虽然穿着夹袄，仍显得身强骨壮。这人龇着一口白牙朝他笑。天津这里的水碱大，牙白的人不多。这人手指的地方是一堵矮墙，墙头上边站着四五个看会的人，靠边正好有一小块空地。墙虽不高，可木头上不去。那人说："你踩着我，我送你上去。"

木头不肯，但那人豪爽，一条腿蹲下，两手中指交叉起来，手掌朝上，合成一个托儿，放在腿上，他执意叫木头踩在他手掌上。木头拗不过他，刚踩上去，身体离地而起，竟如升天一般，并把他一直举上墙头。

叫木头惊奇的是，宫前一条大街出会的全景，都在眼边子下边。待他忽然想到要谢谢这慨然相助的汉子，汉子却不见了。

若非居高临下，哪里能看清这般出会的阵势。由宫南到宫北，在这窄仄而弯曲的长街上，出会的队伍在黑压压的人群中，五彩缤纷地穿过，有如一条巨大蠕动的长龙。站得高，看得全，连每一道旗幡上写着的老会的名目都看得一清二楚。刘园法鼓的飞钹，百忍老会的陀头和茶炊子，同善大乐会吹奏的河洛大乐，西池八仙会唱的鹤龄曲和长寿歌，都叫木头恨不得再多长一双眼一对耳朵，可是没看清楚就走过去了。芥园花音鼓鲜花老会过来时，八抬轿子一般大的鲜花座，装满了五色鲜花，木头看着奇怪，现在这季节哪儿来的菊花杜鹃百合牡丹？这花是假花还是鲜花？只听他身边一个人说："别光看，拿鼻子闻。"说话的声音苍哑厚重。

不等他吸气，浓浓的花香扑面而来。

这时他才看到身边是一位胖胖的老爷子，七十开外，对襟小袄，头扣护耳帽；不是站着，而是坐在墙头上。他这么大岁数，是怎么上到墙上来的？只听这老爷子说："我每年就等这道会。这个节候，养好这些花，到这时候还叫它们都把花开开，可不是凡人能干的。你细听，里边还放着好多虫儿叫唤呢。"然后对木头说："行了，我看完这道老会，该回去了。你能扶我下去吗？"

木头是老实人，没想到自己跳下墙之后，怎么再上来。他朝老爷子点了点头，跳下了墙，然后抱着老爷子下来，他也没想到这胖老头比口缸重，往他身上一压，差点把他压趴下，多亏他脚下一用力，老爷子落了地。老爷子谢了他，过后问他："看几次会了？"

"头回。"

老爷子笑了笑说："我是玩会的。"然后哑着嗓音说："我告你怎么看会。咱天津会多，一二百道，谁也看不全。你要看哪道会好，就跟着它。它在里边走，你在外边走。"老爷子往人群中一指，接着说："咱天津看会有规矩，人再多，也不能把道全堵死，挨着墙根总留一条窄道儿。你顺着走就是了。好，我该回家吃东西了，快晌午了。"

这么快就晌午了？

木头谢过老爷子指点，沿着墙边往前走。忽然横向一条胡同拥出一群人，不知何人何事，这群人来势很猛，一下把他冲进街心，一屁股蹲坐在地上，他摔这一跤，有点发蒙。待定神一看，周围全是连蹦带跳的高跷腿子。惊慌中，一个耍高跷的猫腰伸过手，一下把他拉起来。他再一看，竟然是出会前在宫前广场上，那个险些滑倒，被他扶了一下的白衣女子。

这么巧，刚才他扶过她一下，现在她拉他一把。

这时白衣女子也认出他来，竟朝他娇嗔地一努嘴，含羞掩面地跑走。木头有点犯傻，直直地立在一圈踩着高跷腿扭来扭去的各样角色中间。一位围观的人朝他喊："快出来吧，人家是许仙的人，没你的事！"大家一阵哄笑。木头这才明白过来，跑下去，扎到人群里，又钻进巷子里，许久才出来。

等他回到街上，皇会还在一道道接着演。那道高跷会早已经演过去了。不知为什么，此时他心里想看的却只有那道高跷了。他不知这会的会名，只知道演的是《白蛇传》。他想起刚才那胖老爷子说的"跟会"，他打定主意，今儿就跟这道会了。那道会已经走远，只有快步追上。可是快到了北大街出口的地方，混混儿打架，把路堵死。他窝在人群里干着急，急也没用。渐渐日头偏西，他一早从家里出来，已经快一天了。

木头这才感觉到自己肚空腿软，忙把怀里的玉米饼子掏出来吃了；有尿憋着，找个茅厕撒掉。再找个石头台阶上坐一坐，渐渐觉得身子舒服，人精神了，刚好路开，他就来到了大胡同。这一带路宽地阔，是演会的好地方。在重重叠叠的人群中，他一眼看到一处跳高跷的，正是白娘子那道会。他跑过去，却挤不到跟前。幸好高跷高，起码能看见上边一半。远远见白娘子踩着锣鼓点儿，如同云中小燕，随风飘舞，上下翻飞，引来阵阵叫好。这女子竟有这样好的身手！

再往前的行会路线，就是由大胡同，经锅店街，穿估衣街，到针市街了。这一条道两边全是大字号的商铺。大买卖家事先早派人去到一些有名气的老会会所里，拜会头，下帖子，使钱，表示出会那天，一定要截会看会。依照规矩，逢到有人截会，出会的队伍就得停下来；人家截哪道会，哪道会就得给人家好好演一场。这便使木头把白娘子看够。

从围观者议论中，不仅知道了这道会来自葛沽，他们的高跷归属"海下"一派；还懂得了这演白蛇的女子的一招一式是嘛名目，跪又盘又摔又跳又回头又趴地虎，招招惊险、超绝、奇盈、飘逸。尤其那身段扭起来，又强劲又妩媚，叫他惊奇与钦佩。木头愈看愈看不够，这就一直跟到针市街口。

此刻天已近暮，各会的兴致犹然未尽。本地的各会还要随同娘娘的鸾驾入城，出城，回宫，外县献演来的各会走到这里，大都在这里散了。葛沽的高跷自然也撤出了出会的队伍。

木头一直跟在这道高跷会后边，再往西，渐渐僻静。不远的地方是个小院。皇会出会时，周边乡镇的会，在城里没有"会窝子"，都是在城边租一个小院放家伙，再租几间房住人。

木头看他们进一个小院，坐在高凳上解下腿子。再从高凳下来，坐到矮凳上。踩了一天的跷，解下腿子后一时都走不了路，坐在那里喝茶抽烟，歇歇腿脚缓缓劲儿。院里有几个随会而来的本乡妇女侍候他们。把他们脱下来的汗湿的衣服晾在院中的绳子上，大口噗噗地喷了酒，好去汗味儿。

木头不敢进院，一直躲在外边一棵老柳树下，等候那白衣女子出来。他只想看一看这个上了妆无比艳美、妩媚、英武、奇绝的人，落了妆怎样俊秀非凡。

他等着院里的人一个个走出来，却一直没等到她出来。他有点心急。

直到院静人空。一个守门的老人出来关大门时，木头上去问："刚刚那个演白娘子的人呢，怎么没见她出来？"

守门人说："最后出来的一个就是呀。"

木头很诧异，说："那是个瘦高结实的汉子，穿青布袄。"

守门人说："正是。"

木头更诧异，说："怎么是个男的？我说的是白娘子——女的！"

守门人一听一怔，随后笑道："我们高跷会从来不准女人入会。

演女的，全是男扮女装。"

　　木头还有点不甘心，问道："他是做什么的？"

　　守门人说："使船的，若不是整天站在船板上晃来晃去，哪有那么好的腿脚。"

　　老人说完扭头进门，把门关上。木头站了好一会儿，满脑袋花花绿绿，还在发蒙。

告县官

城南葛沽菜市东住着一个半废的人，人称"何老三"，模样丑怪到头了。大脑袋，梆子头，猩猩一般塌鼻子，老鼠似的小眼珠，下边一张蛤蟆嘴。根本瞧不出年纪，是四十还是五十？脑袋下边却长一个小孩身子。小手小脚，短身短腿，站在桌子后边，谁也看不到他。这小身子支不住那个大脑袋，走起来便一摇三晃。说话的声音没法听，老娘儿们腔儿。瞧瞧，老天爷怎么叫他长成这副模样！

人说武大郎长的就这样。可是人家武大郎有个花容月貌的潘金莲，他四十大几还讨不到老婆。人家武大郎能靠做炊饼养家，何老三却只能到街上找点零碎活儿干，糊糊口。镇上的人把零活儿给他，并非他能干，而是瞧他可怜。他早没了爹娘，一个人活着，至于他为嘛叫"老三"，老三上边还应该有老大老二，可是谁也没见过。反正爹妈活着时候，爹妈养他；爹妈走了，没人管他。

不过，何老三人性不错，菜市东那一带的人也善待他，他挺知情。他住在一间破屋里。没活儿干的时候，常会拿扫帚扫扫街，照看一下街头玩耍的孩子，或帮助邻家把跑出门来的鸡轰回家去。何老三虽丑，但日子一久，人们看惯了，再加上他人好，这一带人便会把一些剩下来的吃的、旧了的穿的，拿给他。每在这时候，人们都是把东西放下就走，不敢看他感激的笑。那咧嘴一笑，好似装鬼吓人。

一天，几个邻人晚饭过后，在街头老柳树下边说闲话。何老三站在一边听。

人们说来说去，就说到一件叫人挠头的事：

葛沽镇的人多，住家的房子全挤在一起，难免磕磕碰碰，人们各有性情，日久总有摩擦。这些摩擦，既非仇，也非恨，却疙疙瘩瘩、别别扭扭。怎么办？

有人说，这种事非偷非抢，也不是谁专横跋扈，欺凌乡里，不好告官。有人说，要是真有一种官，专门调解百姓这种事就好了。可是当官的自己的麻烦都摆不平，谁管他们的事？有人半开玩笑半出主意说，就在每年春天的娘娘会上设一道会，立一假官，谁家有别扭事，谁家对谁家憋着气，就找这假官告状，由这个假官出面，把事解了。可是这假官怎么来了事呢？大伙七口八舌，妙计不绝。开始说的是笑话，笑话愈说愈真。依这些法子，还真能把平日老百姓之间种种怨结，全都顺顺当当解开。但只有一件事没办法——谁当这个假县官？

说到谁当官，大伙就推来推去，没人肯干了。有的说自己不会当官，有的怕人笑话，有的不敢当官，有的怕招人骂。这么一来，反倒愈说愈没办法。大好的事情卡了壳。这当儿，站在一边听闲话的何老三忽然开口说："我来当。"

大伙循声望去，一瞧一怔，随后一阵大笑：这丑东西也想当官？

可是这时前街的万老爷子一席话，叫大家服了。他说："本来咱这法子就是正事歪办，歪打正着，愈不正经，愈不当真，反倒愈能成事。我看何老三当这官最合适！"

这话不单在理，还点破了其中的奥妙。大伙就当作一件正事合计起来。一边把刚才七嘴八舌的话顺了下来,各种妙计也定了下来;一边凑衣料,请这一带针线活最棒的洪裁缝,给何老三量体裁衣,制作官服。何老三身材五短,节省材料,他一身衣服,还用不到别人半身的材料。这官服并不是真官服,是一种戏装,怎么好玩怎么做。亮缎黑袍,当胸是五彩补子,补子上挖镶一个彩色的王八;粉底靴子乌纱帽,帽子两边用螺旋铜丝挑起的帽翅上边,各画一个老钱,一动一颤悠。何老三往身上一穿,笑翻了天,有人笑得在地上打滚,有人还尿了裤子。

打这天开始,菜市东这帮人就以何老三为主角,开始编排演练起这道会来。天天后晌,只要人凑齐了,就把何老三叫来,折腾得兴致勃勃。自打大明永乐年间起,葛沽许多地方都有一道拿手的花会,唯独菜市东没有,故而都说菜市东没能人,这回菜市东要露一手,赚回面子,光照葛沽。

转年三月二十三,何老三上了娘娘会。这道会的会名叫作:告县官。上街出会时,给安排在清平竹马会和长乐高跷会的中间。各道会全要边走边演,从头演到尾;唯独何老三的"告县官"只露一面。当各会又跳又唱一路下来,到了中街的街口,前边的清平竹马会接着往前走,长乐高跷会停下来,中间空出一块空地。跟着锣鼓一响,一个瘦巴巴、秃脑袋、身穿蓝袍的会头走上来,先叫一声"菜市东老会告县官",跟着扯着脖子喊道:"有冤的叫冤,有屈的叫屈,县老爷来了!"

人们一听,奇了。历年从来没有这么一道会,怎么叫"老会",又叫"告县官",哪儿来的县官,谁?

在拥满街口人群的目光里,照见一个奇头怪脸、只有半人高的家伙，摇头晃脑走了出来！这怪，这怪，这丑，这荒唐；是官又不是官，官装是戏装，是谁？跟着有人眼尖，认出是何老三！于是大叫一声"何老三"，立即哄天大笑。其实认出何老三并不难，他除去身上的戏装，只在眉心抹一块戏里丑角脸上白色的豆腐块，完全用不着再化妆，原模原样就足够了！他扮的这是哪出戏哪个官？

更叫人们惊奇的是何老三这个怪家伙，居然还会演戏，是谁传艺给他，还是戏神附体？瞧他一步三晃，头摇，腰摆，胯扭，左一蹦右一跳。两手端着腰圈，上下舞动，脑袋上的老钱帽翅一颠一颠，仿佛随着锣声鼓点。瞧他一举手一投足，一招一式，全都有姿有态。这就把站了满街的人全看傻眼了。

下边便是何老三用他那老娘儿们腔儿，一字一句，好似戏里的道白，说道：

"今儿，本官来到葛沽，专为百姓消解冤怨，摆平不平之事。谁心里不痛快，叫谁惹得不痛快，快快前来告诉本官，本官立马就办。"

这话音刚落，就有一人跑上来，给何老三跪下，说他邻居屠夫马大刀的儿子霸道，那天强亲了他闺女一口。他去找马大刀告状，马大刀非但不揍他儿子，反说："我儿子才十二岁，你闺女九岁，亲一口算嘛。"他不敢惹马大刀，但这事像一口气，憋在他心里一年多，一直咽不下去。

何老三立即传令叫人把马大刀带上来，讯明属实，便说："孩子虽小，不管就是纵容，大了不就去欺侮民女？"然后提高嗓门说："养不教，父之过。押下去，关起来，罚他半天不准出屋！"

马大刀还想争辩，何老三扭过头不理他。马大刀身子有劲儿，四个上来押他的汉子更有劲儿，一动手把他押走。

人居然就这么押走了，据说还真的关进镇里一间小屋，关了足足半天，谁也没见马大刀露面，马大刀还不闹翻了天？何老三真的这么厉害？难道何老三这县官，不是假的是真的？

可是谁知道，人家马大刀关在屋里，比在外边还舒服，还好玩，还快活。屋里有鱼有虾有肉有酒，那几个带他来的人，都是这道"告县官"会里的人，进了屋就给马大刀点烟斟茶，好话哄他，陪他打牌，让他赢钱。只是想尽法子不叫他出去，他也不会出去，有吃有喝有玩多美多乐。完事马大刀到处说："要关老子半个月，老子准长十斤肉。"

马大刀高兴这种假被关，那个告状人却高兴告赢了状。从此怨结全消，相安无事。人们看出这道会的厉害，开着玩笑，热热闹闹，真真假假，就把结在人间的疙瘩解开。官府也没这种本事。从此，菜市东叫人高看一眼，"告县官"名扬葛沽。年年三月二十三娘娘会，"告县官"都必有彩。

更出彩的是何老三。虽然"告县官"每年只露一面，告状的人不同，告状的事不同，但他全能化解了结，说话不偏不倚，合情合理。在葛沽人眼里何老三不单是一位好官，为民做主，疏解小百姓的种种不和；还是一个地地道道的丑角，叫人生爱。他丑，却丑中见美。

可是后来，事情意外生了变化。一位外来到任天津的县官，久闻葛沽娘娘盛会来观看，当看到"告县官"这道会时，脸色沉下来说道："我是县官，告县官是告我吗？"

镇里的官员忙说："不是告您，是向您告状，求大人为民做主。"

这一解释等于说这新来的县官无知。县大人更不高兴，歪个词儿说："一县之长能这么丑怪吗？补子上还画个王八！"

说完抬起屁股，出门上轿，起驾回城。

就这么几句话，从此葛沽的娘娘会上，再见不到这道"告县官"。连何老三的影儿也瞧不见了。

大裤裆

一个住在大水沟的小子，姓侯，没大名，外号"猴子"。猴子还真像猴子，尖脸鼓眼，瘪嘴喙腮，人瘦人精，又鬼又灵，平日游手好闲，最喜欢做的事是叫人出丑。那一阵子，他跟三岔河口集市上几个变戏法的人较上了劲，想尽损法，使尽邪招，叫几个由外地来没能耐、混吃混喝、连蒙带唬的，泄了底，穿了帮，砸了锅，卷包走人。

可是，自来三岔河口那块地界嘛人都有，江湖卖艺，有真有假；假的瞒天过海，真的藏龙卧虎。于是在变戏法的艺人中间，有三位叫他费了劲儿，怎么也破不了人家的阵法。人说他是变戏法的克星，可在这三位面前，魔高一尺道高一丈，就说不好谁能把谁克死了。

这三位中，第一位是快手刘。他只玩一样——小碗扣球。两个白瓷小碗，五个透明的玻璃球。只要他把这几个玻璃球扣在小碗下边，便谁也弄不清这两个小碗各扣着几个球。谁猜也猜不对，怎么猜都猜错；人家快手刘说是几个就几个。明明白白球儿们在这个小碗下边，快手刘那张肥嘟嘟的胖脸一甩，就全跑到另一个小碗底下了。

三岔河口变戏法的全都"撂地"。撂地不易，他在空地中间变，四周站一圈人，前后左右全是眼睛，一个小闪失，叫人逮个正着。

手再快，不如眼快。只有快手刘的手比眼快。

但再快也没有猴子的脑子快。

一天，快手刘正变戏法，猴子打人群中走出来，一直到场子中心，双腿一盘坐在地上。他叫快手刘把那两个小碗，放在他身子左右一丈远的地方。再叫快手刘在他左边的小碗下边扣三个球，右边小碗下边扣两个球。快手刘全照他的意思做了。完事，他对快手刘说："你有没有能耐把这左右两边碗下的球，换一个儿；左边变成两个，右边变成三个？"

说完他嘻嘻笑，等着看快手刘没辙，认栽，当众现丑。

周围众人心想，猴子这一招挺绝，他坐在那里，挡在两个小碗中央，任你呼风唤雨，小球也没法过去。

谁料快手刘笑道："你把球都放在你兜里了，叫我咋变？"

这话叫众人蒙了，也叫猴子蒙了。他用手一掏兜，往外一拿，五个球竟然都在衣兜里。他纳闷了，自己一直与快手刘相隔三尺远，球怎么会跑到自己的兜里？这又是在成心地奚落自己！

众人笑了起来。猴子丢尽脸面，赶紧起身跑了，从此再没有在快手刘这边露面。

第二位是仙绳李。这位玩的更简单，只一根红色的细绳子，三尺长短，但在仙绳李的手上，好像在神仙手上。说来就来，说去就去，千变万化，出神入化。他把这绳往上一抛，竟然没再落下来，跑哪儿去了？他说是给"七仙女拿走了"；可是他在场子里走来走去，口中不断数落七仙女拿他的东西，忽然低头看到地上有一个绳头，他猫下腰用手捏住绳头，一下拉了出来，竟然就是他的红绳，他说这是"七仙女叫土行孙给我送回来了"。

这本事不佩服不行，全是大太阳下边，众人亲眼所见。

一天，猴子拿一把亮闪闪的剪子走上去，伸手将仙绳李手里的绳子抓过来，使剪子剪成碎段，然后塞进自己嘴里，再一口口吞进肚里，这回看你仙绳李怎么办？仙绳李站在旁边，嘛也没说，突然用手指伸进猴子左边的耳朵眼里一抠，再往外一抻，居然一点点把那根红绳完完整整抻了出来。叫猴子当场栽了，从这天起，他也没再敢到仙绳李这边来。

至于第三位，名字可不大好听——大裤裆。

大裤裆没名没姓，就这一个绰号。他长脸平头大个子，夏天一条单袍，冬天一条棉袍，上边齐脖，下边蹭地，两个袖口压在手腕上。他说话山东腔，一听就是外来谋生的。人住在北大关，无亲无友，家里家外一个人。人说他无亲，是因为靠变戏法赚那点钱，只够喂自己的脑袋，没法养家；无友是因为戏法就靠一点诀窍，不能叫旁人知道。他出门去变戏法，嘛也不带，只一件长袍大褂，可是别小看这袍子，里边要嘛有嘛。饿了凭空变出一套煎饼果子，或一大碗浇卤的捞面，渴了变一壶热茶。下雨还能变出一把油纸伞，撑起来回家。

袍子下边怎么能变出来这些东西？这些东西搁在哪儿，裤裆里边吗？大裤裆的名字就是这么来的。

一天，大裤裆变着戏法，忽听那边有人叫喊卖鱼卖鱼，应声说了一句："鱼是好东西，咱们也来一条，还得是活的！"说着弯身一撩棉袍，居然双手捧出一个又大又圆又亮的玻璃缸，盛满清水，里边一条大红金鱼游来游去！这一下，惊了三岔河口。打这天起，他一撂地，总是里三层外三层围一圈人；每天收摊之前，必得从袍子下边变出这缸清水大活鱼，人们才肯散。

这一来，叫猴子盯上了。猴子想了七天七夜，终于想出一个奇招，也是坏招。他抓一只独眼野猫，在家里饿三天，直饿得眼睛发蓝，然后抱到三岔河口。见大裤裆正变戏法，悄悄溜到大裤裆身后，趁他不留意，掀开他的大棉袍，把那只独眼饿猫塞进去。跟着就见大裤裆的棉袍翻腾起来，像七八只兔子在里边乱跳乱撞。不知怎么回事，猴子暗暗心喜，心想这野猫饿急了，还不大餐活鱼？

可这时只听大裤裆对着自己的裤裆下边说道："我是想给诸位看客烧盆炭火暖暖身子，你来闹嘛？"说着，一提棉袍，下边竟然钻出一只猫，浑身冒着浓烟，嗷嗷地叫，狂奔而去。

大裤裆哈哈一笑，紧接着弯腰从棉袍下边捧出一样东西，但这次不是清水活鱼，而是蹿着火苗的大炭盆！大裤裆说："天太冷，大家给我面子，站在这儿挨冻受凉，快快过来烤烤火。"

炭盆烧得旺，火苗一尺长。这东西怎么能在袍子里边？大裤裆笑呵呵，回过头找猴子，想给他送上一句损话，猴子早溜号了。

这一手，引得老城里的一位秀才吟出一首诗来：

火盆鱼缸善掩藏，

能拘五鬼话荒唐，

偷桃摘豆真灵妙，

第一功夫在裤裆。

"大裤裆"原是他的外号，从此成了响当当的艺名。

可是，这一次猴子认栽不认头，人家快手刘和仙绳李，东西简单能耐大。你不就一个大袍子大裤裆吗？谁不知道变戏法变出来的东西都在自己身上？他恨不得当众把大裤裆的袍子拽下来，揭开老底，叫大裤裆一头扎进白河。他想了许久，忽有妙法，就是爬上房，揭开瓦，一眼把大裤裆的老底看穿，叫天下大白，于是他趁大裤裆还在三岔河口变戏法时，就跑到北大关，悄悄爬到大裤裆的房子上，在屋顶正中，揭开瓦片，扒开一个洞口。等到天擦黑时，大裤裆一如往日，穿着袍子回到家，先坐下来歇着，可是一歇歇了半天。猴子在屋顶已经趴了两个时辰，屋瓦不平，他肉少骨多，硌得难受，正想放弃，忽见大裤裆站起身子，动手解衣宽衣。

猴子大喜，以为马上就要看破玄机，谁料大裤裆把袍子上下扣子解开，落帆一般脱下来，竟然清清爽爽，里边是简简单单的粗布衣裤，别的任嘛没有。猴子以为自己花了眼，花了眼才应该看见大裤裆浑身挂满了东西呢！

这一下，差点叫猴子从房顶滚下来，顾不得脚下响动，带着一堆碎瓦跳下来跑掉，生怕叫大裤裆逮着。

多年后，事情早都过去，人家大裤裆早不干了，回山东老家了。猴子与一位住在街北见多识广的老者聊天时，说出一直搁在心里的这事，他困惑不解。没想到这老者微微一笑，对他道破这里边真正的天机。老者说：

"其实，人家大裤裆那天在屋里仍是在变戏法，他知道你在房顶上边偷看。那是人家给你一人变的，你该谢谢人家才是。"

粒儿

粒儿是刘磕巴的闺女。

刘磕巴叫刘八。刘八磕巴。人们当面叫他刘八，背地称他"刘磕巴"。

刘磕巴老婆没了，和闺女粒儿相依为命。他在三岔河口开个小吃铺，只卖一种吃的——嘎巴菜。人们背地又称他的嘎巴菜为"磕巴菜"。

刘八磕巴得厉害，铺子里待人接客的事就全归到粒儿身上了。

粒儿打小眼睛刚看见桌面时，就帮她爹端碗扫地，搬凳挪桌，张罗客人，一直忙到了十九，还在忙。现在忙还为了一件事，为了自己的嫁妆。邻家一位教私塾的郭先生，看粒儿这姑娘好，能干、乖巧又实在，要给儿子娶过来当媳妇。郭先生知道刘八的家境差，不叫刘八花钱，可嫁闺女哪能没有陪嫁？这就得拼力气干活，多赚点钱。

刘八的小铺子在河边两条小街的交叉口，人来人往，是开店的好地方。他只一间屋住人，屋外支一个棚子，支锅架案，再摆上几套桌子凳子，就是小铺了。夏天里，是个食摊；冬天外边一围席子，把冷风挡在外边，就是小吃店。

嘎巴菜不过是把煎饼切碎煮了，上边放些佐料，可天津人做小吃很用脑子，东西不贵却好吃解馋。刘八这小吃店虽然连个名号也没有，但整天人来人去很少闲着。河边都是船工脚夫，饿了就来要一碗，热热乎乎，连嚼带喝，有滋有味，吃饱便走。

一天，来了两个穿长衫的人，这种小摊小铺很少来这种打扮的客人，衣衫讲究，细皮嫩肉，举手投足都斯文，斯文是学不来的，尤其那略高略瘦的一位，眉清目朗，脸上带笑，还向四边看个不停，看什么都新鲜好奇。说是做买卖的，不像，做买卖的人都装阔，牛气十足。说是念书人，倒沾边儿，尤其瘦高这位，手里拿着一把折扇，时而打开，时而合上，檀木扇骨，丝线穗子，一面题诗，一面有画，挺讲究。

两人进了店铺择了靠外的一张桌，粒儿立刻像只小鸟飞至桌前，问他们吃什么吃多少。执扇这人抬眼一看粒儿，眼睛一亮。粒儿是人见人喜欢的姑娘。别看不是大家闺秀，不是金枝玉叶，不擦胭脂抹粉，没有千娇百媚和花容月貌，却清纯得如小花小树、小兔小鸟。天天干活，不瘦不弱；风吹日晒，脸蛋通红。长在老爹身边，总是乖女；迎客待客，周到和气。看这姑娘的长相，应是地道天津的闺女，唯有弯弯眼角，鼻儿微翘，下巴略尖，透出一点江南模样。人说粒儿她娘是扬州人。

粒儿粗衣布带，褪了色一条红布带子扎在腰上，黑黑发辫盘在头顶，别头发的"簪子"是一段带花的桃枝，可这股子真纯和天然的劲儿，能把这世上金的银的全压在下边。

二位客人刚点了吃的，粒儿即刻把嘎巴菜送来。执扇那人问她："姑娘，我看你这儿人来人去，每人要的东西不同，你都记得一清二楚，不会乱吗？"

"我爹说，用心就乱不了。"粒儿说。

执扇人点头说："这话说得好。"顺口一吃，便说："你家这嘎巴菜味道特殊，比我上次在城里吃的好得多。"

"是我爹做得细心。米浆要熬得稀稠合度，煎饼要烤得只焦不煳，葱花、菜叶、辣椒，都是我爹精选的，你们要吃着哪点不对口，我去跟我爹说。"粒儿说。

"难怪你爹，这点小吃还这么用心用力。"

"我爹说，东西不贵，口味就更不能差。差了就等于骗人家钱。"

粒儿说完，一笑便去，却叫这执扇人十分感叹。真正的好人原来都在民间。

一会儿两人吃完，执扇人叫同来的人掏出二十个铜子儿码在桌上。粒儿来收碗敛钱，一看这么多钱，是两碗嘎巴菜的十倍，慌忙摇着两只又厚又红的小手，连说不能要。执扇人执意要给，转身就要走了。粒儿只好把爹叫来。

谁料刘八来了也是摇手不要。他是磕巴，愈急愈想说，就愈说不出来。执扇人忽问刘八："我听你叫这闺女'粒儿'，她大名叫什么？"

刘八听了，只摇头。

逢到刘八说不出话来时，都是粒儿代说。粒儿说："我没大名，就叫'粒儿'。"

"粒儿这名字特别，为什么叫'粒儿'呢？"

粒儿眉头皱起来，似有难言之隐，但对方诚心问，她还是说了出来。原来她娘生她时是难产，肚子没食，身子没劲儿，眼看要憋死在她娘肚子里。多亏她爹从锅底抠下一些饭粒，塞在她娘嘴里，才把她生出来。完事她娘力尽气绝。她爹感谢那些救她一命的饭粒，便给她取名"粒儿"。

粒儿说到这儿，已哽咽无声，流下眼泪。

执扇人动了性情，便对刘八说："我喜欢这孩子，收她做干闺女了。我知道今儿这些钱你们绝不会要，我收起来就是了。以后你们碰到什么难处，只管来找我。我住在京城。"

粒儿说："京城那么大，到哪儿去找？"

执扇人想了想，笑道："你们就去找台阶最高的房子，找到台阶最高的房子就找到我。门口的要是不让你进去，你拿这把扇子给他们看——"他把手中那把金贵的扇子递给了粒儿，说："他们自然会叫你见我。"

说完话，两人告辞而去。

这事听了像笑话，手中的扇子却非虚妄。细看扇骨，精雕细镂，还镶牙填玉，非同寻常。这两人是谁呢，看样子富贵得很，可是这样人怎么会到这小吃摊上吃嘎巴菜，又怎么肯认粒儿这个穷丫头当干闺女？这事没处去问。爷儿俩不识字，扇面上的字全不认得。他们也不敢把这没头没脑的事告诉旁人，连对那位"亲家"——教私塾的郭先生也不敢提起，只把这扇子好好地藏起来，有事再说。

一年后，粒儿没嫁，还没凑上嫁妆。爷儿俩再三合计后便去了京城，寻找粒儿那位不知姓名的干爹。心里的目标清清楚楚，就是去找台阶最高的房子。可是爷儿俩到了京城，转了三天，转得头晕眼花，京城到处高台阶，怎么找？粒儿聪明，她说："爹啊，咱得数台阶呀，不数怎么知道哪个房子台阶最高？"于是两人就在京城数台阶，数到第七天，终于数到一座台阶最高的深宅大院。门口站着不少执枪挎刀的兵弁。刘八望着这房子，倒吸一口气说："妈呀，这别是皇上住的地方吧。"

粒儿不怕，找干爹有嘛可怕？她走过去对兵弁说，她要见她干爹。她说的事听起来，好似有鼻子有眼儿，又似没头没脑。人家听不明白，可她拿出来的折扇却是实实在在的。守门的官兵收了折扇，问清她在京城的住处，叫她回去听信儿。

爷儿俩在小客栈等到第三天晌午，还是没信儿，出门吃饭回来，客栈老板却迎上来问他们在京城惹了嘛事。再一说，原来刚刚来了四个官差寻他们，嘛事没说，可样子挺凶。

爷儿俩从没惹过官，一听不好，浑身发凉。本来去年那个认干闺女的事就来得蹊跷，别出什么祸事。爷儿俩一合计，赶紧退房回津。

京城离天津二百多里，爷儿俩不敢搭车，不走大道走小路，走了三天多才回到家。到家听邻居说，头一天县衙门也来人找他们，还说不论谁见到他们，都要赶紧告官。刘八觉得好像官府在通缉他们。邻居问他们犯了嘛事，他们说不明白，不单刘磕巴吓得说不出话来，粒儿也说不明白。反正沾了官，祸无边。眼下情形吓人，还是三十六计走为上。

刘八说，一个人好躲，两个人难藏。粒儿姑姑家有个表姐出家在西城外一个小尼姑庵里，四边是水，很是清静，便把粒儿送到那里躲一躲，自己藏身到芦台镇一个远亲家中。

事情并没这样就消停下来。据说一天忽然来一帮官家的人，打鼓敲锣，来到西城外小尼姑庵，在门前竖起梯子给小庙挂匾，木匾青底金字：皇姑庵。字写得端庄稳重。嘛叫"皇姑"？皇上的姐妹吧。这帮人还抬来一个轿子，一位官差嚷着说当今皇上要接粒儿进京。

谁也不知这是嘛事。

庙门吱呀一开，打里边走出一个剃度过的姑子，四十多岁，穿一件素色袈裟，并非粒儿。她说小庙里只她一人。那个叫粒儿的姑娘在这里借宿几天，便被她爹接走。去了哪里，只有天知地知。

从此这小尼姑庵倒有了"皇姑庵"一名，皇上挂了匾，谁也不能摘。但为嘛叫"皇姑"，渐渐更没人能说清楚。

崔家炮

要说烟花火炮，上栗、萍乡、浏阳、醴陵造的都好。天津卫是南来北往的码头，这些地方的花炮全都见过，但是天津人不玩外地的花炮，只玩自己造的。天津人造的烟花，叫你看花眼；天津人造的炮仗，赛过洋人的炸弹。造炮是凶烈的事，不能在人多聚众的老城内，只能在荒郊野外的村子里。其中造炮最好的村子，人人都知道是静海县沿庄镇的崔家庄。

崔家庄全姓崔，是个老村子，可是人很少，一半人造炮时炸死了。活下来的人全是虎性豹胆，拿死当玩，个个草莽英雄；这因为炮仗厉害，造炮的人就得比炮仗还厉害，才压得住。

崔家庄造炮，头一号是崔黑子。他家老祖宗，就知道把荒地里地皮上结成的白花花的火硝抠下来，加些硫黄木炭就是火药。他家造的炮仗能开山炸石。人称"崔家炮"。

崔黑子有三个儿子，老二十六岁那年，躺在当院一堆麻雷子上睡晌午觉，突然这堆麻雷子无缘无故地炸了，把老二炸散了，没留下整尸首。

崔黑子剩下这两个儿子，老大和老三。老大三十，一直光棍，没人肯嫁到他家来，怕炸死。他家连地上的黄土里都混着火药面子，空气里飘着硝，谁能不怕？他这黑头黑脸，就是给火药炸出来的。他家老三小，只有十三岁，身上有残。小时候，崔黑子修屋顶，一不小心斧头掉了下来，砸到地上石头，迸出火花，引爆了墙根的半袋硫黄，炸去了半间屋子，还炸掉老三左边的耳朵，伤了一条腿；给老三留下两样残，一是一边耳聋，一是一走一瘸一拐。

造炮的人只两件事：一是造炮，一是卖炮。卖炮更要紧。这因为，只有自己才知道自己的炮好在哪儿，自己卖才能卖好。崔黑子年岁大了，造炮的事他盯着，卖炮的事全归了两个儿子。每到腊月，小儿子崔老三到村口的集市上去卖，大儿子崔老大到天津娘娘宫的福神街去卖。

要知道崔家炮多厉害，人多厉害，还得看他们哥儿俩怎么卖炮。论模样，这哥儿俩不像一个娘生的。老大像头虎，老三像只猫，可是卖起炮来就难说谁更厉害。

静海这边一进腊月，三天一集。赶集这天，崔家庄的人都把造好的鞭炮从家里搬出来，装满一车，上面盖一床辟邪的大红棉被。把车赶到庄子外边的青龙河边，停在高高的岸上，一排老柳树的下边。青龙河通着子牙河，一到秋后水就干了，冻得硬邦邦的河床便是炮市。各家的人拿着自家的鞭炮，从河堤跑下来，到河床上大放特放，相互比试，彼此较劲；买炮的人站在河堤上，去看去选去买。各地的鞭炮贩子也挤在人群里，好像看大戏。

静海造炮名气最大的是沿庄镇，造炮的村子至少二三十个，每年一到这时候，全赶着大车到青龙河这边来比炮卖炮。真要比起炮来，谁服谁？那些小子们，把单个的大炮别在腰带上，手执一根杆子，上头拴一挂长长的大红雷子鞭，一丈长短，点着药信子，从河堤奔下来；一边叫喊，一边挥杆，把拴在杆子上的长鞭挥舞得像火轮，雷子炸，硝烟冒，纸屑飞；跑到河床中央时，仍不停地挥杆舞鞭，吼叫震天，一个比一个英武。他们这么挥杆舞炮，不单是耍威，更是要显示自家编鞭用的麻茎子多结实。鞭炮编得牢，才能不断火。

每在这时候，只要崔家老三一出场，人全静下来，等着他亮绝活。还不觉都把耳朵眼里的棉花塞紧一点，崔家炮震得耳朵疼。来青龙河炮市的人，连拉车的牲口，耳朵眼里全得塞着大团的棉花。

崔家老三不像英雄好汉，不足五尺，又瘦又小，身上套一条长棉袍，松松软软，像只猫，而且是病猫；灰灰小脸，眼小无神，头上扣顶毡帽，两耳戴着耳套。耳套皮里，滋出长毛。他出场与别人不同，不喊不叫，只是慢慢腾腾走到河床中央，放一挂鞭或几个炮，完事就走，跟着他家运来的几车鞭炮，顷刻被争抢一空。而只要老三把炮放完，别人家的鞭炮就像老牛放屁了。

去年，老三从河堤上走下来时，手提一挂鞭，奇小无比，看上去像一串豆芽菜。这么小的鞭能有多大的劲儿？可一点着，如同洋枪的炸子儿，声音刚劲清烈，往耳朵里钻。这才是真正的"钢鞭"！

可就这时，一个结结实实的胖小子，穿一件藏青短袄，光着脑袋，站在他对面，手握一根又长又粗的榆木杆子，挑着一串雷子鞭。没人见过那么大的雷子鞭，像一串黄瓜。胖小子二话没说，点着药信子，这一挂鞭响完，浓烟散去，老三不见了。有人说老三回村了，有人说老三给炸飞了。

事后，这胖小子的事就传说得愈来愈多，愈来愈神。人说这小子是河北大城那边的人，姓蔡，人称"蔡胖儿"。世家造炮，运销关外，连老毛子过年都放他家的炮，其实人家老毛子过年根本不放炮。还有人说，他家军队里有人，火药都是做炮弹用的，他家的炮装上铁皮就是炮弹。愈说愈神，快把崔家炮说没了。

今年青龙河的炮市，没见崔家老三。蔡家胖小子却神气十足地来了，当场放一挂鞭，更大更响，正威风时，只见崔老三从河堤上慢慢腾腾走下来。神气悠闲，好赛散步遛弯儿。他左边耳朵聋，不怕响，所以左手提一挂鞭。这鞭特别，一挂只有二尺多，总共才十一头，头儿不算大，好似胡萝卜。嘿嘿，一串胡萝卜！人家崔老三有备而来，这串胡萝卜肯定非比寻常。

崔老三刚刚下了河堤，一上河床，就把手里的这挂鞭点着，第一声好比炸弹，声如巨雷，惊动了河堤上拉车的牲口，有的牲口拉着车冲下河堤。崔老三人小，手中的鞭离地面近，随着剧烈的爆炸激起一阵黄土。这鞭响得慢，他每走一步，炸一头鞭，发一声巨响，扬一阵黄土；他像从地雷阵里一步步走来。他走了十一步，一直走到蔡家胖小子身前，最后一响炸在蔡胖儿跟前，把蔡家胖小子吓得一蹦。大家定神再看，老三身后十一个坑，每个坑里都能蹲一个人。人们都看傻看呆。

忽然蔡胖儿两手捂着耳朵大叫起来，他耳朵听不见了。

以后青龙河这边再没见过蔡胖儿。崔老三这挂鞭出了名，叫"十一响"。天津水师营乃至大沽炮台过年时，都买这挂鞭。

天津老城这边的炮市在城外宫前大街。

每到过年，城里人家用的香烛、绒花、衣帽、摆饰、神像、供品、年糕、瓜果、盆花、水仙、糕点、零食、美酒、年画、灯笼、对联、耍货、大小福字，等等，摆满了这条街所有店铺的店里店外。唯有鞭炮，单放在宫北杨家大院旁边一条横街——福神街上。这缘故，一是天津卫买卖人多，买卖人特别在乎辟邪求吉用的鞭炮，用量极大，必须专辟市场；二是炮市怕火，易生意外，单放在一处为宜。

福神街太窄，炮市就极特别。只能一边靠墙摆炮摊，一边走人。说是炮摊，其实就是炮堆。下边是整捆的大炮、两响、烟花盒子，等等，码起来，像一座座小山；炮山上边是大大小小各种各样花花绿绿的烟花炮仗。江西和湖南的鞭炮贩子也来抢生意，看上去这炮市就像花炮业的一个擂台。炮仗多用大红，一条街全是大红色。可是街口一块最惹眼、最抢先、最宽绰的地界，打乾隆年间就叫崔黑子家占了。依照宫前大街的规矩，一入腊月，老崔家就在这街口的墙上贴一块红纸，写上"年年在此"四个字，还落了"沿庄镇崔"的款儿，谁也不敢再占这块地界。

崔家只卖两样，一鞭一炮，炮是两响，鞭是雷子鞭。他家炮摊两边各立一根胳膊粗的竹竿，竹竿上端拴一挂大雷子鞭，两丈多长，把竹竿压成弓，下边一半垂在地上，中间挂一个大红木条，墨笔写着"足数万头"。天津人都知道鞭炮是静海崔家的最好。筒儿圆，火药足，引子挺，声音浑厚清亮，从没有一个"哑巴"和臭子儿。

当年崔黑子在这儿摆摊卖炮时，炮市不准放炮。哪怕一个火星子落进炮市，就是山崩地裂，起火死人。道光那年一位阔老爷在炮市里来了兴致，非要当场放一个"黄烟带炮"，老爷有钱，财大气粗，结果引着了炮摊，十多个水会死命来救，还是烧毁了半条街；官司打下来，叫这阔老爷赔得倾家荡产，成了穷光蛋。从那时起，没人再敢在福神街上放炮。可是炮不放怎么知道好坏？

直到崔黑子岁数大了，崔老大接过他爹的事，他在福神街街口上一站，偏要放炮不可。他敢，他也能。他当众给人演了一手放两响的绝活——

两响一个纸筒，上下两截，一截一响。药引子在下边一截。一般人放两响，先捏着上半截，点着药引子后，下半截先炸，这是一响。上半截借力飞上去，在很高的空中炸开，又一响。放两响必得用手拿着放，要点胆儿。可是，没人敢在福神街上放，下半截飞出手后，万一飞偏，落进了炮摊，不全毁了？

崔老大的绝招是把两响全攥在手里放。

他先用左手握住上半截，点着药引子，叫下半截在左手上炸掉；再把炸开了花的下半截倒给右手，紧紧握住，露出上半截。两响里边上下两截有药捻子连着。倒手之间，药捻子正好烧到上半截，这上半截就在右手上炸开。这样一来，左右两手，一手一响，全都响在手上，绝不会飞到任何地方。

谁见过这样放两响？崔老大凭这一招，叫城里人看到了货真价实的崔家炮，也服了崔家炮。

可是人有能耐，就有人忌恨；有人叫好，就有人使坏。崔老大向来把用来演示给人看的两响，放在身后的小桌上。没想到叫人悄悄用针锥扎透了膛，上下两截变成一截，两响变成一响。崔老大哪会知道，待他随手从身后小桌上拿起一个两响，手里握紧上半截，用香头一点药引子，上下立时一块炸了。崔家炮凶，两响一块炸更凶，这一下手掌炸烂，大拇指飞上屋顶。

不久，福神街却传出一句话：

"这沿庄镇的两响不能买，两响里边火药连着，弄不好要人命！"

脊梁要是这么给压断，就不叫脊梁。

转年冬天，福神街街口的墙上，竟然又贴出沿庄镇老崔家"年年在此"的帖子。腊月十五那天，崔老大依然笑呵呵摆上了炮摊，两边支起那两根挑着"足数万头"雷子鞭的大竹竿。崔老大嘴巴鼓鼓，印堂发亮，红光满面，倒像是胖了。只是左手少了拇指，演放两响的事怎么干？他居然换了一个谁也想不到的招式！

只见他原先左右两手干的事，现在换成一个手。左手没了大拇指，用它点火。右手还是先握住两响的上半截，点着炸了之后，松手向上一颠，炮翻了个儿，手一抓，正好握住炸开的这头，再叫另一头在同一只手上炸开。

他变了一招。变得更险、更奇、更绝，却同样稳稳当当，万无一失，这就叫人更服了崔家炮。

可是他怎样的熊心豹胆，冒多大险，才换上了这一招？

白四爷说小说

上海人好看言情小说，天津人好看武侠小说，所以写武林雄奇的高手大多扎在天津。挂头牌的是三位：还珠楼主、郑证因和宫白羽。还有一人，活着的时候名气更大；但此人隔路，别人都是写小说，他说小说。

他大名白云飞，家里贩盐，赚过银钱，现在还没花光。他在家排行老四，人称"白四爷"。白四爷长得怪，属于异类。大身子，四肢短，肚子圆，屁股低，脑袋大如斗；但脑子比脑袋还怪，不单过目不忘，而且出奇的好使，思路快得离谱。他书看得不多，写的反比看的多。最初也是用笔写，可是笔杆跟不上脑子，就放下笔，改用嘴说。

那时天津卫时兴办刊办报，五花八门的报刊往外冒。报刊为了吸引人，就请名家在报刊上连载武侠小说，刊物每期一段，报纸每天一段。小说名家成了热饽饽，天天给报刊编辑逼着趴在桌上从早写到晚，第二天再接着干。唯有白云飞活得舒服，不写只说，只用嘴巴不费力，要说他活得舒服，还不只如此呢——

白四爷好泡澡。他说，一天不泡，浑身是土，两天不泡，浑身长毛。他在劝业场隔壁的大澡堂子华清池有个单间——甲排四号。他要的这个四号是为了跟自己"四爷"正对上数，图个吉利，也好记。他一年四季，除了大年三十和八月十五，天天在此，每天整一下午。

他先在热水池子里泡透泡足，然后光着身子，腰上裹一条大白毛巾，一掀甲排四号的门帘，进去往小床上一躺。澡堂子里的单间都是左右两张小床，中间一个小方柜子。他躺在一张床上，另一张床给来找他的人当椅子坐。他躺下来后，小伙计便过来，先搓泥，后修脚，一通忙。待收拾完了，人像脱了一层废皮，好似金蝉脱壳，轻快光鲜；从头到脚全都滑溜溜，屁股像个大白搪瓷盆。

跟着，伙计端上来几个小碟，各摆一样小吃：酱油瓜子、话梅、琥珀花生、大丰巷赵家皮糖和切成片儿水灵灵的青萝卜，还有一壶又酽又烫的茉莉花茶。这些吃喝，有热有凉有甜有咸有脆有黏有硬有软；这种活法，就是市井里的神仙。

这时候，门帘一撩进来一人，穿长袍，戴眼镜，手里提个小兜，一看就知道是报馆的编辑。他往白四爷对面的小床上一坐，一边拿笔拿纸，一边对他说："白四爷，明儿咱可没稿子登了，您今儿得给我们说上一段，两段更好。"说完对着白四爷眯眯笑。

"你是哪个报？"

"《庸报》啊。我天天来，您怎么不记得？"

"天天七八个报馆杂志找我，没前没后叫我说哪段我就说哪段，哪能都记得？我没把你们的故事说混了，就算不错。"

"四爷，您是嘛脑子，同时说七八部小说。不仅天津没第二人，天下也找不出第二人！"

白四爷听了高兴，来了神儿，便说："我在贵报连载是哪一部？哎，你把前边一段念给我听听，我就接上了。"

这戴眼镜的编辑笑道："四爷，您在我们报上连载的是《武当争雄记》。我给您带来今天的报了，刚印出来，这就给您念，您听着，这段是——"他从袋子里掏出一张报纸，捧在手中念道："谢虎悄悄叫廖含英从怀里掏出帕子，浸了水，绕头缠住鼻孔。吹灭了桌上的灯，和衣躺下装睡，刀就搁在身边。不一会儿，给大月亮照得雪亮的窗纸上就出现了一条人影。跟着窗上的人影忽然变大。原来这人摸到窗前，伸出舌头一舔窗纸，悄无声息地把窗纸舔了个洞，一根细竹管子便伸了进来。这人用嘴一吹竹管外边那头，里边这头就冒出一缕轻烟，徐徐上升，在月光里发着蓝光，清晰异常，这就是要人命的迷魂药——'鸡鸣五更返魂香'！"戴眼镜的编辑念到这里停住，说道："您上一段就停在这里。"

"好，咱说来就来了！我说，你记——"白四爷像抽一口大烟，来了精神，原先半躺着，现在坐了起来，光着膀子，一身白肉，两眼闪闪发亮。他一张嘴就把前边的故事接上："窗外那人把迷魂香吹进屋内，半天没见动静。他凑上耳朵听，屋里只有鼾声，这便抽出腰刀轻轻撬开窗户，飞身落入屋中。"四爷说到这儿，眼睛四处溜溜地看了两眼，似乎在找下边的词儿。他一望到现在房内的两张床，再往上一看，马上把故事接下来说："这人手下极是利索，身子一翻，左右两刀，分别砍在左右两张床上，发出啪啪清脆的两声，他忽觉声音不对，定睛一看，床上没人。人呢？他心想不好，未及再看，两个人影忽然由天而降——原来谢虎和廖含英早就伏身在房梁之上。不容这贼人反应过来，他俩已飞落下来，同时四只手如鹰搏兔，把这贼人死死擒住，三下两下用绳子捆了，点灯一瞧，不禁大吃一惊，同声惊呼：'怎么是你？'"

四爷停住了。这戴眼镜编辑说："我还没听够呢，四爷，您接着往下说呀！"

"行了，够五百字了。扣子也留下来了，不是说好每天五百字吗？"白四爷笑着说道，"欲知后事如何，且听下回分解。你看，人家《369画报》的老秦已经站在这儿等半天了。"

《庸报》戴眼镜的编辑这才发现《369画报》的编辑老秦已经站在门口。他们都常来，不时打头碰面，彼此认得，互不干扰，赶忙撤走。老秦进来坐在床上，白四爷喝了几口浓茶，未等老秦开口，便笑道："我在你们那里连载的是《花面侠》吧。我记得上次好像说到，花面侠正在山间野店要了一大盘子红烧豹肉，对吗？"

老秦说："四爷好记性！您兵分八路，竟然一路不乱，您是奇人！您上次最后一句是：'她用筷子从盘子里夹起一块大块的豹肉，刚要放嘴里，忽见一个闪闪发光的亮点，银星一般，带着一股寒风，朝她的面门疾驰飞来。想躲是躲不过了……'"

此时白四爷一边听一边已在寻思，他右手食指和拇指正捏着一片碧绿的萝卜往自己嘴里送。他眼盯着这两根手指中的萝卜片，嘴里已将今天一段的开头说了出来："忽然她手一抖，咔嚓一声，只见两根筷子中间不是那块豹肉，而是一柄六七寸、银光耀眼、两面开口的飞刀！"

"好！"老秦大叫，"今儿这开头太漂亮了！神来之笔！四爷说来就来，满脑袋奇思妙想啊！"

老秦是报业老江湖，懂得怎么给写东西的人煽风点火，撩动兴致。他这一捧，白四爷上了劲儿，立时神采飞扬，大江决堤般说了下来，不知不觉之间，老秦身边并排又坐了一高一矮两位，也都是来要稿的编辑。这些编辑全都是长衫大褂，只是有的不戴眼镜，有的戴眼镜，有的戴茶镜；有的用铅笔，有的时髦使钢笔，有的老派用毛笔墨盒，毛笔头套着铜笔帽。虽然这些编辑都是写手，可是要想笔录白四爷口授的小说，谈何容易？最难的是，白四爷说小说，声情并茂，出口成章，往往叫听者入了迷，停下了笔。

真叫人不明白，他这些小说哪儿来的？没见过他像旁人那样苦思冥想，咬着笔杆，愁眉苦脸，也从不把自己关在书斋硬憋自己。泡澡，搓背，喝茶，嗑着瓜子，指天画地一通乱侃，不动笔杆，就把活儿全干出来。而且是几个不同故事的长篇同时干。他口才好，记下来便是文章，完全用不着编辑加工润色。编辑们你来我往或我来你往，你前我后或我前你后，你要哪段他说哪段。他脑袋里这些故事就像天津的电车，红黄蓝绿白花紫七个牌七条线，各走各的，绝不撞车，也没人上错车。

他如瓢的大脑袋里，这些人物、故事、出彩的地方，都是临时冒出来的吗？鬼才知道！一个给他修脚的师傅说，他那本《天成镖局》里尤老爷的大老婆和四个姨太太就是他左脚的五个脚指头。一天他给白四爷修脚，白四爷忽然指着小脚趾感慨地说："你看我这小姨太太多可怜，又瘦又小，天天给挤到犄角旮旯儿，不敢出声。"又说："我得给她点功夫！"这话说了没几天，他这几个脚指头就变成《天成镖局》中尤家的几个女人。这个小脚趾变成的五太太武功奇绝，后来独霸镖局。

还有一个事儿。澡堂子一进门有个大屏风，正面画一条吐水的赤龙。屏风用来挡风。屏风背面是一块大水银镜子，专门给客人出门时整装用的。白四爷每天洗过澡，说完小说，穿好衣服出来时，都要面对着这大镜子整一整衣领。这镜框一边有个钉子，系一根长绳，挂一个油烘烘的梳子，白四爷每天出门照镜子时，都会抓起这梳子理两下头发。可是这梳子不知怎么变成他《鹰潭三杰》中"湖上飞"手中一件奇绝的利刃——铜梳。人们说他书里一切都从澡堂子里泡出来的。可是那次他湖北老家几位远亲来天津，向他家借钱，闹得不快，第二天也进了小说。真事入了小说，自然不是原样，有的成龙化凤，有的变狗变猪。全在他脑袋里化腐朽为神奇。一句笑话会引出一桩命案，男盗女娼反成了小说中绝配的侠侣。谁也不明白白四爷的脑袋里藏着什么天机。

行内的事行内明白。不过作家圈里谁也不肯认头这是白四爷天生的本事。只骂他"述而不作"，自己不会写，借人家的笔杆子弄钱出名。说这话的人还是位名家。于是有人为他愤愤不平骂那名家：你躺在澡堂子里说几段看看。人家白四爷不单脑袋瓜阔，还出口成章，记下来就是文章，不用编辑改一个字儿。你拿嘴说的话到了纸上，还不乱了套？

白四爷名噪一时，红了三十年。所有连载的书都由有正书局印行，发行量津门第一，北边卖到黑龙江，南边远到香港。直到一九四七年华清池热水池屋顶给常年蒸汽熏糟了，掉一块砸在白四爷脖子上，砸坏颈椎，天天犯晕，才停了各报刊上的连载，一年之后便去了湖北老家养伤养老。

于是，原先又一种说法重新冒了出来：他一离开澡堂子小说就没了，白四爷的小说全是光屁股说出来的。可是不管闲话怎么说，只要打开他的小说一看，还得服人家。

腻歪

　　锅店街上靠近瑞蚨祥不远的地方住着一个男的，光头，光棍，四十多岁，名叫腻歪。腻歪当然不是大名，是外号。这外号"腻歪"两字真绝，不仅把这人的性情叫了出来，连模样也叫出来了。一个人，无缘无故整天皱着眉头，满脸不高兴，无论嘛事也招不起他的兴致。多好吃、多好看、多好玩、多稀罕的事，他都不多看一眼。反过来多凶、多坏、多惨的事，他也不瞅一下。好赛他心里只有自己那个解不开、撂不下、摆不平的事，是嘛事？没人知道。

　　没人知道的事，人人想知道。瞧瞧他——

　　整天眉心总像个馄饨那样揪着，脸盘总像块瓦片那样板着，眼珠子像死鱼眼，哪儿也不看，这眼神儿可是学都学不来的。

　　他到底为嘛腻歪真费猜。就像一根绳子上的死结，谁都想解，没人能解开。

　　有人说是因为他死了爹妈，光棍一个，闷得慌。有人说是娶不上媳妇，愁得慌。其实都不是。他爹是打江西来的大瓷器商，专卖上品青花瓷，把景德镇成色最好的青花瓷，用车用船弄到天津，再往紫竹林租界里送，还在锅店街上开了一个挺阔气的瓷器店。他家靠瓷器发家发财，一家子人只穿绫罗绸缎，从不穿布衣裳，虽然爹妈一去，家里没主心骨了，瓷器买卖没人做了，店铺也关了门，但现在他还住着一套带前后院的瓦房呢，只要他招亲，谁家有闺女不笑着脸往他家送？他为嘛腻歪？有人说他打小就腻腻歪歪，没高兴过。"腻歪"这外号打小就有。如果天生腻歪，这就没治了。

天津卫人比别处人厉害，没有没治的事。

要是没碰上陈六，说不定他这一辈子就这么腻腻歪歪，一直腻歪到死。可是他碰上了陈六，陈六就给他改了。陈六这人够明白，也够狠够绝。

陈六原本不是锅店街人，他在西头卖糖炒栗子，栗子炒得又甜又香又鼓又亮又好剥皮又好吃，可是西头的人穷，口袋里只有铜子儿，锅店街这边的人阔，口袋里全是银子。人跟着钱跑，他就跑到这边摆摊赚钱。谁想到锅店街寸土寸金，划地称王的混混儿多，能在这边插腿立足的全不是一般人。比方陈六，打他在锅店街上露面那天，就没人跟他找过碴，他看上去并不横，为嘛没人敢招惹他？这里边的缘故都在后边的故事里。

一天有几个土棍儿跟他说闲话，说到了腻歪。人们说腻歪，总绕不出这个题目：他腻歪个嘛？

谁料陈六说了一句："哪天把他那个狗窝烧了，他就不腻歪了。"

那几个土棍儿笑道："那不就更腻歪了？说不定一头扎进南运河。"

笑话说完就过去，可是一个月后，锅店街忽然着火，冒黑烟，大火苗子蹿上天。紧跟着远近水会敲着大锣，呼啦啦全赶来。人们瞪眼一瞧，竟是腻歪家。只见腻歪光着膀子，穿一条睡裤，从家跑出来，浑身黑烟子，像从烟筒眼儿里钻出来的野猫，连蹦带跳，连喊带叫。腻歪很少说话，他是嘛嗓音，谁也没听过。这回听到了，有人说像谦祥益扯布的声音，有人说像夜猫子叫。

这场火是"绝后火",把他家烧得精光,只剩下一个空壳。屋子里的东西全成了灰,只有后院堆着一些瓷缸瓷罐,混在一堆烧焦的废墟里。瓷器不怕火烧。拿火烧成的东西都不怕再烧。

据说大火刚起来时,一些小混混儿趁火打劫,钻进屋里火里,一边喊救火,一边偷东西。珍稀细软准都叫混混儿们掏去了。腻歪从头到尾一直像只黑猴子在他家门口又蹿又跳又喊又叫。可是转天,没一点动静,烧焦的房子冒着缕缕蓝烟儿,却不见腻歪的影子。他在世上孤单一人,无亲无故,能去哪儿?有人说,这一场大火叫腻歪活到头了,准扎河了。

有人把这话说给卖糖炒栗子的陈六。陈六却说:"又不是三九天,河里没盖盖儿,谁想跳谁跳。他要是想活就死不了。说不定这场火救了他呢。"

陈六的话没头没脑,没人当事。只有一个小混混儿听出点东西。究竟这场火来得蹊跷,前几天说闲话时,陈六刚提过把腻歪的"狗窝"烧了,就真烧了。烧这把火的能是谁呢?为嘛烧他家?想趁火打劫?

半年后,有人说看见腻歪在租界那边的码头上扛活。这话没人信,他平常连买俩西瓜都雇人抱回家,肩膀子哪放得上东西?

自从这个谎信过去,再没腻歪的消息。

四年后,瑞蚨祥斜对面那个药店叫洋药顶得干不下去了,关门歇业,铺面挂牌转租。没几天,一个干净利索的中年人把这店面接了。这次开的是瓷器店,专门营销景德镇的青花瓷。这店一开张就像模像样,青花瓷青花瓶青花罐青花缸青花碟子青花碗,从里边货架一直排到当街。一对一人高、画满刀马人儿的青花大瓶,像门神似的，一左一右守在大门两边。这铺子只三个人，一个掌柜俩伙计。掌柜的姓杨，名光正。人说是江西人，口音却带点天津的腔调。他一身短打，更像个伙计的领头。人勤手勤，和伙计一起里里外外，很快就把买卖干得热乎起来，连紫竹林的洋人也跑来买货。这叫人们想起当年腻歪他爹那个瓷器店。

有个脑筋转得快的人忽然说："腻歪他爹姓杨，他也姓杨，他爹不是江西人吗？这人是不是前几年一把大火烧跑了的腻歪？"

他叫杨光正。可是这里的人们只知道"腻歪"那个外号，谁也不知腻歪的大名。

再说猜归猜，看模样却半点看不出来他是腻歪。瞧他眉清目朗，哪有腻歪眉头上揪着的那个大疙瘩？再看他这张脸多活泛，整天挂着笑，腻歪那脸——总像别人欠他五吊八吊钱。

怎么看，他都不是腻歪；可怎么想，他都和腻歪连着一点什么。

于是小混混儿们想出一些坏招，打算探个究竟。陈六知道了，就把炒糖栗子的炉子搬到杨家瓷器店的对面，还放出话来："谁敢欺侮人家老实人，叫我看看。"

这一来便相安无事了。

一天，一个小混混儿与陈六扯闲话时说道："我不管这人到底是不是腻歪，只想知道有的人为嘛好好的总腻歪呢？"

陈六明白这小混混儿套他的话，他笑道："这你就不明白了，人的腻歪都是不愁日子不愁钱——闲出来的。穷了犯愁，富了才会腻歪。"

十三不靠

文人圈子，有个人既在圈内又在圈外，这人叫汪无奇。人长得周正，不流俗，平时喜欢穿一件天青色的长衫，净袜皂鞋，带点文人气，可不是文人。

说他在文人圈内，只是说文人们都知道有一个造笔的人，造的笔讲究好使，还能写写画画，居然都挺好；说他在圈外，是很少有文人见过他，更很少有人见过他的书画。说白了，他只是有些飘飘忽忽的小名声在文人圈内偶尔传一传而已。

他爹原在安徽徽州造笔。徽州笔好，那时，天津的笔庄笔店都从南边进货，他却看好天津这个四通八达的码头，举家搬到天津，就地造笔，开店卖笔，店名起得好，叫作"一枝春"。地点在针市街，临街四五间屋，后边一个小院，前店后厂，吃饱干活，日子过得不错。汪无奇自小跟着爹学手艺，长大随着爹干活。他天生好书画，人有悟性，无师自通。但他不在文人圈里，是好是坏，谁也不知；说好说坏，他也不在意。他有个性，自己随爹造笔卖笔，活得开心，并不求在书画上出人头地。他爹过世之后，他照旧这样干活养家，书画自娱。他挺喜欢这么活着，轻松又自我。

汪无奇造的笔是徽州笔，羊毫、狼毫、兼毫三种。自己写字作画用的却是自制的鸡毫笔。鸡毛是从家里养的公鸡屁股上拔下来的。他画画走石涛八大一路，写字偏爱南北朝的游僧安道一的隶书。人不受拘束，画也随心所欲。

可是他没想到，外边虽然没几个人见过他的字和画，却不少人说他的字和画好，渐渐竟还有奇才怪才鬼才之说。偶然听到了，一笑而已，只当人家拿他打趣。

可是他不明白，那些人念叨他干吗？自己不过一个造笔的，画好画坏跟谁也没关系，他也不想跟谁有关系。写写画画，只是为了自己一乐，只要自己高兴就得了。

一天，锅店街上的于三找他。于三迷字画，喜欢用一枝春的笔。这人在书画圈里到处乱串，三教九流全认得。今儿他一来就嚷着说，城里一位书画圈里的大名人盛登云要见见汪无奇，还说：“人家的画不卖银子，只卖金子。想得到他的画今年交了钱还不行，后年才能取到画。可人家点名要见你，叫我领你去。”

汪无奇很好奇，他说：“我卖笔，又不卖画，见他干吗？”

“不是你要见人家，是人家要见你，才叫我来找你，见见面总是好事，说不定人家是看上了你家的笔呢。”

汪无奇没见过大名人，怕见大名人。一听说人家可能看上一枝春的笔，便随着于三去了。他走进盛登云的大门就蒙了。这房子、门楼、客厅、排场、摆饰，还有盛登云那股子牛劲，叫他发怵，只想走掉。他发现盛登云眼珠是白的，这人怎么没黑眼珠，好像城隍庙鬼会的白无常。后来盛登云瞥他一眼，才见这人有黑眼珠，不过眼睛一直朝上，不屑看他而已。既然瞧不上他，为嘛还要请他来？

而且，盛登云没有请他坐，自己却坐在那里，旁若无人，一个劲儿夸赞自己。他还没见过人这么夸赞自己的。盛登云说秦祖永《桐阴论画》中把画分作“逸、神、妙、能”四品，他说自己早在十年前就把"逸"字踩在脚底下了。于三好奇，问他："那么您是哪一品呢？"

"自然是极品了！"盛登云说完，仰面大笑，直露出了嗓子眼儿。

汪无奇不再听他说，而是侧目去看他挂在墙上的他的画。不看则已，一看差点笑出声来，心想："这样的屁画也算名家？"于是他不想在这里受罪，告辞出来。

走出盛家，汪无奇问于三："这位姓盛的在咱天津排第几位？"

"自然是头一号，至少也是头一流。我能拉你去见二三流吗？你说你还想见谁，我都能带你去见。马家桐？张和庵？赵芷儒？见谁都行，我都认得。但你见他们时，可不能提这位盛先生，他们之间谁也瞧不起谁，互相骂。"于三说。

"行了行了，我谁也甭见了，还是关上门自己玩吧。我不费这劲儿。"汪无奇说。

汪无奇以为关上门，就与世隔绝了。其实不然，他卖笔，就离不开写字画画的人。再说，他还有几个爱好书画的熟人，虽然都没什么名气，画也没人要，却使劲往这里边扎。这几个人都佩服他，说他有才，恨不得他出名，于是到处夸他。这样，书画圈里就把他愈说愈神。人们只是嘴上说，并没有看到过他的画。看不到也好，没法挑刺，要说只能说好。

如是这样，倒也相安无事。

可是一天，一个老爷坐着轿子上门来找他。这人穿戴讲究，气概不凡，身后跟着两个青衣仆从，进门就要看字看画。汪无奇见这人身带官气，他更怵当官的，不敢靠前也不想靠前。便说自己是造笔的，没念过书，哪里会画画。说话时，脑筋一转，又说："我想您可能找错人了。听说城里边有一个与我同名的人，能写善画，来买过笔。听说他也叫汪无奇，是汪无奇还是王无奇，我就不清楚了。人家是名人，不会与我多说话。"

这位老爷听了，沉着脸转身走了。

这事叫于三知道了，埋怨他说："你干吗不拿出画来给他看？天津能写能画的人多了，凭嘛找上你家，就是耳闻你大名了。天津八大家，有一家瞧上你，你就不白活这一辈子了！"

谁想汪无奇听了，笑了笑，并不当事。

事后，市面上就有流言出来，尤其在文人圈子里传得厉害。这传言听起来吓人，说那天去拜访汪无奇的是知县大人刘孟扬。刘孟扬是有学问和好书画的人，字写得好。可是汪无奇没拿画给他看，叫知县大人碰了一鼻子灰！

传这段话的人，嘛心思都有。有的是说他是一位奇人，性情狷介古怪，连知县大人跑来微服私访也不买账；有的说他不过一个小手艺人，没见过世面，狗屁不懂，硬把津门父母官得罪了，祸到临头了；有的则猜不透汪无奇到底是傻，是痴，是愚，还是真怪，有钱不赚，有官不靠，摸不透他到底哪一号人？

这事过后，文人圈子开始真的把他当回事了。

有一个小文人叫孟解元，喜欢徽笔，常来一枝春。半年后的一个晚上，领着一位中年人来串门。汪无奇不喜欢和生人交往，因与孟解元熟识，不好谢绝，让进屋来。这位来客是位中年人，说话京腔，文雅和善，不叫人讨厌。孟解元说，这位来客是京城人，会画画，尤精泼墨山水。这人今天在孟解元家画了一下午，孟解元忽想

207

应该请他到这儿来，给汪无奇画一幅，他想叫汪无奇见识一下京城的画艺。孟解元说："反正他是京城人，天津这边只认得我，再没熟人。明天一早人家就回去了。"

这句话叫汪无奇放下了素常的戒心，领他们去到后院的书斋，铺纸研墨。京城来客一挽袖子，抓一支羊毫大笔，连水带墨挥上去，很快就浓浓淡淡，山重水复，满纸云烟。画得虽不算好，却勾起汪无奇的画兴。画画的人来了画兴，刀枪也拦不住。

他待来客画完，把画撤去，为自己铺上一张白宣。他用自造的鸡毫笔来画。鸡毛特别，有细有粗，有软有硬，毛上有油，水墨一抹，异趣横生，处处都有意外，时时闪出灵光。京城来客惊呼："好一片墨荷，当世的石涛八大！我头一次见用鸡毛扎笔作画，胜过凤羽啊！"

从没人见过汪无奇作画，孟解元也是头一次看，又惊奇又兴奋，连连叫好，像是看戏；汪无奇被鼓动得画兴只增不减，浑身发热，脑袋冒汗。他脱掉长衫，一身单裤单褂，信手又画了一幅风竹。京城来客就势说："用这鸡毫写字如何？怕不如画画好使吧。"汪无奇听了，二话没说，又铺一张纸，换一支两尺多长的粗杆鸡毫大笔蘸了浓墨，写了八个大字：风生水起，逸兴真情。

京城来客说："这几个字——尤其这个'真'字，放在今天这儿再好没有了！"

汪无奇听了高兴至极，以为遇到知己。谁知这时京城来客忽从怀中摸出一包死重的东西，递给汪无奇。汪无奇不知是嘛意思，京城来客解释说："这是三根金条，我买下您这两幅画一幅字了。您给我盖上印章吧。"

汪无奇更觉奇怪，心想你没问我卖不卖，怎么就叫我盖图章？他说："我是卖笔的，从来不卖字画。再说，你干吗给我这么多钱？"

京城来客说："您的字画明天会更值钱！老实跟您说，我是在京城琉璃厂开画店的，久闻大名，特意来拜访。今儿看到您作画，比听的厉害。我来帮您卖画吧！您要信得过我，咱们六四分成，您六我四。但是有言在先，咱们成交之后，您的画和字只能叫我卖，一幅不能再给旁人，送人字画也得叫我点头才行。我知道您不和天津这里的人交往，我们和这里的人也没来往。等您的画价在京城卖起来，我保您在天津称王！"京城来客说到这里，满脸堆笑，再没有刚才那种文雅的劲儿了。

孟解元在一旁说："等您功成名就，我给您研墨！"

谁料汪无奇听了，立时变了一个人。他非但没接过金条，反而像被人羞辱似的，一脸怒气。他扭身把自己刚刚画的画、写的字抓起来，唰唰撕成碎片；又将京城来客那幅泼墨山水塞给孟解元，不再说话，送客出门。那两人出去之后走了半天，仍然一脸惊愕与不解。

从此，汪无奇再不与任何人交往。于三来过两趟，都叫他撅走。孟解元不敢再露一面，但人人不明白，天津卫是个赚钱的地方，为嘛有钱不赚？卖笔不也是为了赚钱？可那是赚小钱。这不是推走财神爷，扭身去讨饭吗？

孟解元把他经过的这怪事到处去说，无人能解。有人骂汪无奇傻蛋，有人骂他天生穷命，到头穷死。

汪无奇的街坊却说，他一如往常，忙时造笔卖笔，闲时耍耍笔墨。个人的快乐，只有自己明白。一次，汪无奇的老婆在邻家打牌，他去找老婆。人问他会不会打牌。他说："小时候会打，但只打一种牌——十三不靠。一四七、二五八、三六九，还有东西南北中发白，哪张也不靠着哪张，只会这一种，也只喜欢这一种，别的都不会。"他还说："这种牌难打，不靠旁人，全要自摸，这才好玩！"说到这里，他眼睛一亮，似有所得，回家便用鸡毫笔写了"十三不靠"的横幅，挂在书斋迎面墙上，成了他的斋号。

曾有人问他的"不靠"是哪十三个？他指指横幅左边，有一行指甲大小的字写的边款：

吾所不靠乃权贵名人大户混混家产亲戚朋友女人小恩小惠坑人骗人送字送画卖字卖画以及拼命是也。

对于他，最要紧还是最后三样。不靠送字送画，是不拿自己之所爱换取好处；不靠卖字卖画，是不败坏自己的雅兴；不靠拼命，就是劳逸有度，知足常乐。

这人活到民国十一年才死掉，死前七天，似乎已知自己大限将至，把书斋中所有字画，还有他用了一辈子的鸡毫笔一把火烧掉。

弹弓杨

　　杨匡汉是一条中年大汉，身高八尺，长胳膊长腿，腰粗如树，人称"大杨"。他有蛮力，好吃生肉，一身上下全是肉疙瘩，冒着热气，立秋后还光膀子，不穿褂子，顶多一个布坎肩。北门外侯家后"三不管"那块地上的重刀石锁，他当小玩意儿玩。不过他本人不弄刀枪，只玩一把弹弓子，平时掖在后腰带上，撂地演艺时，才拿出来亮一亮真本事。

　　这位大杨是河北沧州人，沧州人个个武艺高强，可是到天津就不一样了。就像外省的能人去做京官，京城官场深不可测，能站住脚跟就算有能耐了。天津这地方与京都不同，另有它的厉害。比如三不管这地界，看上去挺好玩，演武卖艺、打鼓唱戏、算卦卖药、剃头打辫全聚在这儿。各种能人高人超人也都混在中间。可这里绝非乐土，所谓三不管，一是乱葬乱埋没人管，二是坑蒙拐骗没人管，三是打架斗殴没人管，还有混星子们野狗一般窜来窜去，一个比一个恶。要想到这儿找口饭吃，不问南北，不懂江湖，就会叫人抓起两条腿扔进白河里。

　　大杨初到天津码头，就觉出这地方格外各色。普通人厚道，恶人凶狠；一如羊，一如虎。可是，虎不吃羊，虎只咬虎。大杨人高马大，站那儿就压人一头。他当时在南运河边租了一间小屋，一天晚上回家，忽觉脚脖子给什么东西一拦，练武的人身子机敏，马上知道有人给他下了绊马索。他弯腰抓住绳子，猛一扯，把埋伏在街两边手里攥着绳子的两个小混混儿，都扯到自己脚前，还硬撞在一起，撞得满脸花。

他以为从此没人再敢惹他。三天后回屋躺下，浑身奇痒，点灯一看，臭虫乱爬。哪儿来这么多臭虫？原来是那些混混儿趁他不在屋时，把挺大一罐活臭虫倒在他床上。

这沧州大汉火了。头一天在三不管撂地卖艺时，上身光着膀子，斜挎一个黄布袋，里边是半袋子葡萄大小的弹丸。这弹丸是黑胶泥团的，不知掺了嘛东西，乌黑梆硬像铁蛋儿。他手里的弹弓更是少见，一尺半大柳树杈子，拴着两根双股二尺长的粗牛筋。这弹弓子射出这铁蛋儿，还不和洋枪子儿一样？当大杨把弹丸捏在牛筋中间的皮兜里时，好比枪弹上了膛，周围看热闹的人都怕他"擦枪走火"，一个弹丸过来，脑袋瓜不开了瓢？

大杨坐如钟，立如松，一根桩子似的立在场子中央，瓮声瓮气地说："诸位放心，我的泥弹只往天上射！"说着举弓向上，一扯牛筋，把弹丸射上天。这一下射到哪儿去了，云彩上去了？

只见大杨把胳膊一伸，手一张，手心向上，一忽儿嗒的一声，射出的弹丸落下来，不偏不斜，正好落在手心中央。多准的劲儿，多高的功夫，一手见神功。

不等众人叫好，大杨又从挎袋里拿出弹丸，这次是两个。他先是脑袋向后一仰，眼望天空，来个"犀牛望月"，一弹射上去。跟着飞速转身，一回头，又来个"回头望月"，一弹又射上去。看得出来，后边一下比前边一下劲儿大，弹丸飞得更疾更快。跟着，只听天空极高极远之处，传来清脆的啪的一声，原来后边的弹丸追上前边的弹丸，击中击碎，众人应声叫好。天津人头次看到这功夫——天津人就服有本事的人。

这时人群走出一人，黑衣黑裤黑鞋黑脸，一脸恶气，横着身子走上来。这人三不管无人不知，出名的大混星子"一身皂"。

一身皂二话没说，叫一旁摆茶摊的老汉把一张桌子搬上来，中间放一把青花茶壶。然后他打衣兜里拿出一个玻璃球，稳稳搁在壶嘴上，扭头对大杨说："你看好了，这把壶是乾隆青花，值一根金条。你有本事把壶嘴上这玻璃球给我打下来，但不能伤了壶嘴。你要是打碎了这把乾隆青花，你赔！你要是认头没这能耐，给老子趴下磕三个头，哪儿来的滚回哪儿去！"这话句句都是朝人抢棒子。

这茶壶只是茶摊上的壶，值个屁钱，凭嘛说是乾隆青花？可是三不管这地界一身皂说嘛是嘛。

大杨听他说话时，像听蝉叫，全没当事。他从挎袋里摸出一个弹丸，对着茶桌后边的人说了一声："请诸位闪开！"众人应声躲开。大杨一张双臂，一手举着弹弓在前，一手捏着皮兜里的弹丸在后，使劲一扯，中间的牛筋拉出三尺长，嗡嗡出声。他扭身塌腰，这一招应是"霸王倒拔弓"。忽将捏皮兜的双指一松，皮筋翻飞，同时那茶壶上叭地巨响，众人以为茶壶碎了，再一看茶壶没事儿，壶嘴也没事儿，只有壶嘴上的玻璃球粉粉碎，地上全是亮闪闪的玻璃碴。

众人全看呆了。一身皂没了神气。

大杨说："我只五个弹丸。刚才打了三个，现在打了一个，还留一个专打恶人。谁欺负我，谁欺负人，过了头，我给他'换眼珠'，只换左眼！"说着，他又把一个弹丸捏在皮兜里。现在这弹丸已是无人不怕。

这一下，大杨在三不管立了足，有大杨在，肃静多了。他的弹弓比洋枪厉害，出手比洋枪还快，准头连洋枪也甘拜下风。他一弓子，眼眶子里换成泥球，谁能不怕？从此大杨有了一个威风十足的称呼，叫"弹弓杨"。

七年后，庚子事变时，天津城北这边叫洋人糟蹋得厉害；放火杀人，掳掠店铺，天津人不服，拼得很凶。据说一个洋人的军官被杀，不是刀砍，而是枪击。有人看见这洋人，左眼一个黑窟窿，呼呼往外冒血，死得挺惨。那时守天津的武卫军全有洋枪，多半中了武卫军的枪子儿了。可有人说这洋人遭的不是枪击，而是大杨的弹弓子，因为他伤的是左眼。据说这个洋人极恶，杀人如麻，准是叫大杨给换了眼珠子。

这话真假无人知道，反正庚子之后没人再见到过大杨，三不管也毁成了平地，二十年后挪到南门外的南市那边去了。

焦七

谁都知道，天津卫这地方最不好惹的是混星子，混星子也叫"混混儿"。可混星子并不一样，各有各的厉害，有的狠，有的凶，有的横，有的诈，最厉害的是阴，比阴更厉害的是毒。人毒有多毒？这儿有个人，有件事，说完就明白。

这混星子叫焦七，看模样像半个残疾。秃头光脸，臂长腿短，唇黑眼灰，走多了就气喘，干活没力气，手上没能耐，从来也不干活，就这德性却有吃有喝，有肉有酒，在梁家嘴住一个有屋有院的房子，周围还有一帮小混星子给他跑腿。没见过他打打杀杀，也不到处撒野耍横，天津出名的混星子中却有他一号。混混儿分文武两种，他属于"文混混"，不靠逞凶斗狠，另有邪魔外道。好人的本事看得见，歹人的本事看不见。要想弄明白他的本事，还得说他那件事。

焦七最爱吃的东西是肉肠子。他别的事全交别人干，只有做肉肠子的事自己干。他只吃自己做的肉肠子；自己买肉，切肉，剁肉，拌肉，灌肠，他有自己的一套；用多少黄酒、胡椒、酱油、葱姜、红糖，肉要几成肥几成瘦，不信别人只信自己。他做的肠子也全归自己独吃，别人别想吃到，连他老婆也难吃一口。毒的人凡事必独。

他刚搬到梁家嘴来时，发现院里的一棵老榆树又大又高，杈子

215

多，树荫浓；有风又不晒，正好晾肉肠。他就把灌好的肉肠一串串挂在树杈上，晾好的肠子干湿合度，真好吃。可是这样做了几次之后，忽然发现挂在树上的肉肠子少了。奇了！鸟叼去了还是猫儿偷走了？他下一次再做肉肠，用了心计，先数好多少串，挂在树杈上之后天天盯着。一天，他忽看到邻居家隔墙伸过一根竹竿来；竿头绑个铁钩，过来一钩一挑，生生把一串肉肠子摘过墙去。妈的！原来是叫人偷去的！

"敢动我的肠子！"焦七立时火了。可焦七这人阴，有火不发，憋在心里想招。想来想去，想出天底下最厉害的一招，叫隔壁偷吃肉肠的馋嘴去见阎王。

转天他出门买了一块肉、一包肠衣、一些大葱生姜，路上拐个弯儿，到药铺买一小包砒霜。到家就在院里剁肉拌料，掺上砒霜，灌进肠衣，做成了十五串毒肠子，全挂在树上。然后天天坐在当院一张椅子上，抽烟喝茶，两眼一直没离开从树杈一串串垂下来的毒肠子，像是蹲在河边钓大鱼。几天过后，终于看到那绑着铁钩的竿子又伸过墙来，前后两次，挑了两串毒肠子过去。他心里暗暗一笑，一直憋在心里的火立马熄了。

跟着，他把树上余下的毒肠子全摘下来，塞进一个袋子里，天黑后从家提到河边，扔进河里。

当天晚上只听邻院叫喊声忽起，又是"救命"，又是"死人"，人哭狗吠，动静很大，闹了整整一晚。第二天一早，一个小混星子来说，隔壁邻家那个倒腾木料的胡老大叫人下了药，毒死了。官府来了几位捕快正在问案。焦七听了赛没听，好像大车砸死一条野狗。

到了晌后，有人哐哐拍门，焦七开了门，只见几个黑衣捕快站在门口。不等他开口，用纸托着三根肉肠给他看，问他："这是你的肠子？"

捕快猜他准说不是。谁想他苍白的脸上阴冷一笑，竟然反问捕快："我家的肠子怎么在你手里？"

捕快一怔，跟着问："好，我问你，你家的肉肠为嘛放砒霜？"这话问到关节上。

焦七答得更快："我这肠子不是吃的，是药黄鼠狼的。不放砒霜放嘛？放白糖？"

焦七这话叫捕快没想到，全怔住，下边的话就没劲儿了："你可知道你的肠子毒死了邻家的胡老大？"

焦七装傻，说道："这不会吧！我药黄鼠狼的肠子挂在我家院子，他怎么吃的？偷去吃的？"他忽然笑出来说："那就不干我事了。他要是翻墙到我家来，用我家菜刀抹了脖子，也是我的事吗？"

捕快们再没话可说，闷住了口。

焦七的话句句占理。他并不否认这肠子是他家的，砒霜是他放的，可他为了药黄鼠狼，他并没错。胡老大偷吃毒肠，自然怪不得人家。这事无论从哪头讲，都和焦七沾不上边。后来连胡家的人都说，这事只能怪胡老大自己，他要不去偷吃哪会致死？最后，官府结案，胡老大贪嘴致死，与焦七不相干。

可是，这事再往深处一寻思，就费解了。谁会用肉肠子药黄鼠狼？焦家又没养鸡，也没闹过黄鼠狼，他毒黄鼠狼干吗？黄鼠狼是大仙，没事谁会去招惹大仙？是不是胡老大以前就偷吃过焦七的肉肠子，惹了他，才使了这毒计，下了这毒手？

慢慢谁都明白这是怎么回事，但谁也没办法。不单官府没法儿，老天爷都没辙。焦七这人还有人敢招惹吗？

最倒霉的还是胡老大，活了这么大岁数，最后竟然死在了贪嘴上，连家里人也抬不起头，后来悄悄搬出了梁家嘴。

毛贾二人

这事确实没假，可是什么年头的事，没人能说清楚。

南运河南岸单街上有个茅厕。白天有亮，夜里没灯，晚上就没人敢进去了。摸黑进去，弄不好一脚踩进茅坑里。

这天深夜，偏偏走进去一个人，瘦得像个饿鬼，抱个空筐。他走到茅厕中央，把筐倒扣过来，底儿朝上，一脚踩上去，跟着解开腰带，想把腰带拴在房梁——上吊。

可是他抬头一看，房梁上竟然有个拴好的绳套，这是谁拴的？他用手拉一拉，绳套拴得还挺结实。他心想就用这个了，刚要把脑袋伸进去，只听到黑糊糊的下边有人说话："你别用这个，这是我的。"

瘦子吓了一跳，以为撞见鬼，心里一慌，赶紧跳下筐。这才看见一个人影坐在一张凳子上。

"你是谁？"瘦子问。

"我是谁跟你没关系。反正咱们都想死，各死各的，问什么。"

"既然咱们撞在一块，马上全死了，问问怕嘛。"

"那好，你先说。你为嘛寻死？"坐在凳上的人说。这时黑屋的情景渐渐清楚。他虽看不清坐在凳上的人是嘛模样，却看出对方人影挺宽，是个胖子。瘦子便对胖子说："好。我是干小生意卖杂货的，赔了。借贷还不上，愈滚愈多。我把各种办法琢磨到头了，

219

还是熬不过去，只有一死了事。你呢？"

胖子没答，接着问他："你欠下多少钱？"

"四十两。这么多钱拿什么还？只有一死。"

谁料对方说："才这么点钱，就搭上一条命，弄不好还是一家人的命呢。"他沉了沉说："我这儿有个元宝，五十两，给你拿去还账去吧。别死了！"

瘦子一听，叫道："你死到临头还耍我！你有这么多钱还要死？你不是为钱才寻死的吧？"

"也为了钱。我是做钱庄的——叫一帮临汾的人骗了。房子没了，老婆也跑了。我没脸见任何人了，只有去见阎王。"胖子再不多说，说也没用，只对瘦子说："这元宝你拿去，足够你还债了。它救得了你，救不了我。"

瘦子不肯收，说："你要死了，我还拿你钱。哪能呢？"

胖子说："我去阴间还能带着它？你快拿着它走吧，叫我一个人好好坐一会儿。我一吊上去就再回不来了。"

瘦子万没想到，黄泉边上，竟被人拉一把。阎王居然不要他，这元宝是从天上掉下来的！他趴在地上给眼前这救命恩人叩了三个头，捧着元宝跑回家。

他跑到家，见了老婆，一五一十说了。老婆先是哭了，责怪他只想自己一死解脱，狠心甩下他们孤儿寡母。看到了银元宝又喜出望外，一下子就把债全还了，真是起死回生了。忽然，她说："人家救了你，你就这么叫人走了？"

"我能干吗，他倾家荡产，山倒了，谁扶得住？"

"你好歹拉他到咱家吃顿饺子，送行饺子迎客面，咱得叫他吃了饺子再走。我马上和面，剁菜。深更半夜没地方买肉了，你到隔壁张家借几个鸡蛋去。"瘦子老婆说。

瘦子赶忙去借鸡蛋，老婆忙着切菜，和面，擀皮儿，这一忙，擀面杖掉在地上。擀面杖是圆棍，地不平，轱辘到墙角。奇怪的是，擀面杖横着轱辘，到了墙角，竟然鬼使神差地咕噔一下竖着掉进老鼠洞里，她赶忙伸手到洞里去掏，待抓住了忙往外一抻，怎么比铁还重？拉出来一看，竟然不是擀面杖，变成一根亮晃晃的大金条！今天这是怎么啦，财神爷到家来了？刚才银元宝，现在是金条！她当是在做梦，分明又不是做梦。

不一会儿，瘦子攥着鸡蛋回来，一看也蒙了。两人赶忙清理了屋角的杂物，用锄头铲子一通刨，竟然刨出两坛子金条，足有百十根。

瘦子傻了，老婆却清醒。叫他赶紧跑去茅厕，叫那胖子别再寻死了，有钱了。

瘦子这才清醒过来，说："说得是，人家拿元宝救了咱们，咱们也得救人家。"

他老婆说："你快去呀，说不定他已经吊在房梁上了。"

瘦子飞似的跑到茅厕，一看还好，胖子还坐在那里呜呜地哭呢。他上去一把将胖子拉出茅厕，并一直拉到自己家。当胖子看到这满满两坛金条，无法明白这是怎么回事。

瘦子对胖子笑嘻嘻说："有这些金条，你也不用寻死了。"

胖子使劲摇着手，说这可不行。

瘦子说："嘛叫行不行，你拿银元宝救了我一家，凭嘛不让我拿它救你一命？"

瘦子老婆说:"没有你那银元宝,哪会招出来这两坛子金条?这是老天爷心疼你们俩,才演出来这一幕又一幕。这事编在戏里,也是好戏。"

于是二人把金条分了,各一半,一人一坛金条。事后二人都还是做买卖,各开一店。瘦子在北门里开一家广货店,店里专销由南边水运来的板鸭、熏肉、风鸡、腊肠和家什杂物;胖子在宫前小洋货街开了一个洋货店,卖的全是从紫竹林弄来的时髦洋货。买卖都旺,旺得呼呼冒小火苗,还都赚了钱。有钱不忘朋友,二人彼此经常走动。一天,他俩酒后聊起往事,唏嘘不已,决定在城北单街那边合盖一片房子,两家人都搬去住,后代也好联系。大难不死,必有大福,二人在那地方因祸得福,起死回生,否极泰来,认准那地方是他们的福地。他们看好单街右边的一块空地,一起买下来。再请来营造厂造了两排房子,每排八幢,门对门。中间留一条巷子,两家合用,这样两家人出来进去,打头碰面,相互照应,好比一家。

这巷子得有个名字。瘦子姓毛,胖子姓贾,就叫"毛贾夥巷"。但不知这名字是他们自己起的,还是给人们叫出来的。

如果是他们二人合起的,那是为了彼此要好,并长此以往地下去。如果是人们叫出来的,则是称赞这毛贾二人有情有义,有难同当,有福同享。

棒槌壶

人脸六种色：黄脸、黑脸、红脸、白脸、灰脸、青脸。可是侯家后的倪家三少爷都不是，他是肉脸。嘛叫"肉脸"？谁不是肉脸？他的脸没颜色？

当然有色。只是没准色。饿时脸黄，再饿脸白，饿久了脸灰，饿病了脸青，饿急了脸黑，吃点东西脸就有红色，再喝点酒就是红脸了。

人家不是三少爷吗，还能饿着？他是少爷，他不愁吃喝是因为他爹有钱。如今爹死了，家败了，他没能耐，坐吃山空，把院里树上的枣都吃光了还能不饿？可是人家倪三少"人不死架子不倒"，家里的东西连祖宗像都卖了，可还有些东西一直攥在手里不卖，只要活着就不能卖。这就是一身出门穿的行头——当然是富家子弟的鞋帽衣装，还有那时候富人挂在身上的零碎：眼镜、胡梳、耳挖、发梳、折扇、鼻烟壶、掌珠，等等。这些东西除去香囊，全有个软袋硬套儿；缎子面儿，上边绣着各种吉祥花样，颜色配得好看极了。每个套儿上边还有一根精致的彩色丝绳，系在腰间，围着身子垂了一圈，一走就在肚子下边晃悠，招人眼看。本来这些东西就是天津的阔老阔少向人显摆的玩意儿。

别看倪三少家里边东西快卖光当光，空箱子里边只剩下耗子屎，这身上的行头却不能拿出去卖掉。穿戴这一身走在街上，谁能不拿你当回事，自己的肚子空不空有谁知道？有时这一身打扮走进租界，还叫好奇的洋人客客气气拦住，端起那种照相盒子"照"一下。据说当年慈禧太后也给这么"照"一下。照它干吗用就不管它了。有时洋人"照"他，还叫他戴上小圆茶镜，一手执扇子，一手捏着耳挖子摆出掏耳屎的样子来呢。

那天，早晨起来穿戴好，觉得肚子有点空，家里没什么吃的，就把碗里的剩茶根连带茶叶子倒进肚里，定了定神，出门上街。他打老桥过去，从宫北一直走到宫南，路上只要遇上熟人，就站在街上说一会儿闲话，为的是给走来走去的人，看他这身阔气的门面。等到他走到老城的东门，饿得发慌，脸发白了，手心脑门子全是冷汗。路边正好有个小饭铺，名叫"福兴"，他常来，这便一掀门帘扎进去。店小二对他一清二楚，也不问他叫什么饭菜，很快就端上一盘素茄子、俩馒头、一碗酱油汤，汤里连香菜都没放。这种饭菜最多两三个铜子儿，纯粹是给饿汉填肚子的。

倪三少吃得慢条斯理，不能叫人看出来他是饿鬼。喝酱油汤时候就更慢了，喝得有滋有味，好像在喝一碗海参汤；时不时停下来，从腰间拿出梳子来拢拢头发，再解下烟壶套，将里边的烟壶掏出来，立在饭桌上，也不闻烟，只是显摆。

过去倪三少家的好烟壶多着呢，可他爹死后，他娘有病，全卖光了。这个壶之所以剩下来，是因为缺个盖儿，东西又一般，直上直下，没个样儿，俗称"棒槌壶"。白瓷，釉子粗，上面还有麻眼儿，只在中间画一个金毛狮子狗，画工也糙，而且单一条狗，没有配景，算不上好东西。他几次拿到古玩行去卖，没人要，便留给自己玩。他另有个做工不错的烟壶套，没烟壶，就和这棒槌壶配上了。可是这烟壶缺盖，没钱去配，翻箱倒柜找不到一件东西能当壶盖使，怎么办？一天上街低头瞧见地上一小截骨头，动了心思，拾回家，把骨头插进壶口，粗细刚好合适，骨头一端鼓起来的地方，又圆又亮，刚好像个壶盖，这便截齐磨亮，看似原装原套。

他刚要拿起烟壶取点鼻烟时，忽然发现对面坐着一个老头，他也不知这老头什么时候坐在对面的。这老头黑瘦，细鼻，小胡子，光脑门，眼睛有神；身穿一件天青色的袍子，看不出身份。老头的眼睛并不看倪三少，只盯着桌上的棒槌壶看。他不明白这人干吗这么起劲地看自己的破烟壶，才要问，这人却先问他："这壶你卖吗？"

这突如其来的话把他问蒙了。

可是，人穷戒心多，倪三少是在市面混日子的，虽然一时弄不明白对方的想法，却知道自己该怎么说话。他打着岔说："您想拿多少银子，叫我把祖宗传了几百年的东西卖了？"他用这话探一探对方的究竟，反正他不信有人会出钱买自己手里这破玩意儿。

没想到这老头并无戏言，竟然举起手来一张五指，给出了价钱："五两银子。"

这下子叫倪三少惊了。五两银子？还不叫这穷少爷连鱼带肉吃三个月？可是人愈缺钱，愈不缺心眼儿。倪三少忽想，他爹留下的这个棒槌壶是不是个宝，过去没人瞧得出来，今天碰上一个真懂眼的了？想到这儿，他便笑道："您就拿这些小钱叫我把祖宗卖了吗？"

这老头听了站起来，说一句："那你就善待它吧。"说完便起身去了。这事奇怪了，既然他想买，怎么没再和倪三少讨价还价？

倪三少眼巴巴看着这识货的老家伙走了，他能拦他吗？当然不能。他不知道这棒槌壶究竟是件嘛东西，倘若拦住这老家伙是卖还是不卖，多少钱卖？若是他爹留下的金娃娃呢？

自打这儿起，他忽觉得这东西叫他身价百倍。可是壶口没盖儿，只塞一块骨头不成，好马须配好鞍，他便把家里最后剩下的一张硬木八仙桌卖了，使钱在珠宝行给这棒槌壶配了一个红玛瑙盖儿，盖子下边还镶一个鎏金的铜托，做工可讲究了。珠宝行的马老板说："说实话，你这烟壶太一般。这么捯饬像是身穿二大棉袄，头戴貂皮帽了。"

倪三少神秘一笑，说："您要懂眼就干古玩行了。"

配好壶盖，他就再不敢把烟壶挂在腰间，怕一不留神叫人偷去，他把烟壶掖在怀里，碰上要显富摆阔的时候，才打怀里掏出来，叫人们开开眼，也叫自己牛气一下。

日子一长，新鲜劲儿过去，问题就来了。他不能把宝贝总揣在怀里，拿它陪着一个咕咕叫的空肚子。人这五尺身子，没什么都可以，就是没吃的不行。一天三顿，差哪一顿都过不去。他悄悄地把这宝贝拿到华萃斋问问价，谁知人家说，盖儿上的这点红玛瑙值点小钱，下边这个破瓷壶干脆扔了吧。

倪三少气得没说话，掉头就走。可是他拿着这件宝贝从马家口到估衣街，连跑了七八家大小古玩店，人家一瞅这壶，全翻白眼。这就叫他心里没底了。于是又想起在东门口福兴饭店遇到的那个光脑门、留小胡子的黑瘦老头，他跑到福兴饭店一连吃了好几天素茄子，也没等到那老头来，他问店小二，店小二说："又不是常客，我哪记得那人是谁？"没有伯乐，谁识良驹？倪三少连做梦都是那个黑瘦的老家伙，后悔上次让他走了。

伏天过去，秋凉了。他那天走过北大关时有点饿了，买了两个新烤好的喷香烫手的芝麻烧饼，钻进路边一个茶铺，要一碗热茶，边吃边喝。一扭头，看见那老头竟然坐在窗边一张桌上喝茶。他就像跑丢了的孩子忽然见到娘，马上跑过去，二话没说，打怀里掏出那个没人看好的棒槌壶，一伸胳膊放在老头眼前。那神气像是说：看吧，这壶——这盖儿，怎么样？

没料到，这老头非但没有惊奇呼好，竟也像古玩店的老板们一样，瞥了一眼，再也不瞧，好像这次看的和上次看的不是一件东西。倪三少以为对方想要自己的宝贝，成心压自己的心气。他对老头说："加上这个玛瑙顶子，宝上加宝，您更看得眼馋吧？"

谁料老头淡淡地说："你自己留着玩吧。"

倪三少笑着说："您不想着它了？您上次不是还要花五两银子买我这个壶吗？"

老头板着脸说："今儿这个壶已经不是上次那个壶，你把它毁了。"神气有点懊丧。

倪三少一怔，说："毁了？您耍我吧？不就是加了个盖儿吗？还是红玛瑙的。"

老头连连摇头却不说话，倪三少有点发急，天底下肯出钱买这棒槌壶的只有这老头了，他不要就没人肯要了。倪三少说："您不要它没关系，可您得说个明白，我怎么毁了它？"

老头看着倪三少那张着急上火的脸，沉了一下，开了口："你这壶上边画的是条小狗吧？"

倪三少："是呵。狮子狗，还是地道的京巴。"

老头接着问："狗吃什么？"

倪三少："当然吃骨头吃肉啦，还能吃树叶？"

老头还是接着问："上次你那壶盖是什么的？是块骨头的吧？"

倪三少："是呵。当时这壶没盖，我自己弄上去的。"

老头说："这就对了！你听我说——你那骨头对壶上的小狗可是好东西。狗不能缺骨头缺肉，就像人不能缺粮食。可是现在你把它换上这个了。它没东西吃了，早晚必死。还不是你把它给毁了？"

倪三少一急，说话的嗓门都大了，他又像说又像叫："我说您耍我吧？这狮子狗是画上去的，它能吃骨头？您是要那种骨头，我马上给您到街上拾一块不就得了。"

老头看了看他，似笑非笑，那神气谁也看不明白，他对倪三少说："看意思你还是不明白。你都穷到了这份儿上，这一点道理你还是悟不出来？好，就这么着吧。"说完就走，头也不回，叫也叫不住。

倪三少站在那儿，傻瞪着眼。他给老头这几句不着边儿的话绕在里边出不来了。

事后有人对倪三少说："别听他唬你，他是看上你这壶了，拿话蒙你。反正半年里，谁找你买，你也别卖。要是有人找你买壶，准是那糟老头子派来的。"

倪三少信这话。可是一直没人找他来买，不单半年，一年都过去了也没见人来。反过来他找人卖，却怎么也卖不出手。到了后来，他不在乎这壶值不值钱了，却还是没从那老头的几句话里走出来。这件事传开了，一人给一个说法，其说不一。有人说这老头根本没想买这壶，是拿倪三少找乐子；有人说这老家伙头一次手里有点钱，第二次没钱买了；还有人说这是倪三少自己编出来的，想炒他那个破壶。

有一个住在西北城角念书的人，说法与众不同，他说那老头是位有学问的高人，他说倪三少就是壶上那条狗，只能配块烂骨头，不能配金银玛瑙。这话却叫人更不明白。

孟大鼻子

"孟大鼻子"是孟家二少爷的外号。这外号一听就知道怎么来的——他长了一个特大号的鼻子。

孟大鼻子个子并不大，站在人群里毫不出众，细脖溜肩，有点驼背，只有一个地方十分出奇——鼻子太大，膨脖肥实，油光光像个剥了皮的肉粽子。鼻子长在脸的正中央最显眼的地方，只要见到他，一准是先看见了他的大鼻子。

他讨厌自己天天走到哪儿都顶着一个大鼻子，叫人看了生笑。

不过，老天爷心好。他给你一个苦果，里边准还藏着一个糖心儿。孟二少爷这大鼻子，绝不单单是一块赘肉，更不是脸上一个败笔。它有着灵异出奇的禀赋，是个神器。

别看这肉鼻子表面平淡无奇，肥大平庸，鼻孔黑糊糊，直对着人时，还滋出一些鼻毛，像枯井伸出的草，可是这鼻孔里边有嘛神道，凡人就不知道了。

世上所有的东西不仅全有模样，还都有气味。有的你能闻到，有的你闻不到。人家孟大鼻子就全能闻到。

世上各种的气味还全混在一起，你分不出来，人家孟大鼻子却能分出来。这是木头的气味，这是铁的气味，这是菜叶子的气味，这是旧棉袄的气味，那是脚丫子的气味……这大鼻子好比一对明察秋毫的大眼睛，大千世界，一目了然；万千气味，无所不知。

人说，蚊子要是咬了他，他准能找到这蚊子，然后脱下鞋来，用鞋底子拍死它——难道他能闻到蚊子的味儿？

这说法是不是太离奇？别以为这是以讹传讹，再说一件事——

一次他在估衣街的天香楼喝多了，伙计们把他扶到一张太师椅上睡一睡。一个小子趁他酒醉不知，打他怀里摸走了三块银元。事过半个月，他在山西会馆门前撞见这小子，上去便说："你把那天从我身上拿走的三个银元还给我，咱就没事了。你要是不认账，我就送你进衙门。"这小子想要赖，问他："你凭嘛说是我？你看到我了？"孟大鼻子说："我不用看你。你身上的味儿带在你身上。跑到哪里我也能认出来。"这小子听了这非同寻常的话，再一瞧他脸上那个奇大的鼻子，忽然想起关于"孟大鼻子"的种种传闻，不敢再抵赖，把银元掏出来还给了他。

再一件事。他请一群朋友在北大关的慧罗春饭庄吃饭。跑堂的伙计送上一盘罾蹦鲤鱼，嘴里一边说："这是本店师傅拿手的名菜，鱼是刚打上来的，活宰活烹，你们就吃这一口鲜吧。"

孟二少爷说："人在天津，吃鱼就吃活的，不是活的不吃。"说着大鼻子对着这盘鱼吸一吸气，笑容立时没了。他正色对这跑堂的伙计说："把你们掌柜的请来。"

小伙计不明白怎么回事，请来这饭庄掌柜的，姓乔。可是不等乔掌柜说话，孟大鼻子就说："你这条鲤鱼昨天就死了。"

乔掌柜一听，怔住。可天津是个码头，在码头上做买卖的人全都脑子活，随机应变，不和人较真，而且嘴巴会说。他马上满脸堆笑地说："您别着急，我跟您赔不是。这盘鱼我端下去，我亲自去挑一条活鲤鱼，瞅着师傅给您做，只请您稍候一候。"

事摆平了，可是乔掌柜心里却不明白，这位吃主凭嘛能耐知道这条鱼下锅之前是死是活？靠的真是他那个奇大的鼻子？

这两件事都有人在场看见。从此，孟大鼻子没人敢惹。不敢惹的不是他，是他的大鼻子。不知他脸上这怪玩意儿到底还有多厉害。

再厉害的东西总有一天碰上克星。这是大道理。

孟大鼻子是个好交朋友、喜欢热闹的人，家里有钱，花钱随便，自然有一群狐朋狗友前呼后拥，叫他活得舒舒服服。他整天在外边东跑西颠，吃吃喝喝，惹惹各种闲事。他家住粮店街一座宽敞的宅院，没有孩子，只把一个鲜亮娇嫩的老婆闲在家。

闲久了就闲出事来。有人说他老婆叫人睡了。这流言开始只是秘闻，日子一久便流散开来，变成绯闻。绯闻全有翅膀，因为绯闻最有说头，人人全都爱听爱说。这些糟蹋孟大鼻子的话，便在他家房前屋后传来传去，随后就在彼此相识的人群中间不胫而走。可是，奇怪的是，似乎只有孟大鼻子本人没有耳闻，没一点风吹草动，一切如常。还有一件更奇怪的事，就是谁睡了孟大鼻子的老婆，没人知道。市井向来有各种高人，你私密再深，他们也能掘地三尺，从中抻出一条狐狸的尾巴；但是这个叫孟大鼻子丧尽门风的人，却一直连个影子也没人见到。

人们开始疑惑孟大鼻子的鼻子了。虽说他整天在外，但晚上回家和老婆睡在一起，能闻不出生人的味儿来？一个连走身边一闪而过的小偷和咬他一口的蚊子的气味都能闻出来的鼻子，竟然闻不出和他老婆厮缠一起的野汉子身上的气味来，这是嘛鼻子？可是如果他闻出来了，绝不会天天还这么说说笑笑，全跟没事一样。

转年，事情才叫人慢慢明白。那个叫孟大鼻子当王八的，有名有姓地浮出了水面，原来是在直隶总督署当差的武官，姓廖，名正操，人很厉害，手段狠毒，连侯家后的混混儿都不敢惹他。这个人一说出来，人们便明白了，孟大鼻子肯定早就把他闻出来了，他只是佯装不知罢了。佯装不知的滋味可不好受，一年来孟大鼻子的憋屈可想而知。有人说那个武官身上的狐臭味很大，孟大鼻子天天回到家，准在鼻子眼里塞上棉花。

事情一明，孟大鼻子隐了，老婆根本不再出头露面。他活法也变了，不再请客花钱，自然没人再肯跟着他，那帮狐朋狗友也就一哄而散，一个也没剩下。他偶尔也出来办事情买东西，人的变化挺大，身子像叫谁捏了一把，小了一圈；最稀奇的是他脸中间那个威风十足的大鼻子，好像忽然变小了，肉粽子干了，抽抽了，原先身上带着的那股子神异劲儿和厉害劲儿，好似一下子全没了。

鼻子不行了，天津也就没他这一号了。

飞熊

民国二十三年，城中有位奇人，名叫飞熊。顾名思义，此人是一只会飞的熊？对也不对。

此人非熊，只是姓熊。长得却像一只熊。肌沉肉重一张脸，胖大身子，胸口后背大腿胳膊直到手背上全是毛。肉眼皮下边一双乌黑眼珠子。没人比他长得更像熊了。

他全身的毛又长又密，据说蚊子都不咬他，钻不进去。他要是站你身边，张开大嘴一笑，真会把你吓着。可这种人有他的麻烦，人太笨重，走道快不起来，跑就喘。谁要是惹了他，撒开腿一跑，他就没辙了。

然而，自从他这姓——"熊"字前边加一个"飞"，就真的不再是凡人了。这"飞"字不是他自己加上去的，是人们对他的称呼，来由有根有据——

他在南运河边干脚行，和侯家后一帮混混儿有过节儿，夙怨很久。那帮混混儿怵他身大力不亏，心里边却一直想把他狠狠揍一顿，把他打服打怕打打趴下。

后来，混混儿们想到了一个好法子。他贪酒，常醉在酒楼酒店里，趁醉对他下手最好不过。一天，他在东门的"三杯少"酒楼的楼上喝得半醉，这帮混混儿把他堵上了。混混儿们人手一根白蜡棍，个个都是不要命的死干。他酒喝得不少，可酒劲儿再大也不敢去拼，人家人多势众，全是凶神恶煞，硬拼就是找死。

酒楼上虽然宽敞，楼梯口却被混混儿们堵住，逃路只有一个，就是南边一面大窗，窗子开着，窗外一棵大树，但大树离着窗子至少八尺远，就是霍元甲也跳不到那棵树上去；跳不上去，就得掉下去摔死。若是不跳，只有挨揍；可是他又笨又重，二百多斤，像块死肉，怎么能跳上去？

来不及想了！只见他唰地蹿起来，转身直朝那窗口跑去，混混儿们更快，梆梆几棍子已经落在他后背上了。这几下打出他浑身的酒劲儿加上脾气、火气和疯狂。他像从火堆里蹿出来的一头野熊疯牛，一直冲到窗口，想都没想，竟然纵身蹿出窗子。混混儿们奔到窗前，看到的景象叫他们大惊——他已经远远在那棵树上，双手抱着树干，正回头望着他们。那样子真像一只大熊抱在树上。他那么硕大沉重的身子怎么可能蹿得那么高、那么远？飞出去的吗？

谁也没看到他怎么从那树上下来的。混混儿们全吓跑了。

酒楼上还有不少人看到这场面，眼见为实，从此他落下一个极漂亮的绰号叫作"飞熊"，没人再敢惹他。他成了天津卫一位实实在在的奇人、名人。

飞熊有了这个威名，很得意。他不在意这个威，更在乎这个名。他觉得这名很受用，无论到哪儿，人都敬着他，捧着他，供着他，还请他吃饭喝酒。市政府的警卫队来人请他去教授一下轻功，叫他推了。他说学来的功夫能教，天生的功夫不能教。天生就是天才，没人能学；这话叫人更钦佩他。

日租界有位汤公子，家里有钱，整天闲着，喜欢吃吃喝喝，干一些好玩的事。一次，汤公子聚了几个朋友吃饭时说闲话，说到了飞熊。汤公子说："我就不信那笨东西能飞。"

那几个朋友说这件事不少人看见，看见的人全都有名有姓，错不了。汤公子灵机一动，说："哪天咱们请他上三杯少酒楼喝酒，叫他再跳一次，也叫咱开开眼怎么样？"

大家全说这主意好。可是一人说："人家现在可是名人了，能听咱们的吗？"

汤公子笑道："咱拿酒灌他，酒劲儿上来再拿话激他，他就跳了。"

大家说这事带劲儿，比看余叔岩、程砚秋还强。

不多日子，汤公子这帮朋友把飞熊约到了三杯少酒楼，还在当初飞熊喝酒那个位置上摆了一桌，桌上摆满上好的酒菜，吃了多半，酒也上头，这帮人就提起飞熊当初在这里"过五关斩六将"的事。飞熊最爱听人们谈论这件事，一时兴致大发。可是汤公子却不冷不热地问他："窗外边那棵树您真的飞得过去吗？您比燕子李三还强？"

飞熊说："天津人谁不知道，真事还能有假？"

汤公子依旧不冷不热，说："报纸上白纸黑字还净是假的，口口相传更不能说句句是真。"

飞熊喘着粗气，本来已经喝过头了，酒兴一起，满脸涨得通红，他站起来问汤公子："那你信谁的？"

汤公子居然一笑，说："我信我看见的。"

这时，汤公子那帮朋友有的打托，有的起哄，有的激火，闹着叫飞熊再飞一把，再展雄风。

飞熊真的起了劲儿，就像当初挨了混混儿们那几棍子那样，转身一直冲到窗口，跳上窗台。可是当他往窗台上一站，突然一切全变了。那棵树离他好像变得两丈远，下面的地面好比深渊，让他心里打颤。当初是怎么飞到树上去的？他自己也不知道。不用说汤公子不信，自己也不信。

他怎么会知道，人有时候身上一股特别的劲儿，只能是一次，过后不会再来。

他站在窗台好一会儿。汤公子那帮人谁也不敢出声，怕把他吓得掉下去。

那帮人见他两腿瑟瑟直抖，忙把他扶下窗台。他下窗台时两腿一软，身子一歪，愣把两个人压在地上，一个折了胳膊。

这事给飞熊换了一个不受听的称号，叫作"狗熊"。

蹬车

老天津卫人骑自行车不叫骑车，叫"蹬车"。骑车讲究个模样儿，蹬车不管什么样子，得劲儿就行，于是举膝撅臀，张嘴喝风，为了快，玩命蹬。那时候人不大懂得交通的规矩，也不喜欢循规蹈矩；想往哪儿去，就往哪儿蹬，于是这些蹬车的人就把一种人当成了自己对手——交通警。

天津人好戏谑，从来和对手不真玩命，只当作玩，斗斗嘴，较较劲，完事一乐。

最能治交通警的是蹬车的大爷。大爷就是大老爷们儿，人老到精熟，又嘎又损，嘴皮子好使，话茬接得快，句句占上风；而且个个好身手，能把车像马戏团那样玩出彩来；连老警察也怵他们一头。只有那些刚上岗的小警察不知深浅，想捉弄一下这些大爷，一准叫自己弄得没面子。

那年，天津卫的交通设施更新换代，交警们由街心站岗挪到路边一个玻璃亭子里，还在街口立了灯杆，装上红绿灯。交警坐在圆圆的岗亭里，隔着玻璃眼观六路，顺手扳扳红绿灯的开关，还躲风避雨，更不怕晒，舒服多了。这天，四面钟岗亭里来了位新交警小陈，白净小脸，晶亮小眼，新衣新帽新岗位，挺神气。只见远远一位大爷蹬着车打东边来了。那天天气凉，可这大爷车技好，时不时撒开车把，两手揉擦揉擦冻得发紧的脸皮。小陈知道这大爷是在故意"玩帅",想演一演车技,逼一逼能耐。小陈只装没看见,待车子蹬到路口,小陈忽地一扳开关,绿灯变成禁行的红灯。那时候红绿灯的开关都用手扳。叫你走扳绿灯,不叫你走扳红灯。

大爷一见灯变,马上捏闸,车停了。一般人这么猛一捏闸,车子都得歪在一边,人就得下车。可这大爷厉害,车停住,人不下车,屁股坐在鞍子上,两只脚还踩在镫子上,那车居然立在那里,不歪不斜,纹丝不动,这手活儿叫定车。小陈见他定车,心想你就定在那儿吧,反正定车的时候不会长,我不变灯,看你怎么办,你能总定在那儿吗?等时候一长,车一歪,人下来,丢人现眼吧。

大爷是老江湖,当然明白这小警察的心思。他定着车非但不动,还伸手打衣兜里掏出烟来,划火柴点着,然后把两条胳膊交盘胸前,慢悠悠地抽着烟,等着变灯,就赛坐在家里凳子上那么悠闲。灯愈是不变,他反倒坐得愈稳。车子赛钉子一样钉在街心。

这一来,两人算较上劲儿了,一些路人就停下来看热闹。看这两位——一位守着华容道的小关公和一位市井里的老江湖——究竟谁最终得胜。

红灯不变,谁也不能走,时候一长,事情就变了。停在街上的不止大爷一个,还有愈来愈多的车都停下来走不了,有的急了按铃铛按喇叭,有的嚷起来:"警察睡着了?"只有大爷稳稳当当定在那里,好赛没他的事。

面对这局面,到头撑不住的还是小陈,只好扳开关,给绿灯。大爷抬头一瞧灯变绿色,烟卷一扔,双手撂在把上,蹬起车子。车过岗亭时,扭头瞥了这还嫌太嫩的小警察一眼。小陈两眼盯在前边,不敢看他,却能觉出这老家伙得意又嘲弄的目光一扫而过,脸皮火辣辣烧了半天。

再一位栽在大爷手里的，是黄家花园道口岗亭的交警，也是初来乍到的一位小警察，姓尤。这小尤比前边那小陈强多了。小尤是河西谦德庄人，自小在市井里长大，嘴能耐，人不吃亏，到任的两月里碰上过几桩刁难的事，都摆布得漂漂亮亮，人也愈加神气起来。

隆冬一天下晌，他岗亭侧面的道边，一位大爷正在上自行车。车子的后架上绑着一捆木头，挺宽，大爷腿短，又穿着厚棉裤，腿跨不过去；连跨几次，没跨上车。眼下这时候正是下班，街上人多车乱，小尤怕大爷碰着，想叫大爷去到人少的地方上车。小尤心意虽好，可是天津人喜欢正话反说，连逗带损，把话说得俏皮好玩，有哏有乐。他拉开岗亭的玻璃窗，笑嘻嘻对这大爷说："大爷，您要想练车，就找个背静的地方去练。"

小尤这话给周边的人听到，真哏，全乐了。

天津卫的大爷向例不会栽在嘴上。嘴上栽了，面子就栽了。这大爷扭头朝小尤说："甭瞎操心，没你的事，你只管在你的罐里待着吧。"

罐是指圆圆的岗亭像个罐子。天津人有句俗话"罐里养王八，愈养愈抽抽"。这话谁都知道。

这话更哏，众人又笑，当然也笑这小子不懂深浅，敢去招惹市井的老江湖。这下傻了，张着嘴没话说。

大爷乘兴一跨腿，这下上了车，再一努劲，蹬车走了，头也没回。

齐老太太

齐老太太有滋有味住在西城一个小院里。老头儿死了后，就一个念想——家别散了。

她有三个孩子，两个儿子一个闺女。闺女老三没出嫁，俩儿子老大老二虽然都成了家，还全住在家里，守着老娘。俩儿子各住在东西两边的厢房。正房三间，右边一间住着闺女，左边一间老太太自己用。堂屋空着，这里是一家人共用的地方。

老娘心里一幅幅画。一家人在这院子里春天栽花种草，夏天纳凉说话，秋天举竿打枣，冬天扫雪堆人。平时全家围着摆在堂屋正中一张方桌，一日三餐，虽无山珍海味，却有荤有素，有饭同吃，有福同享。闲时老太太叫来老三和两房儿媳妇陪她打打牌。孙男娣女们在院里玩耍。齐家人全都本分平和，彼此没斗过气，拌过嘴，红过脸。老太太说自己活在天堂里。可等到将来哪一天自己上了西天，想这个家，怎么办呢？说到这儿就掉眼泪了。

打牌是老太太平生一大好。可是她七十岁后，打多了便要歇一会儿。几个孩子便在堂屋一角，给她支了一张软榻，她累了，就倚在榻上伸伸胳膊腿儿，有了精神招呼闺女媳妇接着再来。反正全家人对老太太一呼百应，只顺不戗，每天最后一把牌都要叫老太太和。

齐老太太的两房媳妇人都不错。平时，丈夫出去干活，都在家中料理杂事，哄孩子玩，一人一天轮流做全家的饭菜，还一起伺候婆婆，陪着玩牌。玩牌对谁都是乐事，一边玩，一边说闲话，吃零嘴，喝茶；玩牌不玩钱没劲儿，可这家人的钱都不多，赢输也不过三五个铜子儿，大半都"输"给了老太太。玩牌时，老太太爱在身边放一把痒痒挠子，她只要等牌和，后背就痒痒；闺女老三有个小圆镜，时不时照一下自己；大儿媳爱放一盒洋烟，烟瘾上来憋急了，抽几口；二儿媳特别，总把手上一个金戒指摘下来，放在一块手帕上，她怕洗牌时总磨这戒指。她是穷人家的闺女，这金戒指是她当年最金贵的陪嫁。虽然只是一个圆箍，没做工，但够粗，颜色很正。

天天打牌，这戒指天天放在她右手一边。可是一天，她抽空去灌暖瓶回来时，忽然"哟"一声，戒指没了。她找，别人帮她找，桌上地下找，一遍遍找，居然就找不着了。老太太说："甭急，自己家还会丢东西？细找找。"

二儿媳就这一件宝贝，丢了自然心急，还有火，忍不住冒出一句："就出去灌水这一眨眼的工夫，光天化日的怎么会没，除非闹鬼了。"

丢东西的事一出来，本来就叫在场的人心里发毛。大儿媳有点沉不住气，说："哎哟二妹，我挨着你，你说闹鬼，可别是说我拿的。"

二儿媳说："你干吗往你身上揽，我能说谁？只能怪我不该把这值钱的东西撂在桌上。"其实这都是些着急的话，可现在你一句我一句，就都是往火上浇油了。

话再说下去，就会戗起来。

242

齐家从来没出过这种事，最坐不住的是老太太。她脸色像张纸，忽然双手把桌子一推，这么大年纪，居然推出半尺远。她大声说："现在谁也别出屋，你们给我翻箱倒柜地找，相互别客气，搜身！我不信找不出来。我不信我齐家——关着大门会丢东西！"

老太太头一遭发火！

大伙乖乖地按照老太太的话做。把屋里从明面到暗处，再到犄角旮旯，每一寸地界全都细细找过，连老太太歇身的软榻也拉出来，翻一个儿。姑嫂相互之间，头一次上上下下里里外外搜身。那一瞬，齐老太太把双眼闭上，好像死了一样；她心里觉得这个家该是好到头了，要毁了。无论这戒指在谁身上，一翻出来，全是给这家捅上一刀。可是奇怪的是，戒指还是没影儿。连条案上的花瓶全扣过来，还能跑到哪儿去？真还是应了二儿媳那句话——除非闹鬼了！

闹不闹鬼不知道，反正一股阴气从此罩住了齐家。先前那股子劲儿没了。人人各有心事，相互之间没话；若是说话，也是没话找话，若是笑笑，全是作假。谁知谁怎么想的？虽然吃饭还是同桌，但像在大车店里各吃各的。老太太的牌局还摆，却打不起劲儿来。一天老太太忽然哗啦一声把牌全推倒了，阴沉着脸说："我气力不济了，打不下去了。"就此停了牌局。牌局一停，齐家冷清了一大半。

老太太心里那些画儿，也就一幅幅扯下来。

谁也不知该怎么把这局面扳回来，反正那金戒指找不回来，事情就过不去。一天，老三对她大哥说："二嫂那金戒指会不会叫猫叼去了？"

老大说："你倒真能琢磨，还没听说猫叼金子呢，又不能吃。

再说，叼到哪儿你知道吗？找得回来吗？"

这事肯定死在这儿了，永远没人知道。

可是一天晚饭后，老太太趁着全家都没离开饭桌，忽然对大家说："我要跟你们说一件事。你们听好了！二媳妇那戒指的事你们别再瞎猜，戒指是我拿的！我有急用。你们也甭问我拿去干什么用了。回头我会想办法把这事圆上。"

老太太这话像晴天打雷，全家脸对脸看着，不敢相信。可是，老太太一辈子没说过半句谎，她的话从来不会掺一点假。不论她说什么，大家全信。再说老太太的话也有道理，丢戒指那天，人人都搜了身，没搜身的只有老太太本人。当时谁也不会去搜她呀。如果不是她拿的，好好一个金戒指跑哪儿去了？如果是她拿了，怎么拿的？拿去干吗用了？

老太太不说，没人敢问，也没人敢议论。可是从此，不知不觉对老太太的感觉就变了，她怎么能偷自己儿媳妇的东西呢？想都不敢想。素来对老太太的敬意，自然少了几分。这一切，老太太嘴里不说，心里有数。虽然她把事情的真相撩开，彼此的猜疑和别扭没了，可是从此她在这家里老老少少眼中，脸上没光，说话差劲，身子矮了半截。人就一下子老下去许多。往后很少出屋了，吃饭都是叫老三把饭菜端到里屋，不愿别人看到她。她是不是没脸见人？

一年多后，老太太过世。

齐家办过丧事，整理正房。当拆掉堂屋一角的软榻清扫地面时，老三忽然发现地砖缝里有个东西亮闪闪，她有点奇怪，蹲下来，从头上拔下簪子把这东西拨出来一看，大声叫喊兄嫂，大家过来一瞧，全都大吃一惊！原来就是那只丢失的金戒指，原来它一直好好地待在这儿!

在丢戒指那天,这地方也都找过,只是因为那时是下晌,屋里没有阳光,自然看不到。现在是晌午,一道阳光射进来,正好照在这砖缝之间,金戒指便灿然夺目地重回齐家。

这才是真的真相大白。

老三流着泪对着这戒指说:"你干吗躲在这儿了?你要了我娘的命啊! "

这家人想到这位大仁大义的老太太,为了全家人的和和气气抱团不散,有难独当,忍辱负重,郁闷至死,不知不觉全都淌下泪来。

旗杆子

过去，天津人把个头高的人，叫"大个儿"；把个头极高的人，称呼"旗杆子"。这因为那时天津卫最高的东西是娘娘庙前的一对大旗杆。据说这旗杆原先是一艘海船的桅杆，高十丈。嘛时候移到这儿来的，其说不一。反正站在它下边使劲往上仰头，直仰到脑袋晕乎，还是瞧不清旗杆子的尖儿伸到哪儿去了。

可是，真正称得上旗杆子的，还得是家住锦衣卫桥边的一个人。他有多高？至少比一般人高四个脑袋！鸟儿飞低了都会撞上他。他过城门时必得走在正中间，城门洞是拱形的，中间最高，靠边走就得撞上。东门上沿的左边缺半块砖，据说就是他的脑袋撞的。人都这么说，信不信随你。

他很小的时候就被人叫"旗杆子"了。十二岁已经高人一头，十四岁高人两头，十八岁高人三头，二十岁高人四头。人高，胃就大，饭量如虎。别人一顿饭顶多吃三个馒头，他吃八个，还得喝四碗粥。

男人向来靠干活吃饭，可是能叫他干的活儿只有三样：盖房子时往高处递砖头瓦片，擦洗店铺门上边的招牌，天黑时点路灯；别人用梯子的事他全不用，可是这种活儿并不常有，这就得叫他饿肚子了。然而，他饿肚子，并不全是活儿少，还因为他怕见人。他走在大街上，孩子们总拿他当作怪物，笑他，骂他，用石头砍他。他怕人们见到他时，露出的那种吃惊和嘲笑的神气。他从不招惹任何人，人人却可以招惹他。这也怪不得别人，他确确实实高得吓人。一天夜里他一手提个油罐，一手举着一个小火把点街灯时，迎面过来两个人，黑糊糊撞见了他——一个巨大的比房檐还高的黑黑的人影，吓得这两个人大声尖叫，手里的东西掉在地上也不要了，失魂落魄地掉头就跑，好像撞见了鬼。

他平时躲在屋里，很少出门，甚至不到院中。别人在院里，如同羊在圈中，墙外边看不到；他在院里，好像马在栏里，上半身高出墙头，外边全看得见，十分滑稽，谁见谁笑。逢到这时候，他赶忙猫腰钻进屋，常常还会咣的一头撞在门框上。

这么大的人，天天窝在家中。在屋里没法站直，长胳膊大腿没处放，他也没有劲儿动弹，肚子和饭锅全是空的。锅空了没声，肚子空了咕咕叫。饿极了只有硬着头皮出去找活儿干。河边有装船卸货的活儿，他干得了吗？别人扛到肩上的活儿，他要扛起来，得像举到房顶上；肚子里没东西身上哪儿来的劲儿？

他怕人，从不和人说话，好像天生不会说话，只有房前屋后几家邻居碰见时，点个头。没人到他家串门。好像他一个人就把屋子填满了，谁还挤得进去？因此，谁也不知道这个大怪物怎么活着，也没人关心他的肚子，最多是闲聊时说说他会娶老婆吗？谁会嫁他？他要是有老婆只能跪着亲嘴，干那事时——中间找齐。

清明后的一天，他上街找活儿干，像没头的苍蝇那样到处乱撞，忽有两个穿戴像模像样的中年人笑嘻嘻迎面走来，仰着脸问他："我们给你一个活儿，一天三顿饭管饱，外加五个铜子儿，你干吗？"

旗杆子一怔，他不信有这种好事，多半拿他找乐。他问："嘛活儿？"

这两人说，他们是西头公园的，给他的活儿是站在公园门口收门票。游客在售票房买了票，来到门口把票交到他手里，他收了票放人进去，就这么简简单单一件事，别的嘛也不干。真有这种好事，还管三顿饭吃？是不是天上掉馅饼了？他天天最苦的事是挨饿，有吃的还有什么不行，当即答应了。

没想到他一答应，那两人就笑了，其中一个留八字胡的人说："我们早听说你的大名，已经找了你二十多天，今天运气，把你撞上了，明天一早你就来上工吧。"

旗杆子还是猜不透这到底是嘛差事。

转天他到了西头公园，他的差事确实如那两个人说的，再简单不过。只站在大门口收门票，别的任嘛不干，还有三顿饱饭吃。他每顿吃十个馒头居然也没人管。这样，天天吃得肚子像个石鼓，梆梆硬，睡觉前得喝半壶凉水，化开肚子里的东西，身子才能放平躺下。他愈想愈不明白，这种事谁不能干，为什么偏找他这个大饭桶？游人个子矮一点，还得踮起脚，才能把票撂在他手里。

可是，渐渐这件事的缘故就清楚起来。

自从他站在公园门口那天开始，来公园的游人就一天比一天多起来，一传十十传百，半个多月后，游人居然翻了两三番。那天把他请来的留八字胡须的中年人姓郝，是公园的园长，说他衣服太破，还有补丁，像个超大乞丐，站在那儿不好看。就请来裁缝给他缝一件干干净净的蓝布长衫，用的布比公园客厅的窗帘还长。头发剪成平头，还给他特制了一顶皮帽檐的制服帽，大小能给酒坛子当盖儿。这么一装扮，稀奇又好玩。郝园长来了兴致，锦上再添花，用彩带给他缝个胸花，别在当胸。这样，他在公园的大门前一站，即刻成了一景，全城各处的人都跑来看。更好玩的是买张票，举起来，撂在他蒲扇般的大手的手心时，他会发出公牛般粗重的"哼"的一声，表示你可以进去了。来到西头公园的人，不只站在公园外边看他，都要买张门票递到他手里，好跟这大怪物打个交道，尝一尝这世上难得的神奇。公园就赚大钱了。

旗杆子成了一宝。这不能不佩服郝园长的好点子、好主意、好脑子。为了叫旗杆子变得更高大，更神乎，更有光彩，就得叫他胖起来壮起来。郝园长叫厨子给他菜里加些肉骨头和鱼脑袋，旗杆子从小也没这么吃过，顿顿如吃山珍海味，天天吃得周身冒火。腰身很快宽了一倍。原先像棵木杆，现在成了大树。这一壮，更威风。

可是，这就叫公园里其他人心生忌恨。暗地骂他这个没人要的怪东西，居然跑到这儿吃鱼吃肉，成了人上人。人要是遭了忌，麻烦跟着就会来。

天津卫有钱的人多。有的人见到这个天下罕见的巨人，兴奋惊奇，便会给一点赏钱。旗杆子收下后，知道这钱不该归自己，不管多少，尽数给了郝园长。可是这事到了别人嘴里就变成另一样，说他私藏了不少赏钱。这些坏话三天两头地传到郝园长的耳朵里。一次不信，两次不信，不会总不起疑。

郝园长说："你们总把人往坏处想。他藏钱你们看见了？"

没想到有人等到一天公园下班旗杆子走后，把郝园长带到大门口的门柱边，支上梯子，叫郝园长爬上去看。这墙柱顶端有一个铜球，铜球底座下边竟然掖着一些钱，有铜子儿、银元，还有一张洋人的纸币。旗杆子比墙高，铜球在他身边，只有他才能把这些钱藏在这里。

郝园长火了，第二天仍旧怒火难抑，把旗杆子叫来劈头盖脸一通骂。骂他忘恩负义，骂他大个子不傻心奸，骂他小人。旗杆子站在那里，嘛话没说，也不分辩，表情发木，只是脸不是色儿，最后他把长衫脱了，帽子摘了，扔在郝园长屋里转身走了。

从此，西头公园再没他的身影。却有两段关于他的传闻，被人们说来说去。一是说他偷东西，被郝园长当场抓获，送进局子。一是说他人高是假，长衫里踩着高跷。第二段传闻没人信，谁会作这种假，有嘛好处？第一段传闻也很快叫郝园长辟了谣。

郝园长是有脑子的人。等事情闹过去，他便琢磨，那钱真是旗杆子藏的吗？如果是，为什么不拿回家，干吗掖在墙头上边？他暗想，是不是有人做手脚，成心给这个吃鱼吃肉、出了风头的傻大个子搅局？可是，旗杆子离开他这儿之后，哪里还能找到一天三顿的饱饭吃？

这事对郝园长也是一样。旗杆子一走，他的公园好像荒了。不要门票也很少有人来了。前些日子旗杆子往公园门口一站，那是什么光景，像天天办庙会。他不能没有旗杆子！这就又跑到老城内外去找旗杆子，就像头年撞见旗杆子之前那样四处找他。一连找了十天，虽然没有找到旗杆子，却在锦衣卫桥那边找到了旗杆子的破房子。一扇门死死锁着，敲了半天没动静。郝园长找人打开门一看，叫他惊呼出声来。只见旗杆子仰面朝天躺在床上，上去一摸身体冰凉，已经断了气儿，不知嘛时候叫阎王爷接走的。郝园长发现他身子板平，肚子的地方凹了下去，肯定是饿死的，他动了良心，后悔那天一气之下辞退了这个被冤屈的大个子。辞了他，实际上是断了他的活路。

郝园长打听房前屋后的邻居，没人知道旗杆子的身世，只听说过他的一点零碎。诸如他家是山东鲁西南的沂蒙山人，从南运河来到天津，父亲给人扛活，父母早已死去，没有手足，也无亲友，孤单一人。那么谁来葬他？郝园长心里有愧于旗杆子，出钱给他打了一口松木棺材。大木板子钉的，没上漆。他身高八尺，棺材八尺半。棺材铺老板抱怨从来没打过这么大的棺材。

可是，棺材打出来后，旗杆子却放不进去，量一量尺寸没有错，为什么放不进棺材，难道死了的旗杆子居然长了一块，比棺材还长？棺材铺老板惊奇地说："这事从没见过，也没听说过。人死了本该抽抽，怎么反倒长了一截？这傻大个子真有点奇了！"

人间容不得高人，只有死后再去长了。

于是，郝园长又加点钱，把棺材加长一尺，才装了进去。旗杆子无亲无故，入殓时没人，郝园长也不愿意看，只是雇人草草埋在南门外乱葬岗子里完事。

从此，此地再无高人，亦无奇人。

2019 年 10 月 29 日

曼谷到天津机上

前两年写过本书的第二集，决定不再接着写了，缘何今日又把这本第三集写出来？细想起来，缘故有三：

一是《俗世奇人》是我小说中一种特殊的写法，每篇一两个人物，依托一个巧妙的故事，故事常源自人物性格的非同寻常；而这些人物虽然性情迥异，却都有天津地域文化的共性。我喜欢天津人这种集体性格。

二是我在《俗世奇人》写作中找到一种语言，不同于我写其他作品的语言。即在叙述语言中加入了天津人的性格元素，诙谐、机智、调侃、斗气、强梁，等等。这是《俗世奇人》独有的。我用这种独特的语言写东西很上瘾，瘾一上来，止不住时就会写。用这种语言写作时常常会禁不住笑出声来。

三是天津这地方的市井民间，好说奇人异事。故常常会有东西惹动文学神经。我在这城市中活得岁久年长，好玩的人有趣的事听得见得太多太多。每有触动，便会记在身边构思的本子上，心血来潮时就付诸笔端。

由此而言，会不会接着再写？不好自我预估。反正每写完一批"俗世奇人"，都渴望打一枪换一个地方。

2020 年 1 月 8 日

俗世奇人肆

· 写作成瘾（短序）

凡上瘾的事总放不下，总要一再拿起来。难道我写《俗世奇人》也会上瘾？为什么写完了——又写，再写，还写？

写作是心灵的事业，不能说成瘾，但我承认自己写《俗世奇人》已经成瘾，因为这文本太过另类。我写别的小说都不会这样。只要动笔一写《俗世奇人》，就会立即掉进清末民初的老天津。吃喝穿戴，言谈话语，举手投足，都是那时天津卫很各色的一套，而且所有这一切全都活龙鲜健、挤眉弄眼，叫我美美地陷入其中。有人会说，别人写作时不也是这样吗？不也是扎进自己想象中特定的时空里？

可《俗世奇人》还是有点不同。

它对我的诱惑不只是小说里的市井百态和奇人奇事，更是一种极酷烈的地域气质，一种不可抗拒的乡土精神，一种特异的审美。在这样的小说中，人物的个性固然重要，但他们共同的集体的性格更为要紧。故我这些人物，不论男女、长幼、贫富、尊卑、雅俗、好坏，就是猫儿狗儿，也全都带着此地生灵特有的禀性。比方，强梁、爽利、好胜、幽默、义气、讲理讲面，等等，这种小说的审美别处何有？

不单故事和人物这样，小说的语言也如此。我说过，我在这小说的语言中要的不是天津味儿，而是天津劲儿，也得强梁、爽利、逗哏、较劲、有滋有味才是。

　　我别的小说从不这么写人物，也从不用这种语言。只要一动笔写《俗世奇人》，这一套思路、劲头、感觉和语言便全来了。这样的写作难道不上瘾不过瘾？

　　随笔写来，且为序。

2022 年春天

· 篇首歌

各色津门人称奇，
谁有绝活谁第一。
位重钱多排不上，
请到一边待着去。

史上英豪全入土，
田野才俊照样活。
异事妙闻信口扯，
扯完请我吃一桌。

万年青

西门外往西再走三百步，房子盖得就没规矩了，东一片十多间，西一片二三十间，中间留出来歪歪斜斜一些道儿好走路。有一个岔道口是块三角地，上边住了几户人家，这块地迎前那个尖儿，太小太短，没法用，没人要。

住在三角地上的老蔡家动了脑子，拿它盖了一间很小的砖瓦屋，不住人，开一个小杂货铺。这一带没商家，买东西得走老远，跑到西马路上买。如今有了这个吃的穿的用的一应俱全的小杂货铺，方便多了，而且渐渐成了人们的依赖。过日子还真缺不了这杂货铺！求佛保佑，让它不衰。有人便给这小杂货铺起个好听的名字，叫"万年青"。老蔡家也喜欢这店名，求人刻在一块木板上，挂在店门口的墙上。

老蔡家在这一带住了几辈，与这里的人家都是几辈子的交情。这种交情最金贵的地方是彼此"信得过"。信得过可不是用嘴说出来的，嘴上的东西才信不过呢。这得用多少年的时间较量，与多少件事情较真，才较出来的。日常生活，别看事都不大，可是考量着人品。老蔡家有个规矩，从早上日出，到下晌日落，一年到头，刨去过年，无论嘛时候，店门都是开着的，绝不叫乡亲们吃闭门羹。这规矩是老蔡家自己立的，也是立给自己的；自己说了就得做到，而且不是一天一月一年做到，还得十年二十年三十年做到，没一天不做到，或者做不到。现在万年青的店主是蔡得胜，他是个死性人，祖上立的规矩，他守得更严更死。这可是了不得的！谁能一条规矩，一百年不错半分？

这规矩，既是万年青的店规，也是老蔡家的家规。虽然老蔡家没出过状元，没人开疆拓土，更没有当朝一品，可是就凭这天下独有的店规家规，一样叫人敬佩，脸上有光。老蔡走在街上，邻人都先跟他招呼。

一天，老蔡遇到挠头的事。他的堂兄在唐山挖煤砸断了腿，他必得去一趟看看，连去带回大约要五天，可是铺子就没人照看了。他儿子在北京大栅栏绸缎庄里学徒，正得老板赏识，不好叫回来。他老婆是女人家，怵头外边打头碰脸的事。这怎么办？正这时候，家住西马路一个发小马得贵来看他，听他说起眼前的难事，便说他一个远亲在北洋大学堂念书，名叫金子美，江苏常州人，现在放暑假，回家一趟得花不少钱，便待在学堂没走，不如请来帮忙。他人挺规矩，在天津这里别人全不认识，关系单纯。

老蔡把金子美约来一见，这人二十多岁，白净脸儿，戴副圆眼镜，目光实诚，说话不多，有条有理，看上去叫人放心。寻思一天后，便把万年青交给他了。说好五天，日出开门，日落关门，诚心待客，收钱记账。老蔡家的店铺虽小，规矩挺多，连掸尘土的鸡毛掸子用完了放在哪儿都有一定的规矩。金子美脑袋像是玻璃的，放进什么都清清楚楚。老蔡交代完，又叮嘱一句："记着一定守在铺子里，千万别离身。"

这北洋大学堂的大学生笑道："离开这儿，我能去哪儿？除去念书，我什么事也没有。放心吧！"

老蔡咧嘴一笑，把万年青放在他手里了。

金子美虽然没当过伙计，但人聪明，干什么都行。一天生，两天熟，干了两天，万年青这点事就全明白了。每天买东西不过几十人，多半是周边的住家。这些老街坊见了金子美都会问一句："老蔡出门了。"金子美说："几天就回来了。"老街坊互相全都知根知底，全都不多话。这些街坊买的东西离不开日常吃的用的。特别是中晌下晌做饭时，盐没了，少块姜，缺点灯油，便来买，缺什么买什么。过路的人买的多是一包纸烟，馋了买个糖块搁在嘴里。

金子美每天刚天亮就从学堂赶到万年青，开了地锁，卸下门板，把各类货品里里外外归置好，掸尘净扫，一切遵从老蔡的交代。从早到晚一直盯在铺里，有尿就尿在一个小铁桶里，抽空推开后门倒在阴沟里，有屎就憋着晚间回去路上找茅房去拉。在铺子里，拿出全部精神迎客送客，卖货收钱，从容有序，没出半点偏差。他一天三顿饭都吃自己带来的干粮。下晌天黑，收摊关门，清点好货物和收银，上好门板，回到学堂去睡觉。一连三天，没出意外，一切相安无事。

转天一早刚到了万年青，一位同室学友找来说，从租界来了一个洋人，喜欢摄影，个子很高，下巴上长满胡子，来拍他们的学堂。北洋大学堂是中国首座洋学堂，洋人有兴趣，这洋人说他不能只拍场景，还要有人。这时放暑假了，学堂里没几个人，就来拉他。金子美说店主交代他这铺子白天不能关门，不能叫老主顾吃闭门羹。学友笑了，说："谁这么死性子，你关门了，人家不会到别的地方去买？"他见金子美还在犹豫，便说："你关了一会儿门怕什么，他也不会知道。"子美觉得也有道理，就关上门，随着这学友跑到了西沽运河边的北洋大学堂。

金子美头一次见到照相匣子，见到怎么照相，并陪着洋人去到学堂的大门口、教室、实验室、图书馆、体育场一通拍照，还和几位学友充当各种角色。大家干得高兴，玩得尽兴，直到日头偏西，赶回到城西时，天暗下来。在他走到街口，面对着关着门黑糊糊的店铺，一时竟没有认出来，以为走错了路。待走近了，认出这闭门的小店就是万年青，心里有点愧疚。他辜负了人家老蔡。在点货结账时，由于一整天没开门，一个铜钱的收入也没有，这不亏了人家老蔡吗？他便按照前三天每日售货的钱数，从铺子里取出价钱相当的货品，充当当日的售出；再从自己腰包里拿出相当货价的钱，放在钱匣子里。这样一来，便觉得心安了。

再过一天，老蔡回来了，金子美向他交代了一连五日小店铺的种种状况，报了太平，然后拿出账目和钱匣子，钱货两清。老蔡原先还有些莫名的担心，这一听一看，咧开满是胡楂的嘴巴子笑了。给子美高高付了几天的工酬。子美说："这么多钱都够回家一趟了。"

这事便结了。可是还没结。

一天，金子美在学堂忽接到老蔡找人送来的信儿，约他后晌去万年青。子美去了，老蔡弄几个菜半斤酒摆在桌上，没别的事，只为对子美先前帮忙，以酒相谢。老蔡没酒量，子美不会喝，很快都上了头。老蔡说："我真的挺喜欢你。像你这种实诚人，打灯都没法找。我虽然帮不了你嘛忙，我这个铺子就是你的，你想吃什么用什么——就来拿！随你拿！"

子美为了表示自己人好。心里一激动，便把他照看铺子时，由于学堂有事关了门，事后怕亏了老蔡而掏钱补款的事说了出来。他认为老蔡会更觉得他好。谁想到老蔡听了，脸上的笑意登时没了，酒意也没了，直眉瞪眼看着他。好像他把老蔡的铺子一把火烧了。

"您这是怎么了？"他问。

"你关了多长时间的门？"老蔡问，神气挺凶。

"从早上。我回来的时候……快天黑了。"

"整整一天？一直上着门板？"

"上了呀，我哪敢关门就走。"

静了一会儿，忽然老蔡朝他大叫起来："你算把我毁了！我跟你说好盯死这铺子绝对不能离人，绝对不能关门！我祖上三代，一百年没叫人吃过闭门羹！这门叫你关上了，还瞒着我，我说这些天老街坊见了我神气不对。你坑了我，还坑了我祖宗！你——给我走！"老蔡指着门，他从肺管子里呼出的气冲在子美脸上。

子美不明白发生了什么。他惊讶莫解，但老蔡的愤怒与绝望，使他也无法再开口。老蔡的眼珠子瞪出了眼白，指着门的手剧烈地抖。他慌忙退身，出来，走掉。

这事没人知道，自然也没人说，但奇怪的是，从此之后这一带人再也没人说老蔡家的那个"家规"了；万年青这块牌子变得平平常常了，原先老蔡身上那有点神奇的光也不见了。

一年后，人说老蔡得了病，治不好，躺在家里开不了店，杂货铺常常上着门板，万年青不像先前了！过了年，儿子把他接到北京治病养病，老伴也跟着去了，居然再没回来。铺子里的东西渐渐折腾出去了，小砖房空了，闲置一久，屋顶生满野草，像个野庙荒屋。那个"万年青"的店牌早不知嘛时候没的。再过多半年，老蔡的儿子又回来一趟，把这小屋盘给了一个杨柳青人，开一个早点铺，炸油条，烙白面饼，大碗豆浆，热气腾腾，香气四溢，就像江山社稷改朝换代又一番景象。

抱小姐

清初以降，天津卫妇女缠脚的风习日盛。无论嘛事，只要成风，往往就走极端，甚至成了邪。比方说东南角二道街鲍家的抱小姐。

抱小姐姓鲍。鲍家靠贩卖皮草发家，有很多钱。虽然和八大家比还差着点，却"比上不足，比下有余"。鲍家老爷说，他若是现在把铺子关了，不买不卖，彻底闲下来，一家人坐着吃，鸡鸭鱼肉、活鱼活蟹、精米白面，能吃上三辈子。

人有了钱就生闲心。有了闲心，就有闲情、雅好，着迷的事。鲍老爷爱小脚，渐渐走火入魔，那时候缠足尚小，愈小愈珍贵，鲍老爷就在自己闺女的脚上下了功夫。非要叫闺女的小脚冠绝全城，美到顶美，小到最小。

人要把所有的劲都使在一个事上，铁杵磨成针。闺女的小脚真叫他鼓捣得最美最小。穿上金色的绣鞋时像一对金莲，穿上红色的绣鞋时像一对香菱。特别是小脚的小，任何人都别想和她比——小到头小到家了。白衣庵卞家二小姐的小脚三寸整，北城里佟家大少奶奶戈香莲那双称王的小脚二寸九，鲍家小姐二寸二。连老天爷也不知道这双小脚是怎么鼓捣出来的。不少人家跑到鲍家打听秘笈，没人问出一二三。有人说，最大的秘诀是生下来就裹。别人五岁时裹，鲍家小姐生下来几个月就缠上了。

脚太小，藏在裙底瞧不见，偶尔一动，小脚一闪，小荷才露尖尖角，鲜亮，上翘，灵动；再一动就不见了，好赛娇小的雏雀。

每每看着来客们脸上的惊奇和艳羡，鲍老爷感到无上满足。他说："做事不到头，做人难出头。"这话另一层意思，单凭着闺女这双小脚，自己在天津也算一号。

脚小虽好，麻烦跟着也来了。闺女周岁那天，鲍老爷请进宝斋的伊德元出了一套"彩云追凤"的花样，绣在闺女的小鞋上，准备抓周时，一提裙子，露出双脚，叫来宾见识一下嘛样的小脚叫"盖世绝伦"。可是给小姐试鞋时，发现闺女站不住，原以为新鞋不合脚，可是换上平日穿的鞋也站不好，迈步就倒。鲍太太说："这孩子娇，不愿走路，叫人抱惯了。"

老爷没说话，悄悄捏了捏闺女的脚，心里一惊！闺女的小脚怎么像个小软柿子，里边好赛没骨头？他埋怨太太总不叫闺女下地走路，可是一走就倒怎么办？就得人抱着。往后人愈长愈大，身子愈大就愈走不了，去到这儿去到那儿全得人抱着。

这渐渐成了老爷的一个心病。

小时候丫鬟抱着，大了丫鬟背着。一次穿过院子时，丫鬟踩上鸟屎滑倒。小姐虽然只摔伤皮肉，丫鬟却摔断腿，而且断成四截，骨头又没接好，背不了人了。鲍家这个丫鬟是落垡人，难得一个大块头，从小干农活有力气。这样的丫鬟再难找。更大的麻烦是小姐愈大，身子愈重。

鲍老爷脑袋里转悠起一个人来，是老管家齐洪忠的儿子连贵。齐洪忠一辈子为鲍家效力。先是跟着鲍老爷的爹，后是跟着鲍老爷。

齐洪忠娶妻生子，丧妻养子，直到儿子连贵长大成人，全在鲍家。

齐家父子长得不像爷儿俩。齐洪忠瘦小，儿子连贵大胳膊大腿；齐洪忠心细，会干活，会办事，儿子连贵有点憨，缺心眼，连句整话都不会说，人粗粗拉拉，可是身上有使不完的力气，又不惜力气。鲍家所有需要用劲儿的事全归他干。他任劳任怨，顺从听话。他爹听鲍老爷的，他比他爹十倍听老爷的。他比小姐大四岁，虽是主仆，和小姐在鲍家的宅子里一块儿长大，而且小姐叫他干吗他就干吗。从上树逮鸟到掀起地砖抓蝎子。不管笨手笨脚从树上掉下来，还是被蝎子蜇，都不在乎。如果找一个男人来抱自己的女儿，连贵再合适不过。

鲍老爷把自己的念头告诉给太太，谁料太太笑道："你怎么和我一个心思呢。连贵是个二傻子，只有连贵我放心！"

由此，齐连贵就像小姐一个活轿子，小姐无论去哪儿，随身丫鬟就来呼他。他一呼即到，抱起小姐，小姐说去哪儿就抱到哪儿。只是偶尔出门时，由爹来抱。渐渐爹抱不动了，便很少外出。外边的人都叫她"抱小姐"。听似"鲍小姐"，实是"抱小姐"。这外号，一是笑话她整天叫人抱着，一是贬损她的脚。特别是那些讲究缠足的人说她脚虽小，可是小得走不了路，还能叫脚？不是烂蹄子？再难听的话还多着呢。

烂话虽多，可是没人说齐连贵坏话。大概因为这傻大个子憨直愚呆，没脑子干坏事，没嘛可说的。

鲍老爷看得出，无论他是背还是抱，都是干活。他好像不知道自己抱的人是男是女，好像不是小姐，而是一件金贵的大瓷器，他只是小心抱好了，别叫她碰着磕着摔着。小姐给他抱了七八年，只出了一次差错。那天，太太发现小姐气色不好，像纸赛的刷白，便叫连贵抱着小姐在院里晒晒太阳。他一直抱着小姐在院里火热的大太阳地站着。过了许久，太太出屋，看见他居然还抱着小姐在太阳下站着，小姐脸蛋通红，满头是汗，昏昏欲睡。太太骂他："你想把小姐晒死！"

吓得他一连几天，没事就在院里太阳地里跪着，代太太惩罚自己。鲍老爷说："这样才好，嘛都不懂才好，咱才放心。"

这么抱长了。一次小姐竟在连贵怀里睡着了。嘿，在哪儿也没有给他抱着舒服呢。

连贵抱着小姐直到她二十五岁。

光绪二十六年，洋人和官府及拳民打仗，一时炮火连天，城被破了。鲍太太被塌了的房子砸死，三个丫鬟死了一个，两个跑了。齐家父子随鲍家父女逃出城，路上齐洪忠被流弹击中胸脯，流着血对儿子说，活要为老爷和小姐活，死也要为老爷和小姐死。

连贵抱着小姐跟在鲍老爷身后，到了南运河边就不知往哪儿走了，一直待到饥肠饿肚，只好返回城里，老宅子被炸得不成样子，还冒着火冒着烟。往下边的日子就一半靠老爷的脑子，一半靠连贵的力气了。

五年后，鲍老爷才缓过气来，却没什么财力了。不多一点皮草的生意使他们勉强糊口。鲍老爷想，如果要想今后把他们这三个人绑定一起，只有把女儿嫁给连贵。这事要是在十年前，连想都不会想，可是现在他和女儿都离不开这个二傻子了，离了没法活。尤其女儿，从屋里到屋外都得他抱。女儿三十了，一步都不能走，完全一个废人，谁会娶这么一个媳妇，嘛也干不了，还得天天伺候着？现在只一个办法，是把他们结合了。他把这个意思告诉女儿和连贵，两人都不说话；女儿沉默，似乎认可，连贵不语，好似不懂。

于是鲍老爷悄悄把这"婚事"办了。

结了婚，看不出与不结婚有嘛两样，只是连贵住进女儿的屋子。连贵照旧一边干活，一边把小姐抱来抱去。他俩不像夫妻，依旧是主仆。更奇怪的是，两三年过去，没有孩子。为嘛没孩子？当爹的不好问，托一个姑表亲家的女孩来探听。不探则已，一探吓一跳。原来齐连贵根本不懂得夫妻的事。更要命的是，他把小姐依旧当作"小姐"，不敢去碰，连嘴巴都没亲一下。这叫鲍老爷怎么办？女儿居然没做了女人。这脚叫他缠的——罪孽啊！

几年后老爷病死了。皮草的买卖没人会做，家里没了进项。连贵虽然有力气却没法出去卖力气，家里还得抱小姐呢。

抱小姐活着是嘛滋味没人知道。她生下来，缠足，不能走，半躺半卧几十年，连站都没站过。接下来又遭灾受穷，常挨饿，结了婚和没结婚一样，后来身体虚弱下来，瘦成干柴，病病歪歪，一天坐在那里一口气没上来，便走了。

剩下的只有连贵一人，模样没变，眼神仍旧像死鱼眼痴呆无神，一字样地横着大嘴岔，不会笑，也不会和人说话。但细一看，还是有点变化。胡楂有些白的了，额头多了几条蚯蚓状的皱纹，常年抱着小姐，身子将就小姐惯了，有点驼背和含胸。过去抱着小姐看不出来，现在小姐没了显出来了。特别是抱小姐那两条大胳膊，好像不知往哪儿搁。

欢喜

针市街和估衣街一样老。老街上什么怪人都有。清末民初，有个人叫欢喜。家住在针市街最靠西的一边，再往西就没有道儿了。

欢喜姓于，"欢喜"是大名，小名叫"笑笑"。

这可不是因为他妈想叫他笑，才取名"笑笑"，而是他生来就笑。

也不是他生来爱笑，是他天生长着一张笑脸，不笑也笑。眉毛像一对弯弯月，眼睛像一双桃花瓣，嘴巴像一只鲜菱角，两个嘴角上边各有一个浅浅的酒窝儿，一闪一闪。

他一生出来就这样，总像在笑，叫人高兴，可心，喜欢。于是大名就叫"欢喜"，小名就叫"笑笑"。

可是，他不会哭吗？他没有难受的时候吗？他饿的时候也笑吗？他妈说："什么时候都笑，都哄你高兴。他从来不哭不闹，懂事着呢。"

这样的人没见过。老于家穷，老于是穷教书匠，人虽好，人穷还得受穷。邻人说，这生来喜兴的小人儿说不定是老于家一颗福星、一个吉兆，这张像花儿的小脸仿佛带着几分神秘。

可是事与愿违，欢喜三岁时，老于患上痨病，整天咳嗽不停，为了治病把家里的存项快吃光了，最后还是带着咳嗽声上了西天。这一来，欢喜脸上的笑便没了秘密。他却依然故我，总那个笑眯眯的表情，无论对他说嘛，碰到嘛事，他都这样。可是面对着这张一成不变、并非真笑的笑脸是嘛感觉呢？人都是久交生厌，周围的人渐渐有点讨厌他。甚至有人说这个三岁丧父的孩子不是吉星，是克星，是笑面虎。

欢喜十岁时，守寡的于大妈穷得快揭不开锅，带着他嫁给一个开车行的马大牙。马大牙是个粗人，刚死了老婆，有俩儿子，没人管家，像个大车店，乱作一团，就把于大妈娶过来料理家务。马大牙的车行生意不错，顿顿有肉吃，天天有钱花，按说日子好过。可是马大牙好喝酒，每酒必醉，醉后撒疯，虽然不打人，但爱骂人，骂得凶狠难听，尤其是爱当着欢喜骂他妈。

叫马大牙和两个儿子奇怪的是，马大牙骂欢喜他妈时，欢喜居然还笑。马大牙便骂得愈加肮脏粗野，想激怒欢喜，可是无论他怎么骂，欢喜都不改脸上的笑容。

只有于大妈知道自己儿子这张笑脸后边是怎么回事。她怕哪天儿子被憋疯了。她找到当年老于认识的一个体面人，把欢喜推荐到城里一个姓章的大户人家当差，扫地擦房，端茶倒水，看守房门，侍候主家。这些活儿欢喜全干得了。章家很有钱，家大业大，房套房院套院，上上下下人多，可是个耕读人家，规矩很严。不喜欢下人们竖着耳朵，探头探脑，多嘴多舌。这些恰恰也不是欢喜的性情。他自小受父亲的管教，人很本分，从不多言多语；而且家中清贫，干活很勤。尤其他天生的笑脸，待客再合适不过，笑脸相迎相送，叫人高高兴兴。

欢喜在章家干了三个月，得到主家认可。主家叫他搬到府上的用人房里来住。这一下好了，离开了那个天天骂街的车行了。

欢喜的好事还没到头。不久，他又叫这家老太太看上了，老太太说："我就喜欢看这张小脸儿，谁的脸也不能总笑。总笑就成假的了，可欢喜这张小脸笑眯眯是天生的。一见到他，心里嘛愁事也没有了。叫他给我看院子、侍候人吧。"

老太太金口玉言，他便去侍候老太太。他在老太太院一连干了四年，据说老太太整天笑逐颜开，待他像待孙子，总给他好吃的。老太太过世时，欢喜全身披麻戴孝，守灵堂门外，几天几夜不吃不睡，尽忠尽孝。可有人说，他一直在偷偷笑。这说法传开了，就被人留意了，果然他直挺挺站在灵堂外一直在眯眯地笑。

起灵那天，大家哭天抢地，好几个人看见他站在那里，耸肩扬头，张着大嘴，好似大笑，模样极其荒诞。

有人把这事告诉给章家老爷。老爷把欢喜叫来审问，欢喜说天打雷劈也不敢笑，老太太待他恩重如山，自己到现在还是悲恸欲绝呢。老爷说："你会哭吗？我怎么从来没见过你哭？"

"我心里觉得疼时，脸上的肉发紧，紧得难受，什么样不知道。"

老爷忽然叫人拉他下去，打六大板子，再拖上来。他半跪地上，垂着头，嘴里叫疼。老爷叫他抬起头来，想来一定是痛苦不堪的表情，可是头一抬起，叫老爷一惊，居然还是那张眯眯的笑脸！

老爷是个见多识广的人。心里明白，这欢喜算得上天生尤物，一个奇人。这个人是母亲生前喜欢的，就应当留在家里，留下对母亲的一个念想。这便叫人扶他去养伤，养好后仍在府上当差，并一直干下去。

洋（杨）掌柜

　　杨掌柜和洋掌柜是同一个人，一人二姓，音同字不同。这因为他有两个古董店，开在不同地方。在租界那边他叫"杨掌柜"，店名叫"杨记古董铺"，专卖中国的老东西。在老城这边他叫"洋掌柜"，店名叫"洋记洋货店"，只卖洋人的洋东西。

　　洋人喜欢中国人的老东西，中国人喜欢洋人的洋东西。头一个看明白这些事的是他，头一个干这种事的也是他。于是，他拿中国的东西卖给洋人，再弄来洋人的东西卖给中国人。这事他干得相当成功，不少赚钱。关键是他还有许多诀窍。

　　要想把东西卖得好，首先要把店铺、车马、行头都做得像模像样。租界那边的杨记古董铺看上去无奇不有，老城这边的洋记洋货店看上去古怪离奇。杨记古董铺在戈登堂西边街对面，戈登堂东边是利顺德大饭店，来天津办事或游玩的洋人都住在利顺德大饭店里，走出饭店便能瞧见古色古香的杨记古董铺了。洋记洋货店在海河边娘娘宫前广场旁的一条横街上，到娘娘宫来上香的人很容易逛到洋货店。两边店铺的选址都好，风水宝地，人气旺足，买卖好做。

　　他更着意在自己的行头上做文章。

　　在租界那边，他把自己扮成一个地道的中国人。一身袍子马褂、缎帽皮靴，材料上等，做工考究，关键是样子一定要古里古气，大拇指套着鹿骨扳指，叫洋人看得好奇。在老城这边，他胸前总垂着一根怀表的金链子，脖子上系一根深红色细绳领带，洋里洋气；洋人看不伦不类，中国人看洋气十足。还有，他身上总冒一股子只洋人才用的香水味儿。这一来，他就成了店铺里最招人的肉幌子。

他刚刚干这买卖时，不缺中国古董，就缺洋货。他想出了一招——以物易物。这招很得用。若是洋人喜欢上哪一样中国的老东西，不用钱买，拿件洋东西来交换即可。然后他把这些从租界那边换来的洋货，再拿回到老城这边的洋货店来卖。两边的货源都不缺，买卖都好做。尤其是，洋人不懂中国东西的价钱，中国人也不懂洋东西的价钱。中间的差价全由他随机应变，怎么合适怎么来，这种无本买卖干起来就太容易了。

没有几年，他就在粮店前街买了一块挺宽敞的空地，大约六七亩，盖一座两进的大瓦房，磨砖对缝的高墙、石雕门楼，比得上东门里的徐家大院。他还买了一辆新式轿车，去到宫前或租界全都舒舒服服坐在自家的车上。有多少钱享多大的福。在海河两岸上干古董这行的，没人不羡慕他。有人骂他吃里扒外，吃洋饭，卖祖宗，可是你有他这种本事——一手托两家，两头赚，来回赚，华洋通吃吗？人家杨老板还下功夫学了几句洋话呢，谁行？再说，在租界里开古董店，人家是第一家，在老城这边开洋货店，人家也是头一号。过去天津人知道嘛叫洋货店吗？都是人家杨老板开的头儿。别听人骂他，这帮人一边骂他，一边学他，也开洋货店。如今在他周边至少冒出六七家洋货店来。这条原本不知名的小街，人人都称作"小洋货街"了。

洋货店多了，争嘴的人多了。做买卖的人都是各显其能、各出招数，渐渐使他的洋记洋货店变得平平常常。同时，租界里的洋人们更喜欢跑到南门外的破烂市上淘老东西，那边的杨记古董铺也不新鲜了。

这事难了他，却难不住他。一年后，他忽然在两边古董店各花一笔钱，各使出了一招，这招别人同样想不到。

他从租界花钱请来一个法国人，叫马尔乐。人高腿长，金色卷发和胡须，尖鼻子可以扎人，八哥赛的蓝眼睛，胳膊上长了许多金毛，个头至少比中国人高两头。这种人若是发起疯来，会不会咬人？但是马尔乐分外和蔼可亲，总是迷人地笑着，身上散出一种特殊的既不好闻也不难闻的气味。他用磕磕巴巴的中国话，耐心向买家解释每一件洋货。他还挺会开玩笑，这很适合天津人的口味。

洋人才能把洋货说明白。马尔乐的出现，表明只有洋记洋货店里的洋货才是地道的洋货。别的店里的洋货都是靠不住的。于是，杨家的大旗再一次在老城这边飘扬。

他租界这边也用了一个奇招。

他花钱把杨记古董铺后边一个空仓库买下来，打通了隔墙。这仓库铁顶木墙，高大宽阔，纵深很深。他从老城那边找了三四十个倒腾古玩的小商贩在这里摆摊。待小商贩们把中国人的老东西五彩缤纷、五花八门地一铺开，这仓库就像一个魅力十足的古玩市场。租界里的洋人不用再跑到老城那边去找古玩市场了。它开在了洋人身边，一扭身就进去了。半年之后，这里便成了洋人们来天津必来逛一逛、十分好玩和必有收获的"黄金去处"。杨掌柜一句话切中其中的奥秘："洋人最喜欢自己来发现。"

他目光如炬，能够看准买家的心理，买卖必然是战无不胜了。他还不时把马尔乐调到租界这边来，帮着洋人寻宝淘宝。洋人信洋人，买卖真叫他玩活了。

北京那边干古董的，都羡慕他，但那边没有杨掌柜这种人。

瓜皮帽

自打天津开埠，这地方有钱赚，四面八方的人便一窝蜂往这儿扎。有人说天津卫的地上就能捡到金子，这话不假，这话不玄。当然，就看你看没看见金子。

胡四是淮安人，县城里长大，念过几年私塾，家里穷，早早到一家药铺当伙计，他人够机灵，眼里有活，手也跟得上眼。家里看他行，便经熟人帮忙，送到天津锅店街一家老药铺里学徒。

那时，由南边到天津都是坐船。胡四上船时，只有一个包袱，包袱里一身换洗的衣服、一双纳好的鞋。脑袋上一顶青黑色的皮帽，给他娘缝了又缝，反正怎么缝也缝不成新的。

胡四果然行。凭着干劲儿、拼劲儿、天生的麻利劲儿，很快就在老药铺伙计中站到排头，抓药称药捆药包——比老伙计更老伙计。天津卫药店里捆药包的纸绳都是用上好的牛皮纸捻成的，又细又亮又结实，跟细铁丝一般扯不断，可是在他又白又软的几根手指之间，松紧自如；捆好包，结好扣，要断开纸绳时，随手一挽一拉，嗒一声就断了。动作像戏台上青衣那样轻轻一摆兰花指，谁也不知这绝活是怎么练出来的。

这一切，药铺老板都看在眼里。

天津卫老板都会用伙计，年底算账关钱时，在付给他说好的薪水之外，还拿出两包银子。一包当众给他，这是为了给别人看，激

276

励别人跟他学；一包私下给他，这是不叫别人看到，为了拉拢他。钱在商家那里，是做人情和拉拢人最好使的东西。

胡四拿到钱，心里开了花。

在老家县城里一年的辛苦钱，在天津卫竟然翻上三番儿。这次回家过年，他决心来个"衣锦荣归"。随即攥着钱上街，先给爹买上二斤劲大香浓、正经八百的关东的黄金叶子，再给娘买两朵有牡丹有凤凰有聚宝盆的大红绒花。至于哥哥、嫂子、侄儿那里，全不能空着手。桂顺斋的小八件和桂发祥的大麻花自然也要捎上两盒。他走过估衣街时，在沿街亮闪闪的大玻璃窗上照见自己，旧衣破帽，这可不行。混得好，一身鲜，一定要给自己换个门面。

他先去龙泉池剃头刮脸，泡个热水澡，除净了污垢，不仅皮光肉亮，身子顿觉轻了一半。跟着去买新衣新鞋。为了省钱，不买棉裤棉袄，只买了罩裤罩褂。从头到脚，帽子最要紧。听人说劝业场那边同陞和鞋帽店有一种瓜皮帽，是酬宾的年货，绒里缎面，物美价廉。胡四来天津已经一年，白天在锅店街的药铺里抓药，晚上就在店后边的客栈睡觉，很少四处去逛。今儿为了买新帽子，沿着东马路向南下去，头一遭来到了劝业场。劝业场紧接着法租界，一大片新盖好不久的大洋楼，五彩灯牌哗哗闪，胡四好像掉进一个花花世界，一时心里生怕，怕丢了自己。

费了挺大劲找到同陞和鞋帽店，进去一问，店员果然拿出这种瓜皮帽。不单材料好、做工好，额顶前面还有一块帽正，虽非绿玉，却像绿玉。他的穷脑袋瓜子，从来没戴过这种这么讲究的帽子。只是尺寸差点，大中小三号，试一试，大号大，中号松，小号紧，怎么办？店员说："就这中号吧。您刚剃了头，其实帽子不松，是您的光头觉得松，过几天头发楂一长出来就不觉得松了。"

胡四也是当伙计的，知道这店员能说会道、句句占理，是卖东西的好手。便朝他笑了笑，付了钱，把旧帽子摘下揣在怀里，新帽子往头上一扣，一照镜子，人模狗样，好像换了一个人，像个富人。

他美滋滋走出帽店。没几步，忽然几个人上来，把他连拉带架进一间大房子。胡四以为自己遭抢，拉他的人却挺客气，龇着牙笑嘻嘻说："您算赶上了——张寿臣说单口！要不是今天，您想听也没地界听。张大帅请他都得看他有没有时候。"

进来一看，原来是个相声园子。

一排排长凳子，他被安排在前三排中间一个空座坐下，拿耳朵一听，真好。

天津人爱听相声。相声园子和酒店一般多。胡四来天津这一年里，没少听相声。刚听时听不出门道，等到和天津人混熟了，就听出来相声里处处是哏，愈听愈哏，想想更哏。

现在一听张寿臣，可就一跟斗栽进哏里边了。

胡四正听得入迷，忽然，觉得脑袋顶子一凉，好像一阵凉风吹在头上。他抬手一摸，好像摸一个光溜溜滚圆的西瓜。光头！怎么是光头，帽子怎么没了？掉了？他回头往地上一瞧，嘛也没有，左右一看，两边的人都在听相声，没人搭理他。他再猫下腰去找，凳子下边干干净净，只有一些脚，都是周围听相声人的，其余任嘛没有。他问身后的人看没看见他的帽子。

身后一排凳子上坐着一人，长得白白胖胖，穿得可比他讲究；深黄色袍子上有暗花，黑皮马褂上垂着金表链，头上也一顶瓜皮帽，跟自己新买的那顶一样。这胖人笑着对胡四说："问我？你又没叫我帮你看着帽子。"然后说："人多的地界，要想别挤掉帽子，得像我这样——"他抬起手指拉拉脖子下边。

胡四仔细一看，原来他帽子两边各有一根带子，绕过耳朵，在脖子下边结个扣儿。

胖人又说："这样，别人想摘也摘不去。"说完拉拉帽带，嘿嘿笑了两声，站起来走了。

胡四丢了新帽，不肯花钱再买，仍戴原先的旧帽子回家，心中不免别扭，事后常常和人说起。帽子上安上帽带，以防脱落，固然有道理，可是他当时并没站在大街上，也没挤在人群中，而是坐在园子里听相声，怎么转眼就不见了？这其中的缘故，在淮安老家没人猜得出来。过了年，回到天津卫锅店街，他与药店附近摆摊的鞋匠说起了年前丢帽子这事。鞋匠听了，问他："你现在还不明白是怎么回事吗？"

"我怎么会明白，当时只顾听相声，脑袋一凉就没了。周围没几个人，都坐在那儿没动静儿呀。"胡四说。

鞋匠哈哈大笑说："这不明摆着吗，那胖子就是偷你帽子的！"

胡四一怔，说："胡说什么呢。我可没看见他手里拿着我的帽子。"

鞋匠说："哪会在他手上，在他头上。他头上戴着的就是你的帽子。"

胡四说："更瞎说了。他帽子虽然和我那顶一样，可那是人家自己的。人家帽子上有带子，还结在脖子上呢。"

鞋匠没接话茬，他从身边一个木箱里找出一根带子，只说一句："你看好了。"跟着把带子搭在脑袋上，再把垂在脸颊两边的带子绕过耳后，结在脖子下边。

胡四没看明白这是什么意思。鞋匠伸过手来对他说："把你头上的帽子摘下来给我。"

胡四把帽子摘下来递给鞋匠，鞋匠接过去顺手往自己的脑袋上一扣，说："这帽子是你的还是我的？"

看上去真像是鞋匠的帽子，牢牢地系在他的头上。

鞋匠说："人家用一根绳，就把你帽子弄走了。"

胡四心服口不服，还在自辩："怪我当时只顾听相声。"

鞋匠笑道："你这段事可比相声还哏呢。"

小尊王五

保定府的李大人调到天津当知县，李大人周围的人劝他别去，都说天津地面上的混混儿太厉害，个个脑袋别在裤腰带上，天不怕地不怕，那时官场都怵来天津做官。可是人家李大人是李中堂的远房侄子，自视甚高，根本没把土棍地痞当回事。他带来的滕大班头又是出名的恶汉，谁敢不服？李大人笑道："我是强龙不怕地头蛇。"

李大人来到天津卫，屁股往县衙门大堂上一坐，不等混混儿来闹事，就主动出击，叫滕大班头找几个本地出名厉害的混混儿镇服一下，来个下马威。头一个目标是小尊王五。

王五在西城内白衣庵一带卖铁器，长得白白净净，好穿白衣，脸上带笑，却是一个恶人。不知他功夫如何，都知他死活不怕，心狠没底。在天津闹过几件事，动静很大，件件都叫人心惊胆战，故此混混儿们送给他一个绰号叫作"小尊"。他手下的小混混儿起码有四五十个，个个能为他担当死干，拿出命来。白衣庵东边是镇署，再往东过了鼓楼北大街就是县衙门。李大人当然要先把身边这根钉子拔了。

这天一早，几个小混混儿给王五端来豆腐脑、油炸果子和刚烙出来的热腾腾的大饼。大伙在院子里吃早点时，一个小混混儿说："这几天县大人叫全城的混混儿全要去县衙门登记，打过架的更要登记，不登记就抓。"

王五说："甭理他，没人敢来叫咱们登记。"

小混混儿说："县衙门的一位滕大班头管这事。这人是李大人的左膀右臂，人凶手狠，已经有几个混混儿落在他手中了。"

王五说："这王八蛋住在哪儿？"

混混儿说："很近，就在仓门口那边一条横街上。"

王五说："走，你们带路！"说完，从身边铁器中哗啦拿起一把菜刀，气势汹汹夺门而出。混混儿一帮前呼后拥跟着他。

到了滕大班头家就哐哐砸门。滕大班头也在吃早点，叼着半根果子开门出来，见是王五便问："你干吗？"

王五扬起菜刀，刀刃不是对着滕大班头，而是对着自己，嘛话没说，咔嚓一声，对着自己脑门砍一条大口子，鲜血冒出来。然后才对滕大班头说："你拿刀砍了我，咱俩去见官！"

滕大班头一怔，跟着就明白，这是混混儿找他"比恶"来的。按照这里混混们的规矩，如果这时候滕大班头说："谁砍你了？"那就是怕了，认栽，那哪行！滕大班头脸上的肉一横说："你说得对，大爷高兴砍你，见官就见官！"

小尊王五瞅他一眼，心想这班头够恶。两人去到县衙，李大人升堂问案。小尊王五跪下来抢先把话说了："小人姓王名五，城里卖香干的。您这班头天天吃我香干不给钱，今早我去他家要钱，他二话没说，从屋里拿出菜刀给我一下，凶器在这儿，我抢过来的。伤在这儿，还滴答着血呢。青天大老爷，您得给小民做主。"

李大人心想，我这儿正在抓打架闹事的，你县里的班头却去惹事。他问滕大班头这事是否当真。

如果这时滕大班头说："我没砍他，是他自己砍的自己。"也还是说明自己怕事，还是算栽。只见滕大班头脸又一横说："这小子的话没错。我是吃他的香干了，凭嘛给钱？今天早上他居然上门找我要钱。我给他一刀。"

小尊王五又瞅他一眼，心想这班头还真够恶的。

"你怎么知法犯法！"李大人大怒，左手指着滕大班头，右手一拍惊堂木，叫道："来人！掌手！五十！"

衙役们一拥而上，把掌手架抬了上来，拉过滕大班头的手，把他的大拇指往架子上一个窟窿眼里一插，再一扳，手掌挺起来，抢起枣木板子就打。啪啪啪啪十下过去，眼看着手掌肿起两寸厚；啪啪啪啪啪啪再十五下，前后加起来二十五，离着五十才一半，滕大班头便挺不住了，硬邦邦的肩膀子赛给抽去了筋，耷拉下来。小尊王五在旁边见了，嘴角一挑，嘿地一笑，抬手说："青天大老爷！先别打了，刚才我说的不是真的，是我跟咱滕大班头闹着玩呢。我不是卖香干是卖铁器的，他没吃我香干也没欠我债，这一刀不是他砍我的是我自己砍的，这刀也不是他家是我铁铺里的，您看刀上还刻着'王记'两个字呢！"

李大人给闹糊涂了，不明白这个到底是嘛事。他叫衙役验过刀，果然上边有"王记"二字。再问滕大班头，滕大班头就不好说了。如果滕大班头说小尊王五说得不对，自己还得接着挨那剩下的二十五下。如果他点头说对，那就认栽了。可是他手是肉长的，掌心的肉已经打飞了，再多一下也受不住，只好耷拉脑袋，认头王五的话不假。

这一来李大人就难办了。王五说他是自己砍自己，那么给谁定罪？如果就此作罢，县里边上上下下一衙门人不是都叫这小子耍了？滕大班头还白白挨了二十五板子呢。如果认可王五说的是真的，不就等于承认他自己是蠢蛋，叫一个混混儿戏弄了？他心里边冒火，脑袋里没法子，正是骑虎难下时，王五出来给他解了套儿。只听王五忽说："青天大老爷！王五不知深浅，只顾取乐，胡闹乱闹竟闹到衙门里。您不该就这么便宜了王五，怎么也得给我掌五十！您把刚刚滕大班头剩下那二十五下也算在我身上，总共七十五下！"

李大人正火没处撒，台阶没处下，心想这一来正好，便大叫："他这叫自作自受，自己认打。好！来人，掌七十五！"

王五没等衙役过来，自己已经走到掌手架前，把大拇指往窟窿眼里一插，肩膀一抬，手心一挺，这就开打，啪啪啪啪啪啪啪啪，随着枣木板轮番落下，掌心一下一下高起来，跟着便是血肉横飞。王五看着自己打烂的手掌，没事儿，还乐，好像饭馆吃饭时端上来一碟鲜亮的爆三样。挨过了打，谢过了县大人，拨头便走，把滕大班头晾在大厅。

事过一个月，滕大班头说自己手腕坏了，拿不了刀，辞了官差回保定府，整治混混儿一事由此搁下没人再提。天津卫小尊王五的故事从此又多了一桩。

谢二虎

谢二虎的爹谢元春在静海倒腾瓜果梨桃，用大车拉到天津三岔河口的码头上卖。卖水果在天津叫作"卖鲜货"，买卖好做又难做。天津人多，嘴馋，爱吃四季新鲜的果子，这买卖好做。可是码头人杂，横人多，强买强卖、强吃白吃，一个比一个厉害，这买卖又难做。

谢元春有三个儿子，大虎二虎三虎，自小就跟着爹来天津这边卖鲜货，常见爹受气，却惹不起那些土棍，只能把这口气憋在心里。二虎暗暗立下大志，练好一身功夫，谁也不怕。谢家哥儿仨天生身体棒，人高六尺，膀大腰圆，从小好练，力大无穷。

谢元春岁数大了之后，不再卖鲜货。三虎开一个粪厂，晒大粪卖给农人种地。二虎跟着大虎在白河边当脚夫，凭力气吃饭，背米扛活，装船卸货。哥儿俩能干四个人的活。人是铁饭是钢，能干活更得能吃。大虎疼弟弟，二虎能吃，就叫他敞开肚子吃。大虎一顿吃四个贴饼子，二虎吃八个。一次大虎拉他去南市增福饭馆吃猪肉烫面饺子，解解嘴馋，大虎吃了三屉，二虎一口气干了十屉。把增福饭馆的老板伙计全看傻了。大虎喜欢看二虎狼吞虎咽，还有吃饱肚子两眼冒光的样子。哥儿俩赚的钱除去养爹妈，多半填进二虎的肚子。

天天吃得多，年轻不怕累，活儿重反倒练了身子。特别是二虎，渐渐比大虎高了半头，骨强肉硬，赛虎似牛，走在街上叫人生畏。大虎总对二虎说："咱们不怕事，但也绝不惹事。"

二虎听兄长的话，但码头这地方——你不惹人人惹你。

一天，打沧州来一个汉子，力蛮会武。二虎个头比他高，他肩膀却和二虎一边宽，黝黑黝黑，一身疙瘩肉。那天，二虎干完活正要回家，沧州汉子拦道站着，扬着脸儿问二虎，想比力气，还是摔一跤？二虎见身边正在码苞米。一大包苞米一百八十斤，码起来的苞米垛赛一座座大瓦房。二虎走过去，单手一抓，往上一提，没见他使劲就把一人高的苞米包提起来，弓腰一甩手，便扔到苞米垛子上边去。跟着手又一提，腰一弓，再一甩，很快地上八个大苞米包都扔了上去，好像扔上去的是烟叶袋子。完事他拍了拍手上的土，笑吟吟看着沧州汉子。那意思好像是说，你也叫我扔上去吗？

只见沧州汉子黑脸变成土脸，忽然掉头就跑，从此再也没在码头上露面。

二虎的名气渐渐大了，没人敢惹，致使码头这边太平无事。可是一天又一伙混混儿来到码头，人不少，五六十号，黑压压一片。

这群混混儿中间有个人物极是惹眼，大约四十多岁，不胖不瘦，也不强壮，长得白净，穿得也干净。别人全是青布衫，唯独他利利索索一身白纺绸裤褂，皂鞋、黑束腰，辫梢用大红丝绳扎着，像个唱戏的，可在眉宇之间有一朵乌云，好像随时要打雷。他往码头上一站，混混儿就朝二虎这边喊："虎孙子出来！"

二虎人高马大，谁也不怕，他冲着这白衣混混儿问道："你是谁？"

码头的脚夫中有见多识广的，心想这不是天津卫数一数二的武混混儿"小尊王五"吗？遇见他就是遇到祸。你二虎这么问他，不是成心找死吗？

小尊王五看着二虎，嘴一咧，似笑非笑，神气有点瘆人。

二虎见他不说话，不知往下怎么说。

忽然，小尊王五往地面上瞧瞧，找一块平整的地方走上去，脱下裆子，腿一屈躺在地上，然后对身边一胖一瘦两个小混混儿说："抬块石板来！二百斤以下的不要！"

两个小混混儿闻声而动。二百斤的石板太重，两个混混儿抬不动，又上来几个混混儿一起上手才把石板抬过来。小尊王五说："压你爷爷身上！"

小混混儿们不敢，小尊王五火了，混混儿们便把这块二百斤的青石板压在小尊王五身上。这一压要是别人，五脏六腑扑哧一声全得压出来。小尊王五却像盖床被，严严实实压在身上，没事。

小尊王五不搭理二虎。这是混混儿们的比狠和比恶。这狠和恶不是对别人，是对自己。而且——我怎么做，你也得怎么做。我对自己多狠，你也得对自己多狠。你敢比我还狠吗？

二虎在码头上长大的，当然懂得混混儿这套，他不怕，也脱下裆子，像老虎一般躺下来。他要的却不是石板，而是叫脚夫们搬一个大磨盘来。那时天津正修围城的白牌电车道，用石头铺道，磨盘比石块好铺，码头上堆着不少大磨盘。磨盘又大又重，一个至少三百斤。大磨盘往二虎身上一放，都以为二虎要给压成一张席子，没想到二虎笑嘻嘻地说："一个磨盘不够劲儿，再来一个。"

众人觉得这两块磨盘很快就会把二虎压死，二虎却叫那两个给小尊王五抬石板的小混混儿过来，一人抱一块石头放在磨盘上。这两块石头再放上去至少七八百斤！二虎还嫌不好玩，又对那两个小混混儿说："你们俩也别下来了，就在上边歇着吧！"

下边的事就是耗时候了。谁先认输谁起来，谁先压死谁完蛋。大伙谁也不吭声，只见小尊王五脸色渐渐不对了，鼻子眼儿张得老大。可是他嘴硬，还在骂骂咧咧地说："我怎么看虎孙子闭上眼了呢，压死了吧？"

众人上去一看，二虎确实闭着眼也闭着嘴，一动不动，像是没气了。于是，两边的人一起上去，把两人身上的石头都搬了下来。

混混儿那边把小尊王五身上的石板抬走后，只见小尊王五好像给压进地面了，费了半天劲才坐起来。脚夫这边将压在二虎胸口上的石头和磨盘刚刚搬下来，二虎忽然睁开眼，一挺肚子就生龙活虎蹿起来了，一边拍身上的土，一边笑呵呵地说："我睡着了，梦见和大虎在吃包子呢。"

脚夫们只管和他说笑，再看小尊王五一伙人——早都溜了。

打这天开始，没人再来码头上找麻烦。二虎的大名可就贯进城内外的犄角旮旯。

世人把二虎看成英雄，二虎却嫌自己的武功不行，他从小练的是大刀铁锁石礅子，没门没派没拜过名师，没有独门绝技。于是他求人学武，人家一看他的坯子，没人敢教。他站在那儿像一面墙，老虎还用教它捕猎？他把城里城外、河东水西，直到小南河霍家庄——沽上所有武馆的名师那里全都跑遍了，也没人收他。最后经大虎一个朋友介绍，去见一位绝顶高手，此人大隐于世，只知道姓杜，不知叫嘛，六十开外，相约他在东南城角清云茶楼二楼上见面。

他按时候去了。楼上清闲，有三两桌茶客喝茶，其中一桌只一位老者，但看上去绝非武林中人，清癯面孔、小胡子、骨瘦如柴，像南方人。他便找个靠窗的桌子坐下来，要壶花茶边喝边等着。

等了许久也未见人影，扭头之间看到一个景象叫他惊愕不已。只见一直坐在那里饮茶的老者，竟然是虚空而坐，屁股下没有凳子！没有凳子，他坐在哪里？凭什么坐着？全凭这匪夷所思的功夫坐了这么半天？这是嘛功夫？

就在他惊愕之间，那老者忽说："你给我搬个凳子来。"老者没扭过脸，话却是朝他说的。

他慌忙搬个凳子过去，放在老者屁股下边，老者下半身挪动一下，坐实了凳子，手指桌子对面说："你坐在这儿。"然后正色问二虎："你要学功夫？"

二虎迫不及待说："我要拜您为师，跟您学真本事！"

不料老者说："你学本事有嘛用呢？"进而对二虎说："学武功，目的无非两样，一是防身，一是打人。你这么威武，还需要防身吗？那你学武干吗？想打人吗？"

二虎摇着双手说："我不想打人，从小到现在没打过人。人不欺负我，我不会打人。"

老者笑了，说："你这样儿谁敢欺侮你。你再会武功，没准去欺侮人。"他摸摸胡须，沉吟一下说："有功夫不是好事。像你这样，没人欺侮才是天生的福分，我没你这福分才练功夫。记着，比福多一点就不是福了！"说完，起身便走。

二虎起身要送，老人只伸一根细如枯枝的手指，便把他止住，他觉得胸脯像给一根生铁棍子顶着。

二虎后来再没见人有这功夫。据大虎说，这人曾是孙中山的保镖，早退休不干了。

二虎就按这老人的话活着，没再学功夫，也没人欺侮他，快活一辈子。

齐眉穗儿

庚子那年，八国的洋兵联手占了天津，几百年花团锦簇般的老城被刀光剑影洗劫一空。洋兵还与官兵合力，将闹事的拳民赶尽杀绝。几个月前，满城的红头巾红兜肚红幡旗全都不见，只有到处血迹斑斑。一时还要剿除红灯照，见到穿红衣的女子举枪就打，一时津门女子不敢身穿红衣。

洋人怕天津人再闹事，凭借高高的老城墙与租界对峙，便扒掉城门楼子，把老城推了，填平护城河，好像给天津剃了光头，换了另一番景象。在这改天换地的大折腾中，俞占山得了便宜。俞占山原本是侯家后一个大混混儿，靠着耍横吃饭。现在洋人一来，他挺机灵，紧劲儿往上贴，给洋人办事，讨洋人欢喜，后来直隶衙门建立起来，衙门里洋人说了算，便赏给他一个官差，叫他掌管城北一带地方的治安。这种使横的差事对于他，再好干不过，还有油水可捞。俞占山手下小混混儿成群，一个比一个凶，管起人来轻而易举。这就把黑白两道捏在一起，既有势又有钱，比起原先单绷儿一个混混儿厉害多了。

一天早上，家丁开大门时，见地上有封信，多半是夜里从门缝塞进来的。信封上用毛笔写了"俞占山"三个大字，墨色漆黑，有股子气势，好似直冲着俞占山来的。打开一看，上边只写了几句话：

老娘等着用钱，包上二十根金条，今天后晌放在你家后门外的土箱子里，明天天亮前老娘来取，违命砍头！

没有落款，不知是谁。

看信，一口一个老娘，老娘是谁？孙二娘还是扈三娘？这老娘儿们这么横，居然敢找上门要金条，找死吧！他嘿嘿一笑，想出一条毒计。

等到下晌，他拿出二十根金条包成一包，叫人放在后门外小道墙边的土箱子里。土箱子就是那时候的垃圾箱。

这小道不是路，是两座大房子高墙中间极窄的一条夹道。城北一带这种夹道挺多，都是为了防止邻居失火，灾祸殃及，相互留一条空儿。可是这种夹道极窄，五尺来宽，走不了车，最多只能走一个人。

高宅深院的大门都临街，夹道里边很少开门。俞占山的宅子大，挨着夹道开了一个单扇的后门，为了给佣人去买菜和倒脏东西。土箱子就在后门对面，靠墙放着。这种憋死角的地方，好进不好出，居然有人敢用。真若把金条放进土箱子，怎么来取？取了之后出得去吗？叫人两头一堵，只有乖乖被拿下。这实际上是个捉人的好地界。这娘儿们，怎么偏偏选这么一个地方来取金条？找死？

俞占山叫人把金条放进土箱子，上边倒些炉灰、脏土、菜叶，盖上盖儿，然后在夹道两头和后门三处的屋顶上安排了伏兵，总数大约十来个人，全穿黑衣，天一晚便混在夜色里，衣襟里裹斧藏刀，趴在房屋上不出声。特别是潜身在后门上边的几个，身手都好，只等着来拿金条的人一出现，跳下来一举擒获。

整整一个晚上，俞占山都在堂屋里喝茶抽烟，不急不躁，等着"贼人"落入陷阱，可是他从午夜，数着更点，一夜慢慢过去，直到天亮，也没见动静。俞占山忽然眼睛一闪，好像明白了什么，他说："我给耍了，金条放在土箱子里，根本没人取，也没人敢取。这是成心耍我！"跟着，他派人到后门外，去把土箱子里的金条取回来。

可是取金条的人空手回来说，土箱子里的金条没了！

怎么会？十多个大活人，瞪着大眼守了一夜，连个野猫也没放过，一大包金条凭空就没了？没法信，也没法不信。炉灰烂菜都在土箱子里边，可就是没有金条。

俞占山非要一看究竟不可。他跑到后门外，叫人把土箱子翻过来，箱子除了垃圾嘛也没有。俞占山眼尖，他一眼看到土箱子挨着墙的那几行砖不对，砖缝的灰没了，露出缝子。他弯下腰，用手一抠，砖是活的；他脑子快，再翻过土箱子，一拉箱板，箱板竟然也是活的。这土箱子里的金条是从墙那边取走的！他立马带人走出夹道，转身去到邻家的平安旅店。

旅店的牛老板吓坏了，天刚亮，怎么俞占山就带人闯进店来，自己惹了嘛事？俞占山说他要查店里挨着外边夹道的所有房间。牛老板就愈加不明白，为嘛要查这些房子？但俞占山谁敢戗，领着他们去查就是了。每查一间就连东西带人大折腾一番，却嘛也没查到。牛老板说："后边还有个小院，外边也是夹道。"

俞占山一班人到了楼后小院去看，院里很静，有花有草，墙上爬满绿藤。他们扒开绿藤一看，就明白了。挨着地面的三行砖全动过手，砖是活的，拿下这几块砖，露出一个透着亮儿的小洞，外边就是土箱子。土箱子靠墙的箱板是木板也是活的，一拉就开。真相大白了！土箱子里就是有聚宝盆，从这儿也端过来了。

俞占山已经气得嗷嗷叫，喊道："谁住这儿?!"

牛老板说这院子只有两间小房，不通楼上，全是下人住的房子。好久不住人了。

可是管柜台的黄三说，前两天住进过一个女子，单身，求安静，想住到后楼，后楼人满了，就在这后院收拾出来一间小房租给了她。她说要住五天，但住到昨天后半夜，她说有急事要走。人家住了三天，给了五天钱，再说住店随便，不能拦着，这女人早就走了。

俞占山听了一怔，果然是个女的。再问，并不像想象中的五大三粗，个子不高，岁数不大，身材爽利，像有点功夫的人。斜背一个包袱，头上裹着蓝布，模样看似挺俊，可是她总低着头，前额留着齐眉穗儿，下半张脸像蒙了半块纱，看不清楚。

俞占山说："嘛样都说不清楚? 你一个管住店的，能不看客人?能不记得人的模样? 这人是你勾来的吧?"

黄三差点吓尿裤子，摇着双手说："不不不，我哪认得。这人确实不太一般，齐眉穗儿特长，把两眼都快遮上了。不过，现在一寻思，真不像一般妇道人家。"

俞占山只说一句："放嘛屁!"便不再搭理黄三，派人楼上楼下、店内店外、街前街后，找这个留着"齐眉穗儿"的女子。直到晌午，也没见到影子。

俞占山知道找也没用，肯定早溜了。背着几十条金子，还不赶紧脱身？人多半已不在天津了。渐渐他脑袋里浮出一个人影来：去年伏天拳民势盛时，他的锅伙在运河边，一拨红灯照女子来找他，问一个名叫余方胜的二毛子的事，这二毛子也是个有名的混混儿。为首的红灯照挺凶，就是留着很长的齐眉穗儿。个头不高，气势压人。她甩头时，雪亮的眼神在齐眉穗中一闪，宛如刀光，给他的印象很深。

这个女子岂不就是那个女子？如若不是，不会指名道姓地来找自己。她和自己打过交道，肯定知道自己的底细。现在自己在明处她在暗处，不能不防！凡事小心一点，手脚收敛收敛才是。

过了两个月，俞占山从洋人那里听说静海一带有红灯照招人买枪，又要闹事。可是不久官兵去弹压，打散了。据说这伙红灯照买枪用的钱是金条，那肯定就是这个"齐眉穗儿"了。现在被官兵打散了，该肃静了吧。

再过些日子，外边真的没什么动静。俞占山的牛劲又壮起来，一些缺德的事又开始伸手伸脚了。一天早上，他起来漱口洗脸，走到堂屋中间伸个懒腰，正打算喝杯热茶，扭头一见八仙桌上放着一件什么东西，拿起来看是块黄布。俞占山在纳闷中，忽地一惊，这不是半年前包二十根金条的那块布吗，怎么会放在自己家堂屋的八仙桌上？整晚上大门紧闭，屋门窗扇也好好关着，还有人打更巡夜，谁会幽灵一般进来，轻轻松松把这块黄布放在这里，这人是谁？肯定就是那个奇女子齐眉穗儿！

秦六枝

咸丰庚申年后，洋人开始在天津开埠，设租界。一下子，天津卫这块地便大红大紫，挤满商机，好赛天上掉馅饼。要想赚钱发财，到处有机可乘。于是，江南各地有钱的人都紧着往这儿跑。

这些江南富家大户不仅有本事弄钱，还会享福。他们举家搬来天津时，大多还带上五种人：管家、账房、贴身丫鬟、厨子和花匠。有这五种人，活得舒坦。管家管好家，账房管好账，丫鬟管好身边事，厨师做好一日三餐，花匠养好屋前屋后的花花草草。江浙人把花看得重。花要养得美，养得有姿有态，养得精致。他们看不惯北方人，有点大红大绿就行了。至于花园，不仅收拾得漂漂亮亮，还要有滋有味。

秦六枝是虞山人。虞山人自古都善画。清初时，画得最好的是王石谷，王石谷自己创立了虞山画派，压倒了当时画坛所有名家。秦六枝自小爱画，有才气。人长得秀气。"六枝"是他的外号，据说他很年轻就能画好这六种枝叶：一是松枝，二是柳枝，三是梅枝，四是竹枝，五是寒枝，六是春枝。都说他画画会有出息，可是他命不行，他上边几代人全是穷花匠。富人善画，可以出名，画可以卖钱；穷人爱画，难出大名，画不能卖钱。家里没钱养活他画画，他身上这点才气打小就给憋住了。要想活着，还是和泥土花木打交道。他心里的画渐渐就混进园艺中了。若是叫他拿花草树石配个景

296

儿，他干起来都像画画。

苏州一位富人陈良哲搬到天津时，把秦六枝一家人带来。秦六枝的父亲秦老大在陈家干了半辈子花匠，为人老实巴交，花儿摆弄得好，把院子交给他放心，陈家迁到天津那年，六枝十八岁。

陈良哲把家安在北门里的府署街。那一带全是深宅大院，灰墙黑门，古木纵横。秦老大住在陈家大宅后边一条小街上，两间砖房，一个长条小院，院里还有口井。平民百姓，在天津有这么一个窝就很不错了。陈家老爷在租界那边还有一处花园洋房。秦老大父子要两边忙，租界老城来回跑，六枝常常给父亲当帮手。后来两边事多，都离不开人，爷儿俩就分工，秦老大在租界那边忙，秦六枝在老城这边干，有空时帮着母亲在小院养些小花小草，摆在家门口卖。

六枝人灵手气活，花儿在他手里一摆弄就分外鲜亮。尤其是他养的草茉莉花，只要端一盆往门口一放，那香味就立刻勾住街上的人，被人请走。六枝愿意在家养花，不愿意去主家干活。在家养花由着自己，想养哪种养哪种。扶苗培花，修枝剪叶，全凭自己的眼光。一盆花若是养得有姿有态、婀娜招人，惹来喜欢和夸赞，他就像画出一幅好画那么高兴。可是，在主家干活就不同了。你在花丛下边摆一块石头衬一衬，主人家可能说看着堵心。你在亭子侧面栽几根细长的绿竹，添点情致，主人家会说"挡眼"。你呢，马上就得改。

六枝懂画，懂园林，人自负，可是不能违抗主家。园子是人家的，只能顺从人家。一次，为了园子里种什么花争不过主家，心里不舒服，禁不住跟父亲说："说什么我将来也得给自己造个园子，准是天下第一。"

父亲骂他:"天津城里有几个爷造得起园子?你敢说这狂话?"

儿子大了,真不知道他是怎么想的了。

几年过去,陈家老爷买卖做得好,外边的事愈来愈多,官场商场的事多在租界那边了,人也常在那边,住在老城不方便,家就一点点挪过去了。手下的原班人马跟了过去。秦老大和老婆也住到租界去,只留下六枝看守府署街这边的大房子。可是东西一点点搬走,这房子便空了大半。六枝守着这高宅深院无事可干,就在这大院里养点花,养好了,送到租界那边去。快过年时,他依照天津本地的习俗,养了金橘、蜡梅、水仙和朱槿牡丹四样,各八盆,运过去。花儿叶子养得饱满光鲜,正好除夕开花,叫主家一家十分欢喜。秦老大觉得脸上有光。

可是这种日子不会长,大房子不能总扔在城里当花房用。陈良哲是商人,商人手里不能有死钱,也不能叫任何一样东西窝着,便把这房子卖给了一个住惯老房子的徽商。只留大院东边一个院落,暂存一时难以处理掉的家具和杂物,以及大院中一些石雕的桌子、凳子、奇石。秦六枝去河边找来几个脚夫,足足用了一个月,把东西都堆在东边一个小院落里。完事这小院落就归秦六枝看守了。

自打头一天,把大院石头木头的物件搬到这边小院时,秦六枝就动了心思。他心中忽想,何不利用这些东西,在这小院里造出一个自己脑袋里的"园子"来?反正这些东西是要堆在院里的,怎么堆也没人管。

他白天想夜里思,琢磨这些东西怎么摆,怎么攒,怎么配。他在脑袋里想,心中画,纸上改。然后叫脚夫们把东西依照自己画的图纸搬放。这些脚夫不知为嘛非这么摆那么放，费了牛劲，才把这些死重的东西折腾好，完事六枝把门一关，自己一个人开始大干起来，干的嘛谁也不知，街坊们只是看到他在忙，或是扛一袋重重的东西回来，不知袋子里边装着嘛，或用小车推进去一棵老梅树桩。房子都卖了，还种嘛树？

反正他一个人没人管，娘跟着爹在租界那边，秦老大只知道他在这边看守着老屋，养养花。逢到换季，用手推车往租界送些花，每次都是香喷喷、花花绿绿的一车。

转年入夏，秦六枝送二十盆五彩月季到租界这边，临走时对秦老大说："爹要是哪天得空，到老城那边看看。"

秦老大说："破房子破院看什么？"

六枝说："自然有的看。"说完笑了笑。

秦老大不信这小子能养出什么奇花异卉，寻到了空儿，就去了老城。

秦六枝白天守着那个堆东西的院落，晚上还是住在原先小街上那两间小屋里。秦老大许久没回来，进去一看，屋外全是花，屋里老样子，只是到处是些纸，画着各式各样山石花木。秦老大问他画这些东西干吗用。六枝没吭声，把他爹领出来，走到府署街，沿着老宅子侧边的高墙走不远，一拐，来到一扇又窄又长的门前，六枝掏出钥匙开锁。

秦老大说："你得常来这里查看查看。这里边的东西不怕偷，就怕火。"

六枝说："我一天来好几回呢。"说着门儿咔嚓一声打开。

秦老大一迈进门槛，就闻到一股气味，不是堆东西的仓库味儿，而是一片清新、浓郁、沁人之气扑面而来。他是一辈子花把式，知道这气味儿只有深山里有。这老房子里怎么会有这种气味？待推门进了屋子，里边堆满旧家具，窗户全关着，但是山林的气味反而更加深郁更加清透，还有种湿凉的气息。六枝知道父亲心里疑惑什么，他上去把临院子的十二扇花窗哗啦打开。秦老大突然看到一幅绝美的山水园林的通景，立在面前！只见层层峰峦，怪石崚嶒，巉岩绝壁；还有重重密林，竹木竞茂，蒙络摇缀。再往纵深一看，中有沟壑，似可步入。不知不觉间，秦老大已经给六枝引入院中，过一道三步小桥，桥有石栏，桥下有水，水中有鱼，怡然游弋。桥头一洞口，洞上藤蔓垂拂，洞畔花枝遮翳；洞流清浅，绿苔肥厚，这淙淙水流从何来？

六枝引父亲穿过石洞。洞虽小，极尽曲折；路不长，宛转萦回。待走出石洞，人已在高处，完全另一番景象；再拾阶而上，处处巧思，许多兴致。秦老大看见一块石笋后边，有个木头亭子，两边竹篁相衬，头上梧桐覆盖，坐在其中，别有情味。再看，这巨大的梧桐是从邻居院中伸过来的。秦老大说："你这'借景'借得好。"

父亲是夸自己，六枝心里得意。说："我这亭子，是把您原先在大院东北角做的那个'半亭'挪过来的。"

"看到了，你这里的东西，都是巧用原先大院子的东西，真难为你了。这小院不过半亩多地，叫你做出这么多景来！"秦老大不禁感慨地说："当爹的最不该小看了儿子！"

秦六枝听了这话，扑通给他爹跪了下来。

事后，秦老大想办法，将陈家老爷请到老城这边来，看看六枝造的这个园子。陈老爷看得大惊大喜，呼好呼妙。说他看了太多园子，却"无出其右"，"可以'一览众园小'了"。老爷的隶书写得好，给这园子题名为"半亩园"。当即刻匾、悬匾，叫人把房中堆放的杂物清理出去，收拾好待客，还不断邀请朋友来观赏，友人无不称绝，从此六枝和他爹受到老爷另眼看待。

然世上的好事难以持久。三年后，庚子变乱，英国人的一颗炮弹落到半亩园中，成了一堆野木乱石。陈家老爷避难于上海。避难用不着带着花匠。秦老大一家只能逃回虞山老家。但这一走，从此音信皆无。

田大头

辛亥后那些年，天津城里出了一位模样出奇的人。个子不高，头大如斗；不是头大，而是大头，肩上好赛扛一个特大的三白瓜，瓜重扛不住，直压得后背微微驼起来。脑袋太大还不好扭头，要扭头时，只能转身子。再有，脑袋太沉，头重脚轻，不好快走，走不好就向前一个大马趴，一个"大"字趴在地上。这样的人走在街上谁不看上两眼？

大头本名叫田少圃，但除去他爹，没人知道他的名字，都叫他"田大头"。田大头是富家子弟。祖上能干，赚钱兴家，买地盖房，成了南门里一个富户。长辈兴业发家，后辈坐享清福，不用干活，吃好穿好，有人侍候。田家祖上的家底太厚，田大头的父亲就一辈子嘛也没干，也没坐吃山空，到了田大头这一辈接着再吃。可是这个人走起路来都晃悠，还能叫他干什么，反正家里有米、锅里有肉、腰里有银子，不犯愁就是了。

田大头没嘛心眼儿，天性平淡，人憨厚，从来不想出类拔萃，也就没愁事，活得清闲又舒服。他平生就三大爱好。一是好吃，一是好听玩意儿，一是好玩抓阄儿。有人说他没主意，所以碰事就抓阄儿。

天津是九河下梢、水陆大码头，东西南北的河都通着天津，各地好吃的、好看的、好听的，人间百味、民间百曲、世间百艺都会不请自来。天津人有口福，也有耳福和眼福。田大头在天津能活得不快活？

人要有钱，过得好，活得美，就会围上来一帮人帮吃帮喝，陪玩陪看，哄笑哄乐。城里一些浪荡公子和有闲清客就拥了过来，一起陪着他把天津城内外大大小小酒楼饭店挨着家吃。天津卫的饭馆满街都是，不管鲁菜粤菜苏菜闽菜湘菜川菜浙菜徽菜潮汕菜还是满汉全席，要嘛有嘛。你一天最多也就吃一个馆子，一年最多不过三百个馆子，天津卫现有的饭铺够你一天一个吃上十年二十年，还有数不过来的要开张的馆子排着队等在后边呢。更别提那些戏园子里数不过来的听的看的演的——戏曲说唱杂耍马戏名班名角名戏名段子了。

田大头最喜欢的事是，在馆子里酒足饭饱之后，乘兴决定晚晌到哪个戏园子里听戏听曲听快板或说书。每到这个时候，一准要拿出他最欢心的游戏——抓阄儿。抓上什么去看什么。

有个白白胖胖的机灵小子，叫梅不亏，整天在田大头身前身后跑来跑去。他只要一听田大头说抓阄儿，立即起身跑到柜台，从账房那里要一张纸，裁成小块。今天吃饭几个人，就裁成几块。分别写上本地最叫座的几个戏园子的名字。每个园子演的戏曲说唱都不一样，演出的节目和演员也天天更换，但是没有梅不亏不知道的。

梅不亏更知道田大头喜欢听哪种戏、哪出戏、哪个角儿。每当梅不亏把写好的阄儿放在一个空碗里，大家就嚷着叫着让田大头第一个抓。那些阄儿上边写的戏目和节目都是田大头喜欢的，无论抓起哪个，打开一看，田大头准都会高兴。大家便说他手气好，他抓的都是大家最爱看最想看的。他替大家抓了，大家便不抓了。

反正哄他高兴、掏钱，大伙白玩白乐呗。

这伙人和田大头还玩一种抓阄儿。就是每当吃一顿大餐后，该付账时，就抓阄儿。一般的饭钱全由田大头付，吃大餐钱多，抓阄儿合乎情理，也刺激有趣。这个阄儿还是由梅不亏去做。抓这种阄儿的规矩是，只有一个阄儿画着圈儿，表示花钱；其余的阄儿都是空白，不花钱。谁抓上画圈儿的阄儿谁掏钱。

每次抓阄儿时也是大伙嚷着叫着让田大头第一个抓。但奇怪的是，不管田大头怎么抓，打开一看，阄儿上边准画着一个墨笔的圈儿。

既然他抓上了，别人就不抓了，再抓一定全是白纸。

每次田大头抓到画圈的阄儿，都站在那儿傻乎乎地笑，然后晃晃悠悠去到柜台付钱。

如果有人跟他客气，争着付款，他都摆摆手笑道："应该的，我手气好。"

他付钱，好像理所当然。谁叫他钱多，就该他花钱。吃大头嘛！原来天津卫"吃大头"这句话就是从田大头这儿来的！人家田大头呢，天生厚道，傻吃傻玩，乐乐呵呵，从不计较。

他怎么也不想想，为嘛自己每次抓的阄儿都画着圈儿？为嘛从来没有抓过白纸的阄儿？

他一直这么糊里糊涂、美滋滋地活着。直到父亲去世后，没人给他钱花了，这才知道父亲留给他的，原来不是吃不完用不完的金山银山。钱是有数的，花一点少一点。

他自然不再由着性情往大饭庄好菜馆里跑了。嘴馋了，就去街上的小馆里要几个炒得好的小菜。这一来原先围在他身边混吃混喝的浪荡公子们全瞧不见了，只有梅不亏时不时露个面儿。

这天梅不亏来他家，一直坐到下晌吃饭的时候还不走，明摆是等着田大头拉他到外边吃一顿。直叫田大头坐不住了，站起来对他说："南门外新开一个馆子不算大，可是挺实惠，专吃河蟹，实打实七里海的河蟹，现在七八月，顶盖儿肥，你去尝尝鲜吗？"

梅不亏白胖的脸儿笑开了花，他说："只要陪着您，蝎子都吃。"随后就连蹦带跳跟田大头去了。

一大盘子的粉肚青背的大河蟹，没多少时候，就叫田大头和梅不亏吃得丢盔卸甲，一桌子残皮烂壳。朝这堆东西中间一看，便知哪些是梅不亏吃过的，哪些是田大头吐出来的。梅不亏绝不叫一点蟹黄膏脂留在甲壳里，田大头向来连皮带肉一起嚼，嚼过就吐。梅不亏对大头说："这银鱼紫蟹可是朝廷的贡品，老佛爷也不舍得还带着肉就吐了。"

两人吃得满腹河鲜、满口蟹香，再加上直沽老酒上了头，美滋滋晕乎乎。梅不亏觉得这个田大头人真的挺好，像一碗白开水，几十年来总一个劲儿，从不和人计较什么，该付钱时准由他付，自己没掏过腰包。想到这儿，他身上不多的一点义气劲儿冒了上来，说："今儿的河蟹我请了。"

田大头摇摇手笑着说："不跟你争，如果你想付，还是得按老规矩，先抓阄儿。"然后一指柜台那边说："还是你去做阄儿。"

抓阄儿？已经多年没玩过了，现在一提，触动了梅不亏。梅不亏心里边有一点事，虽然这事过去了多年，此刻禁不住还是说出来："有个事在我心里，一直弄不明白，我得问问您——就是抓阄儿这事。当年我们一起吃饭，到了该付钱时候，您干吗非要抓这个阄儿不可？"

"我好喜，好玩呗。"田大头说。

"为嘛每次您都要头一个抓？"

"你们不是叫我头一个抓吗？"田大头说。

"可为嘛每次画圈儿的阄儿都叫您抓上，您想过没有？"梅不亏说完，两只小眼盯在田大头脸上，认真等着他的回答。

"手气好呗。我娘说过，我打小命就好，手气好。"田大头说，说得挺得意。

显然，梅不亏心里的问号还是没解开。他接着往下问："您每次抓上那个画圈儿的阄儿之后，为嘛不打开看看别的阄儿？"

"看别的阄儿干吗，一定都是白纸了！"

"每次的阄都是我做的。您就不怕我把所有阄儿都画上圈儿，叫您无论抓上哪个阄儿，都得付钱？"

"你不会。"田大头说完，摆摆手，咧开嘴傻乎乎地笑了。

梅不亏两眼盯着他，疑惑不解。田大头是真不明白，还是装糊涂？他为嘛装糊涂？但他今天似乎非要弄明白不可，接着再问："您现在不想问问我吗？"

"问你干吗，那些饭咱早吃过了，钱也早付完了。"

"您就从来没疑惑这事吗？"梅不亏已经是在逼问了。现在就差自己把实情说出来。

"疑惑个嘛呢。你们不就是叫我请吃个饭吗？抓阄儿不就是为了一乐吗？不抓阄儿我也一样掏钱——"田大头沉吟一下，说了一句很特别的话，"叫别人掏钱，我过意不去。"

这句话叫梅不亏怔住。

如今，田大头这样的人没有了。这样大头的人也没有了。

侯老奶奶

天津卫，阔人多，最阔要数八大家，就是无人不知的天成号韩家、益德裕店高家、长源店杨家、振德店黄家、益照临店张家、正兴德店穆家、土城刘家和杨柳青石家。有的由粮发家，有的贩盐致富，有的养船成豪。这些豪富们高楼巨屋、山珍海味，穿金戴银，花钱当玩。

人阔了就要招摇。官家要炫势，阔人要摆阔，名人要扬名。

阔人总得有阔事。于是，办起红白喜事，你从东城闹到西城，我从城里闹到城外；开粥厂济贫，你一连七天，我一连三个月。可是这些事多了就不新鲜。既然是阔事，总得要人记得，不然花钱也是白花。有人说海张五家掏钱修炮台，算一件阔事。可是细想想，他修炮台这事，不过是为了向官府讨好，哪个生意人不谄媚于官家？这算不上纯粹的阔事。

咸丰十年夏天，西城的侯家干了一件事，不仅八大家无人能比，古今没有，空前绝后。

马上侯家的老奶奶要过八十大寿了，全家筹备，忙上忙下，以贺老寿星的耄耋之喜。眼瞅着家里家外给鲜花、灯彩、寿幛装点得花花绿绿，渐渐热闹起来，老奶奶坐在那里，却忽然掉下泪来。大家不知为嘛，大老爷过来一问，老奶奶才说："我这辈子嘛都见过，可就没看过火场，连救火的水机子嘛样也从来没瞧见过。二十年前小仪门口那场大火烧得天都红了，在咱家屋里也照出了人影儿，城里人全跑去看。你爹——他过世了，我不该说他——就是不叫我去看。我这辈子不是白来了？"

说完脸蛋子耷拉着挺长。

大老爷心想，老人的事只能顺不能戗，若要不叫老奶奶看一次火场，眼前这生日无论怎么筹划，也难叫她高兴起来。可是着火的事哪能说来就来。侯家中的二管家鲍兴机灵能干主意多，他对大老爷说："这事您就交给我办吧。我保管叫老太太乐起来。"

大老爷问他有嘛好主意，他说出来，大老爷笑了，叫他快去办，一定要在老太太生日之前闹出这一出，否则要想把八十寿诞弄好了，别的嘛法子也不灵。

鲍兴拍马就去办。先到西门外小杨庄买了二十多间房，有砖瓦房也有茅草屋，有的房子连里边的家具物品也出高价买下。跟着跑到北城朝阳观那边的清远水会，拜会了会头韩老七。天津卫人多，房子挤，着起火来就烧一大片。救火就得靠水会，城里边最大的水会是清远水会。鲍兴把上门来请韩老七帮忙的事一说，韩老七满脸的褶子全垂下来，对鲍兴说："你这不是叫我去演救火？我是救火的，又不是戏班子。"

鲍兴笑道："这事您要不干，叫别人干了，您可就亏了。"说着把一沓银票撂在桌上。看着这些银票，韩老七不吭声了。

事情说好之后，鲍兴便找人在小杨庄外一块空地上用苇席杉篙搭了一个棚子，摆好座椅和八仙桌，像每年天后诞辰富人家看皇会用的那种大棚，又宽敞又舒服。这一切鲍兴安排得很快，前后只用了四五天时间全摆平了。大老爷夸他，鲍兴说："哪是我能干，是因为您有钱，有钱能叫鬼推磨。"

这天黄昏，老奶奶正在房里喝茉莉花茶、嗑酱油瓜子、嚼京糕条，忽然鲍兴跑上来，一边叫道："老奶奶，西城着大火了，我接您去看。大老爷在门口等着您呢！"这兴奋劲儿像是去看大戏。

老奶奶说："可看着火了！"一高兴，差点栽一跤。

到了门口，大老爷站在那儿迎候。门前停了一排六辆枣木包铜的轿车。老奶奶给人扶着上了车，一路威风十足出了小西门，很快就看到前边火光闪闪。老奶奶下车，上了高大的席棚，棚子正面对着火场。她也没问这棚子是干吗用的。

老奶奶一落座，火势即起，火苗蹿起三丈，火场大得出奇；浓烟滚滚，火光夺目，不仅照亮了天，把老奶奶这边也照得雪亮。老奶奶扭脸左右一看，不仅全家老小都来齐了，后边还坐着一些平时家中的常客，好像陪她看戏。

随即大锣响起，一队人马由远而近，都穿着黄衣衫、紫坎肩，用墨笔在前胸后背写着两个大字"清远"。为首一老者，辫子缠头，银髯飘拂，身形矫健，步履如飞，带着十万火急的架势。一手提着一面井盖大的大铜锣，一手执槌不停地敲，声音连成串儿。他围着火场，转一大圈。

鲍兴跑到老奶奶跟前俯下腰说："这是咱天津最大的清远水会。敲锣的是会头韩老七。现在他敲的这锣是'传锣告警'。天津城内外各水会听到，全都会赶来救火。他跑这一大圈是'下场子'。他圈定的火场，只能水会进，其他任何人都不能进。"

老奶奶说："干吗不叫人进？"

鲍兴笑道："怕有人趁乱拿东西——趁火打劫呀！"接着说："救

火这就开始，各大水会的人已经全赶来了。"

不一会儿，耳听着一串串锣声由远而近，跟着就看到各水会挥旗而至。他们服装不一，颜色分明，各列长队，手执钩叉，纵入火场，齐刷刷勇不可当。老奶奶终于瞧见了水机子。一个重重的大木箱子，四个壮汉抬着，箱子上边的木架子横着一根压杆，两个身穿号服的人一头一个，像小孩打压板那样你上我下、你下我上，一条银白色的水龙便喷射出来。很快就有十几条长长的水龙飞入火海。熊熊烈焰加倍升腾。

在火场前，各会的会头与韩老七好像合唱一台戏，手中锣声相答互应，居然就把各水会调度得你东我西、你出我入、你前我后、你退我进，配合得天衣无缝。好比打仗布阵，井然有序。一时火光照天，浓烟翻腾，火星飞溅，人影腾跃。这种凶猛又骁勇的场面，戏台上是绝看不到的。火势最猛时，都感到热浪扑面，好像大火要烧到身上。老奶奶忽指着大儿媳妇叫道："火在你的脸上呢！"她像一个小孙女看戏那样大喜大呼傻了眼。她周围的人一边连喊带叫，起哄造势，一边夸老奶奶有眼福，都说跟着老奶奶就是有福！

眼瞅着火势渐渐被压了下来，火苗小了，火光退了，一些水会开始"倒锣"撤人。南风起时，有些火星子刮过来。鲍兴上来问："老奶奶尽兴吗？"这话是请老奶奶起驾回府。

老奶奶起身时说："我这辈子值了！"

大老爷在旁边听了，心里的石头落了地，这么一来，下边寿诞的事全好办了。转天叫鲍兴给清远水会送去满满两大车桂顺斋的点心，其余各会也分别以点心酬谢。给各会犒劳点心，是天津卫的规矩。

到了六月二十三火神祝融的生日，水会设摆祭神，侯家又送去厚厚一份份子，而且从此年年如此。这一来，侯家老奶奶花钱看着火这事也就给人传了下来。

查理父子

自打洋人进了天津，长相像洋人的人也成人物了。

查家老二又胖又壮，鼓脑门儿赛球，肚大赛猪，臀肥赛熊，钩鼻子赛鹰，深眼窝赛猩猩。胳膊腿儿还有毛儿，更赛洋人。要在平常，这长相还不叫人嘲弄取乐？现在洋人有钱有势，他这长相也变得金贵、吃香了。有人说他是水西庄查家的后人，查家都是地道的文人墨客，哪来这种神头鬼脸？查家哥仨，唯独他这个长相，难道他是个野种？

可是人家查家老二不觉得自己这副长相别扭，相反看准自己这长相有用，反其道行之，索性装起洋人，留起鬓角，蓄足胡须，学说洋话，举手投足各种做派全学洋人。而且还穿上洋装，穿得分外讲究。比方裤裆要短，才好叫前边滚圆的肚子凸出来，后边的屁股翘上去。他说，国人的屁股垂着，洋人的屁股翘着，所以洋人看起来精神。

他在洋行管海运，外出办事时常常叫人误当作洋人。这种误会给他的感觉极好。洋行里的同事便打趣给他取一个洋名，叫查理。查字与他的姓氏同字同音。他喜欢这名字胜过本名。以后熟人就叫他查理，真名便没人知道了。

查理刚五十，腿脚爽利，却喜欢执一根洋手杖。多半时间，不是挂着，而是拿着。他爱喝咖啡，但他儿子说他在家从不喝咖啡，喝大碗的花茶，喝咖啡睡不着觉。他出门不坐火车，爱坐飞机；那时洋人出远门多坐飞机。他常把"我明天飞上海"或者"我刚飞回来"挂在嘴边。他给儿子取的名字叫查高飞，小名"飞飞"。

他坐飞机遇过一险，听了叫人头发倒立。

那次他在上海出差办事，办完事后便买张机票，想快快回家，和儿子飞飞亲热亲热。到了机场后觉得事情还留着个尾巴，应该办圆满了再回去。他掏出票来想退，又有点犹豫。这时跑过来一个中年男人，脸消瘦，气色暗，谢顶，急急渴渴对他说："您要退票吧，给我吧。这班机没票了，我急着回去！"

当时查理心里还有点犹豫不决。这谢了顶男子拉着他的胳膊说："我娘病了，快不行了，一连三个电报催我马上回去，怕晚了就见不到了。您得帮我！求您了！"他说的是天津话，乡音近人，叫他动了心。

查理便把票让给了他。这人掏出一把钱塞给查理，也不算钱，千恩万谢急匆匆走了，中间还停下来回头对他喊道："我住东门里大街三十七号，姓华，您在中国有事找我！"

查理觉得自己帮了人家，人家还把自己当成洋人。他自我的感觉挺好。随后他又想这人真是急糊涂了，自己若是洋人，怎么会听懂他的中国话？

他回到旅店重新住下，转天就听说他昨天回天津要坐的那架飞机出了事，满满一飞机的人全丧了性命！

他的命实实在在是捡来的。

等到他人回天津，全家人，还有整个洋行上上下下人都为他庆幸，夸他命大，大难不死，才是大福。那天若不是那个谢顶男人买走他的机票，说不定他就上了飞机，一命黄泉。

为什么就在他上机前的最后一刻——心里还在为是否退票而犹豫不决时，这个人突然出现了？这不是替他一死吗？洋行里的同事们围着他纷纷议论这事时，他忽然说："这人姓华，他告诉我他家的地址，我记得！我得到他家去看看。"

同事们说："你可不能去，人家不知道原先是你的票。要知道，还不吃了你。"

查理说："这可不怪我，是他死活非买我的票。是他该死，我该活！"说到这儿他有点得意。

事后，行里一位年纪大些的同事对他说："这该死该活的话你以后就别说了。你和这人的命里有结。你不能咒他，小心'父债子还'，一命偿一命。"

这话叫他听了后背发凉，心里发瘆。

另一位同事在旁边看他的神气不对，说："别信什么冤结报应，这都是中国人自己吓唬自己，洋人从来就没这套，你不是查理吗？"这话引起大家笑了，他也笑了。

一件事不管多强烈，日子久了，便被重重叠叠的生活埋起来，渐渐也就忘了。十多年后，飞飞都已成人。但飞飞一直还没结婚成家，他迷上一位影星。这位影星分外妖娆，连娇里娇气说话的声音都挠他心。可是这影星大他七岁，也从来不认识他。他对她是单相思，完全不沾边，他却非她不娶。一天飞飞听说她在杭州举行新片的开拍仪式，执意去见她一面，谁也拦不住他。他瞒着查理跑到老龙头车站，当天没有去杭州的车次，掉头又到机场，去上海的飞机两班，上一班飞机票卖完，只有下一班的飞机，可是下一班飞机到上海已是半夜，从上海到杭州还有一段路程，时间不赶趟，他费了老大劲，找到一位上一班飞机的乘客，死磨硬泡要跟这人换票。他心里好像有一股劲，好像中了魔，非要上这架飞机不可。最后又加上两倍的钱，才把这班飞机的机票弄到手。

他上了飞机。谁会知道飞机会出事，谁会知道他居然会和当年那个谢了顶、替爹去死的男人一样。可他是替谁去死？

事情过去许久，家里人也没把这件事的实情告诉查理，只说飞飞为了追求一个女人出了国。他们以为成功地瞒住了查理。但哪里知道查理早就知道这件事并查明了真相。查理不捅破这事，是因为他领略到命运里因果这东西的神秘和厉害。

绿袍神仙

车夫吴老七的命该绝了。屋里没火，肚子没东西，愈饿就愈冷，愈冷就愈饿。难道就在比冰窖还冷的屋里等死？虽说三更半夜大雪天，没人用车，可是在外边总比在家等着冻成冰棍强，走着总比坐着身上有热气儿。他拉车走出来。他拉的是一辆东洋车。

他一直走到鼓楼十字街口，黑咕隆咚没个人影，谁半夜坐车出门？连野狗野猫都冻得躲起来了。他没劲儿再走了，站在那儿渐渐觉得两只脚不是自己的了。

这当儿，打鼓楼下边黑糊糊的门洞里走出一个身影，慢吞吞走过来。这人拄着拐，也是个老人，也是个饥寒交迫的穷老汉向自己来寻吃的吗？

待这人渐渐走近一看，竟不是穷人，怕还是一位富家的老翁呢。身穿长长一件绿色的棉袍，头戴带护耳的皮帽，慈眉善目，胡须很长。这老翁相貌有点奇异不凡。虽然不曾见过，却又像在哪儿见过。不等他开口，老翁说："去东门里文庙牌坊前。"说着老翁就上了车。吴老七心想这是老天爷开恩，大半夜居然还有活干，不觉身子有点劲，拉起车往东门一路小跑。路上他不敢说话，怕费劲。车上的老翁也一声不吭。东门内大街空荡荡只走着他这一辆车。走着走着，他忽然觉得车子有点重。人还能变重？是不是自己没劲儿了？正寻思时，车子更重了，像是拉了半车石头。他觉得不对劲，停下车来，回身一看，天大的怪事出现在眼前，车上的绿袍老翁不见了，空无一人！定睛再瞧，车座上放着一大一小鼓鼓囊囊两个袋子。他扒开一瞧，小袋子里竟然全是糕食，大袋子里居然满满的银钱。他再往四下看，冰天雪地里还只是他一个人——还有一车银钱！更叫他吃惊的是，车子就停在离他家不远的地方。

吴老七有钱了，而且有了太多太多的钱，又是铜钱，又是银子，还有小金元宝。吴老七天性稳重，在码头上活了几十年，看的事多。他明白钱多了是福也是祸。他没有乍富炫富显富露富，而是不声不响，先在小窝棚把自己将来的活法盘算好，把钱藏好，再走出窝棚，一步步照计划来。

最先开个早点铺，再干个小食摊，跟着开菜馆、饭铺、酒楼，他做得稳健。在旁人眼里，他是一步一个脚印干起来的，绝看不出一夜暴富。继而他在鼓楼、北大关、粮店街最火爆的地界，开了一个像模像样的九河饭庄。他干吃的，缘于他多半辈子都是饿过来的。干饭铺不会再饿肚子，而且干饭铺天天能见到钱，还都是现钱。人有了钱，法子就多了。吴老七用尽脑筋，加上拼命玩命，把买卖干得有声有色，家业也一路兴旺起来。然而，当年那位绿袍翁送他那个钱袋子却一直存着，袋子里的几个小金元宝也原封没动，这因为他心里边始终揣着那位在寒天冻地里忽然出现的救命恩人。

可是那位绿袍老翁到哪儿去找呢？吴老七没少使力气。从街头寻觅，到串门查访，中间还闹出认错了人的尴尬和笑话，却始终寻不到一点点踪影。他细细琢磨，这事还有点蹊跷。比方那绿袍翁的长相就非同常人。他找遍城里城外，还真没有如此慈眉善目的长相；再比方这绿袍，谁会穿绿色的袍子？天津人的袍子，黑、蓝、灰、褐全有，唯独没人穿绿。有人和吴老七打趣说，戴绿帽子的有，天津有过一位总绷着脸儿的县老爷就叫人戴过绿帽子。

最蹊跷就是这一袋子钱了。天津卫有钱的人多，有钱的善人也不少。但天津的善人开粥厂、施财、济贫、捐款，都做在大庭广众眼皮子底下，好叫别人看到知道。谁会把这一大袋子钱黑灯瞎火悄悄塞给一个快冻死饿死的人？把胳膊折在袖子里的事，从来没人干。

看来这绿袍翁是一位神仙，可这是哪位神仙？天津城里大大小小的寺观就有一百多座，天天香火不断，老百姓天天磕头，谁又见过神仙显灵？

这年秋天，吴老七在城南自家的"九河饭庄"的分号宴请几位商界的合伙人。他近来事事顺当，心里没别扭，大家满口说的都是吉祥话。人一高兴，酒就喝高。他从饭庄出来，转转悠悠走到鼓楼，乘兴爬了上去。鼓楼高，又居老城中央，从这里凭栏远望，可以一览全城风景、十万人家。吴老七看得尽兴，看得痛快。再给风一吹，更是舒服。他要回家好好睡个午觉，待要下楼，一转身的时候，忽见楼梯那边有个人正在看他。这人模样慈祥和善，长须飘拂，有点面熟。他停住身子认真一瞧，这人竟然身穿绿袍，哎呀！不就是救过他命、有恩于他、找了十多年的那个绿袍翁吗？长相也完全一样呀！他慌忙跑过去，再看——哪里是人，竟是一尊神像。怎么是一尊泥塑的神像，分明是绿袍翁啊。

鼓楼不是庙，里边的神佛都是有钱的人家使钱请来的，信谁请谁，这位是谁？他问身边一位不相关的人。人说："你连他是谁也不知道。保家仙，胡三太爷呀！"

他当然听说过保家仙，胡黄白柳灰几位神仙，护佑全家平安有福。可是他一辈子没钱娶老婆，鳏寡孤独，没有家，自然也没给保家仙烧过香。哪知道这位穿绿袍的胡三太爷慈悲天下，看到了他这个要死的人，显灵于世，救了他，还让他一步登天富了。原来绿袍翁是他！对呀，那天他不就是从这鼓楼下边的门洞里走出来的吗？他咕咚一声趴在地，连连磕头，脑袋撞得楼板直冒烟，而且一直磕个不停，等到给旁人拉起来，脑门撞出血来。

旁人不知他为什么这么磕头，以为他遇到横祸，或是想钱想疯了。这事却只有他自己明白，不能说。自此，每年逢三九天最冷的日子，深更半夜，他都会爬到鼓楼上给这绿袍神仙烧香磕头。他心里盼着神仙再次显灵，他要面谢他，可是每次见到的都是纹丝不动的泥塑木雕了。

胡天

　　胡天，一个大白话，嘛事也不干，到处乱串，听风就是雨，满嘴跑火车。再添油加醋，添点歪的，加点邪的，扯些不着边际的。也别说，这种胡说人们还好喜听，好喜知道，好喜传。正经八百的事有嘛说道呢。

　　这两天胡天到处说一件事：劝业场大楼剪彩那天，有个干买卖破产的人从这楼顶跳下来，正好马路中央下水井没盖盖儿，大口敞着，这人恰恰好好不偏不斜一头栽进去。人们捞了半天没见人影，这人竟给井里边的水冲进了海河，捞上来居然还活着。这个荒唐透顶的胡诌，一时传遍了天津，而且传来传去，这个人居然还有名有姓了。

　　再一件事，更瞎掰，传得更厉害。据说也是打胡天的破嘴里冒出来的——

　　说的是大盐商罗仕昆家的大奶奶吃橄榄，叫核儿卡在食管里了。橄榄核儿不像鱼骨头，咽一块馒头就能顶下去。核儿两头尖，扎在食管两边，愈咽东西扎得愈牢，愈疼，喝水更疼，疼得直蹦，叫老爷急得在屋里背着手转来转去，有钱也没辙。这时忽然有个老道从门口路过，说能治百病，罗家的用人上去一说，老道说能治，便赶忙把老道请到家中。

　　这老道青衣黑裤，长须长发，斜背布囊，手挂一根古藤杖，这种人一看，总跟深山老观连着，气相异常不凡。老道问明白大奶奶病由。解开背囊，拿出个竹筒，拔下塞子，往外一倒，竟是一条七寸青蛇，光溜溜，筷子一般细，弯起小脑袋口中不停地吐着信子，不知有没有毒。老道把青蛇放在小碗里洗了洗，对大奶奶说了一句："它不伤人。"然后叫大奶奶把嘴张大，只见老道手一甩，袖子上下一翻，那小青蛇已经进了大奶奶口中。大奶奶先惊，后呆，两眼朝天，身边的丫鬟以为大奶奶咽气了，未及呼喊，却听大奶奶说："凉森森到肚子里了。"

道士俯下身子问："那核儿呢？"

大奶奶竟说："没了。怎么没了？"她瞪大眼睛，感到惊讶。

道士说："叫我那青儿顶下去了。"随即给了大奶奶一包朱砂色的药末子，叫大奶奶冲了喝下。道士说，这药末子下去一个时辰后便会出恭，那小蛇自己会跟着一块儿出来。道士嘱咐道，这小蛇万万不可倒入粪池，一定要用井水洗干净后送到河里或水塘中放生。道士说罢起身告辞而去。老爷再三道谢并送一大包银子给他。

大奶奶喝掉药末子后，肚子开始发胀，有股气咕噜咕噜，跟着放两个响屁，出恭时屁眼奇痒，原来是道士的"青儿"爬出来了，同时那橄榄核儿也咔嗒一声掉在恭桶里。

老爷忙叫人把小青蛇洗净，拿到海河放生。老爷是念书的人，知道的事多，心想这老道为什么用"青儿"解救大奶奶，而且如此灵验？蛇是保家五大仙中的柳仙啊。这老道必是柳仙化身来救他家的。想到这儿，当即叫人去纸画铺请来一幅五大仙像，挂起来，烧香磕头，磕头烧香。

这事一传开，天津卫就洛阳纸贵，买不到五大仙像了。天津的神像都是从出名的画乡杨柳青张家窝那边趸来的。据说很快连杨柳青那边也买不到五大仙像了。

今年以来，天津卫传得最厉害的事，全是打胡天的嘴说出来的。其中一事有鼻子有眼儿，而且有年有月有日——就是今年七月二十八日天津卫要闹大地震。翻天覆地，房倒屋塌，鼓楼成平地，租界变开洼。最厉害的是娘娘宫要被夷为平地，娘娘塑像顷刻间化作一堆黄土。这就麻烦了！天津人都知道当年建娘娘宫时，老娘娘像的下边是海眼，直通渤海。老娘娘屁股坐在这儿，就是为了镇住大海。老娘娘的像绝不能动，一动海水就从这海眼里冒出来，立马万里汪洋，淹掉天津。这传闻吓坏了天津人。这些天去娘娘宫烧香的人眼瞧着多起来。老城里地势低，平日下雨时雨水都从街上往屋里倒灌。海水一上来怎么办？于是家家户户都在门前筑拦水坝，杂货店里淘水用的木桶铁桶连同水舀子也被抢购一空。

还有个传闻更好玩。刚刚到任的天津警察局长细皮嫩肉，弯眉俊眼，女里女气，纯粹一个娘儿们局长。胡天说，他听人说，这局长是个"二尾子"，单身一人，结过两次婚都没孩子，最后全离了。至于为嘛没孩子，就任凭人们瞎掰去了。

这话如果叫新局长听见可就要麻烦，人家可是能够拿枪抓人的警察局长。

人人都说这事从胡天说的，可胡天说打死他也不敢去惹新到任的警察局长。一连好几天，胡天没有公开露头，有人说他吓得躲在家，有人说他给这新局长弄进去了。

其实，胡天嘛事也没有。

这天下晌他在四面钟附近，给两个穿袍子戴礼帽的男人拦住，人家说话挺客气，说要请他吃饭，把他拉进一个馆子。这两个人一个面黑，长得威武，一个脸白，模样英俊。不等他问，其中面黑的人说："我们是警察局的。"然后直截了当问他："是你说我们局长是二尾子？"

他慌忙摇手否认。面黑的便衣警察接着问他："你认不认都一样，反正现在全天津没人不知道警察局长是二尾子。你说该怎么办？"

胡天干瞪眼，不知怎么回答。

旁边那个白脸的警察笑嘻嘻地说："你能不能再加上几句，叫这位老娘儿们在天津待不住，滚蛋算了？"

胡天一听，蒙了。他没马上听明白。可是他四十多岁了，脑子够用，又在市面上混了二十年，嘛不懂？嘛能不懂？

警察找他，原来不是因为他满口胡天，妖言惑众，辱骂局长，恰恰相反，人家是想借他的巧舌和烂嘴，再给这娘儿们局长泼几盆脏水，把他赶走。

这事对他不难，但他有他的打算。他笑嘻嘻对这两个便衣警察说："你俩听说过盐商家罗大奶奶吞橄榄核那个段子吧，那可是我特意为天祥画铺编的，这段子立竿见影，直至今天五大仙像还是供不应求！"他停了一下，接着说："再有，今年闹大地震的传闻也是我帮振兴木桶厂造的，木桶也一直断货。你们俩可听明白，我可不是白编——白说的。"

白脸警察露出会意的笑，从衣兜掏出十个银元哗地撂在桌上。

黑面的警察说："真是做嘛买卖的都有，敢情你胡说八道也能赚钱。"可是他忽然板起脸说："这娘儿们要是走不了，我们可还来找你。"

胡天笑道："不是谁胡说八道都能赚钱。"然后眼睛看着这黑脸白脸两个警察，把银元揣在兜里走了。

十天后，上上下下到处都说新任警察局长正托人找一个太太。他这太太要得特别，要身上有孕的，当然这事不能叫人知道。

两个月后，这位新局长便给上边调走了。

泡泡糖

　　二三十年代，大上海和大天津，一南一北，一金一银，但说不好谁金谁银。反正两大城市的金店，大大小小全都数不过来。

　　天津卫最大的金店在法租界，店名"黄金屋"。东西要多好有多好，价钱要多贵有多贵。天天早晌，门板一卸，店里边的金子比店外边的太阳亮。故而，铺子门口有人站岗，还花钱请来警察在这边的街上来回溜达。黄金屋老板治店有方，开张十五年，蚂蚁大小的事也没出过。一天，老板在登瀛楼饭庄请客吃饭，酒喝太多上了头，乘兴说道："我的店要出了事，除非太阳打西边出来，不——"跟着他又改了这一句："打北边出来！"大家哄堂大笑，对他的话却深信不疑。可没想事过三天，事就来了。夸口的话真不能乱说。

　　那天下晌时候，来了一对老爷太太，阔气十足，全穿皮大衣。老爷的皮大衣是又黑又亮的光板，太太的皮大衣是翻毛的，而且全是雪白柔软的大长毛，远看像只站着的大绵羊。天气凉，她两只手插在一个兔毛的手笼里。两人进门就挑镶钻的戒指，东西愈挑愈好。柜上的东西看不上眼，老板就到里屋开保险柜去取，这就把两三个伙计折腾得脑袋直冒汗，可她还总不如意。她嘴里嚼着泡泡糖，一不如意就从红红的嘴唇中间吹出一个大泡泡。

　　黄金屋向例不怕客人富。金煌煌钻戒放在铺着黑丝绒托盘里，一盘不行再换一盘，就在小伙计正要端走一盘看不中的钻戒时，老板眼尖，发现这一盘八个钻戒中，少了一枚。这可了不得，这一枚镶猫眼的钻戒至少值一辆老美的福特车！

老板是位练达老到的人，遇事不惊，沉得住气。他突然说声："停！"然后招呼门卫把大门关上，人守在外边，不准人再进来。这时店里刚好没别的客人，只有老板伙计和这一男一女。

太太一听说钻戒丢了，破口大叫起来："混蛋，你们以为我会偷戒指？我身上哪件首饰不比你们这破戒指值钱！到现在我还没瞧上一样儿哪！"

老板不动声色，心里有数，屋里没别人，钻戒一准在这女人身上。劝她逼她都没用，只能搜她身。他叫伙计去把街上的警察叫来。警察也是明白人，又去找来一位女警察。女人才好搜女人。这太太可是厉害得很，她叫上板："你们是不是非搜不可？好，搜就搜，我不怕搜，可咱得把话先说清楚，要是搜完了没有怎么办？"她这话是说给老板的。

老板心一横，拿出两个沉甸甸的金元宝放在柜台上，说："搜不着东西，我们认赔——您把这两个元宝拿走！"黄金屋的东西没假，元宝更没假，每个元宝至少五两，两个十两。

于是，二位警察一男一女上来，男的搜男的，女的搜女的，分在里外屋，搜得十分仔细；大衣、帽子、手笼、鞋子全都搜个底儿掉，全身里里外外上上下下，连舌头下边、胳肢窝、耳朵眼全都查过。说白了，连屁眼儿都翻过来瞧一遍，任嘛没有。老板伙计全傻了，难道那钻戒长翅膀飞了？但东西没搜到，无话可讲，只能任由人家撒火泄愤、连损带骂，自己还得客客气气，端茶斟水，赔礼赔笑。

326

那太太临走时，冷笑两声，对老板说道："好好找找吧，东西说不定还在你店里。真要拿走还不知谁拿走的呢！"说完把柜上俩金元宝顺手一抄，挎着那男人出门便走。黄金屋老板还在后边一个劲儿地鞠躬致歉。

可是老板不信一个大钻戒在光天化日之下说没就没，他把店里前前后后翻个底儿朝天，依然不见钻戒的影儿。老板的目光渐渐移到那几个伙计身上，可这一来就像把石子扔进大海，更是渺茫，只能去胡猜瞎想了。

两个月后一天早上，按黄金屋的规矩，没开门之前，店内先要打扫一遍。一个伙计扫地时，发现挨着柜台的地面上有个灰不溜秋的东西，赛个大衣扣子。拾起来一看，这块东西又干又硬，一面是平的，一面凹进去一个圆形的痕迹，看上去似乎像个什么，便拿给老板看。老板来回一摆弄，忽用鼻子闻了闻，有点泡泡糖的气味，他眼珠子顿时冒出光来，忙问伙计在哪儿拾的，小伙计指指柜台前的地面。老板先猫下腰看，再把眼睛往上略略一抬，发现这两截柜子上宽下窄，上截柜子向外探出了两寸。他用手一摸这探出来的柜子的下沿，心里立刻真相大白——

原来那天，钻戒就是那女人偷的，但她绝就绝在没把钻戒放在身上，而是用嘴里嚼过的泡泡糖粘在了柜台下边，搜身当然搜不到。过后不定哪天，来个同伙，伏在柜台上假装看首饰，伸手从柜台下把钻戒神不知鬼不觉地取走。再过去一些日子，泡泡糖干了，脱落在地。事就这么简单！现在明白过来，早已晚了三春。可谁会想到那钻戒会给一块破糖变戏法赛地"变"走，打古到今也没听说有这么一个偷法！

这时，他又想到那天那女人临走时说的话："好好找找吧，说不定东西还在你店里。"

人家明明已经告诉自己了。当时钻戒确实就在店里，找不到只能怪自己。

记得那女人还说了一句："要拿还不知谁拿走的呢！"

这话也不错。拿走钻戒的肯定是另外一个人。但那人是谁？店里一天到晚进进出出那么多人，更无从去找。这事要怪，只能怪自己没想到。

再想想——那一男一女不单偷走了钻戒，还拿去两个大金元宝，这不是自己另外搭给人家的吗？多冤！他抬起手啪啪给自己两个耳光。这一来，天津卫的太阳真的打西边——不，打北边出来了呢。

歪脖李

独眼龙本来就姓龙，兄弟排行老二，人称"龙二爷"。他坏了一只眼，人们背地叫他"独眼龙"。

龙二爷原先是画画的，画得相当好，后来左眼闹红眼病，听人说用娘娘官的香灰冲水洗眼，能治眼疾，谁想愈洗愈坏，最终瞎了。挤着一只眼还能画好画？他一火，把砚台和墨全砸了，笔和纸全烧了。从此弃文从武，在家练气功，一直练到走火入魔。据说发起功来，院里那株比缸还粗的老洋槐来回摇，吓得一直住在上边的乌鸦全跑了，只留两个黑糊糊的乌鸦巢。

光练武靠嘛活呢？人家龙二爷过得可不比城里的富人差。尤其近几年，过得叫人羡慕。一家老小老婆孩子吃得个个脸蛋赛苹果，从头到脚穿戴光鲜，身上垂下来的坠儿链儿全都金灿灿；出门叫洋胶皮，串门坐玻璃轿车。龙二爷家住东城，靠近鼓楼，最喜欢去到南门里广东会馆的戏园子看戏。那里嘛戏都演，他嘛戏都看。他自打左眼坏了，总戴一副圆圆的小茶镜。戴镜子怎么看戏？这你就不懂了，懂行的听戏，不懂行的才看戏，人家龙二爷听戏。再说，广东会馆里听戏最舒服，桌子椅子，油着大漆，又黑又亮，亮得照人；桌上有茶水喝，有点心吃，有瓜子嗑。

这一来，渐渐就有人琢磨他整天花不完的钱是哪儿来的。

人穷没人琢磨，人富必被琢磨。

城里边有个文混混儿歪脖李就琢磨上他了。文混混儿与武混混儿不同。文混混儿绝不弄枪弄棍，比凶斗狠；文混混儿认得字，心计多，用脑子杀人。这个歪脖李姓李，自小睡觉落枕，脖子歪了之后再没正过来，站在那儿，脑袋往一边撇着，所以人称"歪脖李"。

歪脖李的长相天生不讨人喜欢，青巴脸总绷着，光下巴没胡子，好穿一条紫色的长袍，远看像个长茄子。他人也住在东城，离龙二爷家不算远，知道龙家祖上两代有钱，而后家道中衰，到他这一代老宅子只剩下一大一小两道院。前几年女儿墙上的花砖掉了都没钱修补。他要是这么一直穷下去就对了，可是近几年龙二爷忽然咸鱼翻身，活得有劲儿了。大墙有钱修了，大门也换了。歪脖李还发现龙二爷的一大怪事——他家大门紧闭，从不待客，亲戚也不来串门。更怪的是他家里不用用人，有钱为嘛还不用人，家里有见不得人的事吗？歪脖李叫小混混儿去把龙家门口的土箱子都翻了，也找不出半点端倪。

表面愈是看不出来，里边就愈有东西。歪脖李派一个小混混儿装成收破烂的，坐在龙家不远的墙根，几条麻袋一杆秤扔在地上，脑袋扣一顶破草帽挡着半脸，从早到晚盯着龙家。还有两个小混混儿专事跟梢，只要龙家出来一个，一个小混混儿就跟上去，盯着这家每个人的一举一动。一张网就把龙家罩起来了。可是一连死盯三个月，还是嘛也没看出来。瞧上去，龙二爷就是一个只花钱不赚钱的大闲人，要不在家吃了睡、睡了吃，要不四处闲逛。他喜欢独来独往，不好交际，没朋友；听戏、听时调、听相声，全一个人，自己陪着自己。龙二爷倒是不嫖，从来不去侯家后那边寻花问柳。龙二奶奶几天出一趟门，有时带着孩子，有时独自一人，逛铺子买东西，每次买回来的东西都是大包小包，叫人看了眼馋。可他的钱是怎么来的，没人能知。

歪脖李忽想，这小子白天闲着没事，夜里呢，夜里干吗？干嘛赚钱？歪脖李想不出来，想不出来就憋火。他真想派两个混混儿夜里翻墙到龙家看个究竟，可是传说独眼龙气功相当厉害，别叫他逮着。

终于一天，事情裂开一条缝，可以往里看了。

这天，龙二奶奶出门，手里拿个包儿，坐东洋车，一路向西，到鼓楼拐向北。歪脖李手下的小混混儿一直紧跟在后。车夫在前边小跑，小混混儿在后边紧追不舍，没走多远，车子停在城北路东的宜雅堂画店前，龙二奶奶下车进店。

二奶奶刚登台阶，一个穿长袍留长胡子的男人就迎出来，把二奶奶请进去，并神乎乎一起绕过屏风去到后边。沉了好一会儿，那长胡子的男人才把二奶奶送出来。二奶奶一脸春风得意，手里的包儿没了，空手坐车子回家。

小混混儿把亲眼所见全告诉给歪脖李。还说，画店那个长胡子的男子打听清楚了，是老板蔡子舟。

歪脖李有心计，想了一天，明白了大概，也有了办法。这天他用蛤蜊油把头发梳得亮光光，换一件干净的长袍，黑缎洒鞋，像去做客。随身带着一个小文混混儿，这小混混儿看上去弱不禁风，穿一身皂，手持一根亮闪闪的藤杆。藤杆打人比棍子疼。他俩一高一矮来到宜雅堂。

宜雅堂是老城里最大的画店，店面一连五间，满墙挂着名人字画，多宝槅上都是上好的瓷器玉器。几把老紫檀椅子中间放一口画了一圈暗八仙的青花画缸，里面长长短短插满画轴。歪脖李是出名厉害的混混儿，一进门就把店里人吓坏了，好像吊死鬼耷拉着舌头进来了。

歪脖李谁也不理，拉把椅子坐下，那个留长胡子的店主蔡子舟已经赶到。歪脖李歪脸扭脖不说话，不说话比说话更吓人。蔡店主一个劲儿说客气话，他像全没听见。蔡店主心里打起鼓来，不知嘛事惹上了他。忽然，他扬起一张白白的脸冷不丁问道："你小子和独眼龙商量好，成心瞒我是不是？"

蔡店主一下蒙了。这句话好像一脚把自己一直关得好好的门踹开。他怎么开口就问到自己和独眼龙，独眼龙因为嘛事惹上他了？自己和独眼龙的事一直裹得严严的，谁会知道？独眼龙全供给他了？为嘛，难道现在独眼龙在他手里？谁都知道歪脖李很少出头露面，他亲自找上门来肯定不是小事。

蔡店主虽是老江湖，机灵练达，但素来胆小怕事，再一瞧歪脖李那张想杀人的脸，一张嘴就把藏在肚子里的"秘密"全吐露出来——

"假画全是他做的，二奶奶送来的，叫我卖的。他作假作得确实好，我不说是真的，人家也都当真的买……

"他绝不能叫人知道他在做假画。知道了，画就没人买了。所以他不与任何人交往。白天闲着，装着无事，夜里干活……

"他'独眼龙'也是假的，他眼睛没事，独眼龙是造给人看的……

"他的气功也是假的，他怕人知道他有钱，偷他，劫他。拿假气功吓唬人……"

歪脖李摆摆手，不叫店主再说了。好像这些事早就在他肚子里，其实他对独眼龙和宜雅堂的事一点也不知道，只是他诡诈多谋，猜出大概，连蒙带吓，硬把事情的真相全诈出来。

这就说文混混儿有多厉害了。当然，更厉害的要看歪脖李接下去怎么干。

歪脖李把左腿的二郎腿换成右腿的二郎腿，换一种表情说："我再问你一句，你说独眼龙画得不错，为什么他不画自己的画，不写自己名字，非去做古人的假画？"

蔡店主这才露出一点笑容，说："自己的画卖不出价钱，名人的画才能卖大价钱。"

歪脖李听了嘿地一笑，说："原来画画也能坑人。"随后，他又板起脸对店主说："我本想把你们的事折腾出去。那些花大价钱买了你们假画的人保准上门来找你们算账。这等于砸了你的铺子，也砸了独眼龙的饭碗。我今儿对你们开恩了，不给你们折腾出去了。你去找独眼龙，就说是我让你找他的，你们合计一下该怎么孝敬我。"说完抬屁股就走，头也没回。

不打不闹，不费力气，话也不多，句句如刀。歪脖李走后，蔡店主一动不动站在画店大堂，像根柱子。随后，宜雅堂关门休业，哪天开门营业没人知道。龙二爷家也是大门紧闭，没人进出，好赛全家出了门。去哪儿了，多久回来，也没人知道。半年后，宜雅堂悄然启门，照常营业；龙家也有动静了，家里的人有出有进，一如既往。可是歪脖李不一样了，他把家旁边一个当铺买下来，和自己的宅子打通，一并翻新，大门改成一个，大漆描金、虎头铺首，像个突然发起来的小富商。

罐儿

罐儿是码头最穷的人。

爹是要饭的，死得早，靠他娘缝穷把他拉扯大。他娘没吃过一顿饱饭，省下来的吃的全塞进他的嘴里，他却依旧瘦胳膊瘦腿，胸脯赛搓板。打他能走的时候，就去街上要饭。十五岁那年白河闹大水，水往城里灌。城内外所有寺庙都成了龙王庙，人们拿木盆和门板当船往外逃。他娘带着他跑出了城，一直往南逃难，路上连饿带累，娘死在路上。他孤单一个人只能再往下逃，可是拿嘛撑着、靠嘛活着、往哪儿去，全都不知道。

这天下晌，来到一个村子，身上没多大劲儿了，他想进村找个人家讨口吃的。忽然，他看见村口黑森森大槐树下有个窝棚，棚子上冒着软软的炊烟，一股煮饭的香味扑面而来。这可是救命的气味！他赶紧奔过去，走到窝棚前，看到一个老汉正在煮粥。老汉看他一眼，没吭声，低头接着煮粥。

他站在那儿，半天不敢说话。忽听老汉说："想喝粥是吗？拿'罐儿'来。"

他听了一怔。罐儿是他名字。他现在还不明白，爹娘给他起这个名字，是叫他有口饭吃。爹是要饭的，要饭的手里不就是拿个罐儿吗？

可是，他现在两手空空，嘛也没有。

老汉说："没罐儿？好办。那边地上有一堆和好的泥，你去拿泥捏一个罐儿，放在这边的火上烧烧就有了。"

罐儿看见那边地上果然有一堆泥，他过去抓起泥来捏罐儿。可是他从小没干过细活，拙手拙脚，罐儿捏得歪歪扭扭、鼓鼓瘪瘪，丑怪至极，像一个大号的烂柿子皮。老汉看一眼，没说话，叫他放在这边火中烧，还给他一把蒲扇，扇火加温，不久罐儿就烧了出来。老汉叫他把罐子放在一木案上，给他盛粥。当他把罐儿捧起来往案子上一放，只听咔嚓一声，竟散成一堆碎块。他不明白一个烧好的罐儿，没磕没碰，怎么突然散了。

老汉还是不说话，扭身从那边地上捧起一堆泥，放在案上，自己干起来。他先用掌揉，再用拳捶，然后提起来用力往桌上啪啪地一下下摔，不一会儿这堆泥就变得光滑、细腻、柔韧，并随着两只手上下翻卷，渐渐一个光溜溜的泥罐子就美妙地出现在眼前，好赛变戏法。老汉一边干活，一边说了两句："不花力气没好泥，不下功夫不成器。"

这两句话像是自言自语，又像是对他说的。他没弄明白老汉这两句话的意思，好像戏词，听起来，似唱非唱。

老汉捏好罐儿，便放在火中烧，很快烧成，随即从锅里舀一勺热腾腾香喷喷的粥放在里边，叫他喝。他扑在地上跪谢老汉，边说："我一个铜子也没给您。"

老汉伸手拦住他，嘴里又似唱非唱说了两句："行个方便别提钱，帮帮人家不叫事。"

等他把热粥喝进肚里后，对他说："这一带的胶泥好烧陶。反正你也没事，就帮我把地上那些泥都捏成罐儿吧。你照我刚才的做法慢慢做，一时半时做不好没关系。"

罐儿应声，开始捏罐。按照老汉的做法，一边琢磨一边做，做过百个之后，一个个开始像模像样起来。他回过头想对老汉说话，老汉却不见了。窝棚内外找遍了，影儿也没找着，怎么找也找不着。

窝棚里还有半锅粥，够他喝了三天。原打算喝完粥接着往前走，可是他待在窝棚里这三天，慢慢把老汉那几句似唱非唱的话琢磨明白了——

老汉不仅给他粥喝，救他一命，原来还教他做罐。

前边的两句话"不花力气没好泥，不下功夫不成器"，是教他活下去的要领；后边两句话"行个方便别提钱，帮帮人家不叫事"，是告诉他做人做事的道理。

这个烧陶的棚子不是老天爷给他安排的一个活路吗？那么老汉是谁呢？没人告诉他。

多少年后，津南有个小村子，原本默默无闻，由于有人陶器做得好都知道了。这人专做陶盆陶缸陶碗陶盏。这地方的胶泥很特别，烧过之后，赤红如霞，十分好看；外边再刷一道黑釉，结实耐用，轻敲一下，其声好听，有的如磬，有的如钟，人人喜欢，渐渐闻名，连百里之外的人也来买他的陶器用。他的大名没人知道，都叫他罐儿。他铺子门口堆了一些罐子，那时逃荒逃难年年都有，逃难路过这里，便可以拿个罐儿去要饭用，他从不要钱。有人也留在这里，向他学艺，挖泥烧陶，像他当年一样。

又过许多年，外边的人不知这村子的村名，只知道这村子出产陶器，住着一些烧陶的人家。家家门口还放着一些小小的要饭用的陶罐，任由人拿。人们就叫这村子"罐儿庄"，或"罐子庄"。一个秀才听了，改了一个字，叫"贯儿庄"。这个字改得好，从此这小村就有了大名。

罗罗锅

人走路不能没鞋，鞋穿久了坏了，就得买双新鞋换上，所以鞋匠不会饿肚子。这话也对也不对，这要看给谁做的鞋。一般人穿鞋当然要买，穷人的鞋多半自己做。罗罗锅的鞋是卖给一般人的鞋，但不包括富人。

罗罗锅家住城东，在南斜街摆摊，世代做鞋修鞋补鞋，洒鞋尤其做得好，远近有点名气。虽说洒鞋大路货，但他用青色小标布做面，鞋帮结实，白色千层布纳底，浸过桐油再纳，不怕水，还有软硬劲儿，走起路来跟脚。鞋脸上有两条羊皮梁，既防碰撞，又精神好看。不管嘛样的脚——肥脚、瘦脚、鸡爪、鸭掌、猪蹄子，往鞋里头一蹬，那舒服劲儿就别提了。

罗罗锅的爷爷把这门手艺传给他爹，他爹把手艺原原本本传给他。手艺是手艺人的命根子。还好，罗家几代人都是独生子，一路单传下来。千顷地，一根苗。人单传，手艺也单传，用不着再愁什么"传内不传外"了。

罗罗锅天生罗锅，从背影看不见脑袋，站在那儿像个立着的羹匙。可是这身子却正好干鞋匠。他爹年轻时原本腰板挺直，干了一辈子鞋匠，总窝着身子做鞋，老了也变成罗锅。他姓罗，人罗锅，天津卫在市面上混的人多有个"号"，人就给他一个好玩的号，叫"罗罗锅"。罗罗锅人性好，小孩叫他"罗罗锅"，他就一笑，不认

338

为人是骂他。

从嘉庆年间，罗家的鞋摊就摆南斜街慈航院的墙根下，经过道光、咸丰、同治几朝，直到现今的光绪，还摆在那儿。一个小架子上，摆着大中小号三种鞋，摆的都是单只，你试好这只，他再拿出那只给你试。南斜街上人杂，怕叫人拿去。他腰上系一条褐色的围裙，坐在一个小马扎上，卖鞋也修鞋。南斜街东西几个大庙，香客往来；北边隔一条街就是白河，河边全是装货卸货的船，脚夫成群。他不愁没人来修鞋买鞋。可是，他从这些穷人手里能赚到多少钱？一个铜子还要掰成两半花呢。可是富贵的人谁会来买他的鞋？

一天，他想起祖辈曾经有一种洒鞋，专做给富人穿。样子特绝，用料讲究，做工奇绝，是他罗家的独门技艺。这鞋叫作"鹰嘴鞋"，不过他打小也没见过。据说他爷爷把这鞋的做法传给了他爹，为嘛从来也没见他爹做过这鹰嘴洒鞋就不知道了，只记得他爹说过一句"有钱的人不好伺候"，而且他爹也没把这鞋的做法传给他。现在他爹他娘全不在了，谁还知道鹰嘴鞋是嘛模样。

罗罗锅总琢磨这事。一天忽想起他娘留下一个装破烂杂物的小箱子，一直扔在柴房里，扒出来一看，居然有个小包袱，解开再瞧，竟然就是他要找的东西，是不是祖先显灵了？这东西扔了许多年了，怎么没叫老鼠啃？里边花花绿绿，不仅有各种鞋样子、绣花粉稿、布缎小料、锥子顶针、针头线脑，居然还有一双完完整整让他喊绝的鹰嘴鞋！这还不算，还有一对做鞋必用的光溜溜山毛榉的鞋楦呢！这是爹妈刻意留给他的一条生路吗？再细瞧，鞋楦底子上工工整整刻着五个楷体字：刘记鞋楦店。他知道这家店是乾隆年间城里的一家老店，原在鼓楼东。店主是刘杏林，木雕名家，能把一块木头刻出一个神仙世界，八大家的隔扇和挂在墙上的花鸟屏风都请他刻。刘杏林人早没了，老店也早没了，可是这木刻的鞋楦像活人的脚，活灵灵，好赛能动，叫他看到了先人的厉害。更叫他叹为观止的是这双鹰嘴洒鞋，这是他爹还是他爷爷的手艺？细品这双鞋的用料、配色、做工、针法，叫他傻了眼。他想，人愈将就穷就愈穷，为嘛不试一把拼一把？于是他把自己关在家七七四十九天，几成几败，用尽了心血心思心力，还有一辈子做鞋的功力，终于把先人的鹰嘴洒鞋一点点复活了。尤其鞋子前边那个挡土又盖脚面的"鹰嘴"，叫他翻过来倒过去做了十八遍，才做出神气来。他这才明白，先人的本事不在样子上，都在神气上。

等到他把这双鹰嘴洒鞋往南斜街上一摆，惊住了东来西往的人。有人问他："这鞋是打租界那边弄来的吗？"

有人问价钱，有人出高价要买，出的价钱高出市面上一双好鞋的三四倍。但罗罗锅不卖。他没卖过鹰嘴鞋，不知道该嘛价；再有就是他舍不得卖，害怕卖了，手里这东西就没了。

这样一连三天，每天早早晚晚鞋摊前都聚着一些人。很快就有从城里闻名而来的了。

到了第五天，忽有一行人从天后宫那边过来。这行人里肯定是有一位大官。旗罗伞盖，衙役兵弁，前呼后拥，中间一顶八抬绿呢大轿，不知是谁。以前见过府县大人出行，也没这么大的架势。一准是个大官。

待这行人马走过眼前时，忽然停住，轿帘一掀，走下一个人。瘦高的个子，气质不凡，带着一股威风与霸气，竟然朝自己走来。他觉得好像过来一只老虎。

他想跑，但两条腿打哆嗦，迈不开步了。

这人已走到面前，对他说："我远远就瞧你这双鞋做得不凡，拿过来叫我试试。"

说话的嗓门带着喉音，很厚重，而且语气威严，叫人不得不从。

罗罗锅赶忙取了鹰嘴洒鞋往这大官脚前一摆。马上三个差役上来，两个左右搀着大官，一个半跪下身给大官脱鞋、穿鞋，一边还说："请中堂大人站稳。"

罗罗锅听了差点吓晕，竟然是李中堂！只见李中堂把脚往鞋里一伸，跟着情不自禁地说："真舒服，踩进云彩里边了。"

罗罗锅吓得脑袋一直扎在怀里，不敢抬头不敢看，只听李中堂的声音："这鞋好像就是为我做的。"

说完，中堂大人穿着他的鞋转身就走。

等到开道锣哐哐再响起来，抬头看，中堂大人的人马轿子早往西走了，一直拐出街去，罗罗锅还傻站着。

中堂大人走了，他那双鹰嘴鞋也没了。

在街对面开古董店的吴掌柜过来，笑嘻嘻对他说："中堂大人喜欢你的鞋，这回该你发了！"

罗罗锅说："发嘛，鞋穿走了，也没给钱。"

吴掌柜笑道："中堂大人穿鞋，嘛时候花过钱？可你这鞋叫中堂大人穿上了，还不发？"

罗罗锅说："怎么发？"

吴掌柜索性哈哈笑起来，说："还问怎么发，什么也不用干就发了。赶紧回家去做这种鞋，多做几双摆在这儿，这回你要多高的价钱都有人买了。"

罗罗锅不明白。

吴掌柜说："你在天津这么多年还不明白这道理。做东西的不如卖东西的赚钱。不论嘛东西，没名分，不值钱；沾上名分，就有钱赚了。我若是不说我腰上这玉件是老佛爷当年丢在避暑山庄的，谁买？不就是块破石头吗？现在你的鞋要卖高价，不是你做得好，是中堂大人穿在脚上了。"

罗罗锅将信将疑，回去叫老婆、小姨子一起上手，赶出来几双，拿出来一摆，当天抢光！这几双鞋卖的钱，顶他一年摆摊赚的钱。原来这时候整个天津卫全知道中堂大人喜欢上他的鹰嘴鞋了！一时买鞋来的人太多，做不过来，只能预订。预订鹰嘴鞋最多的人是大小官员们。大人喜欢，小人要更喜欢才行。

一年后，罗罗锅不在南斜街风吹日晒地摆鞋摊了。他在东门里临街买房开店。房子门脸不大，纵深几间，后边还有个小院，正好前店后坊，他一家人也住在那儿，取名"罗家鞋铺"。从地摊一下子到店铺，还自豪地以罗姓为号，也算光宗耀祖了。有位高人对他说："你这鞋得有个俏皮的名字，既留下中堂大人的故事，又不能直接用中堂大人的名义，我给你起一个鞋名，叫'贵人鞋'吧。"

这鞋名起得好，好叫又好听，抬了买鞋人的身份，还暗含着中堂大人，绝了！一下子"贵人鞋"就叫响了，卖得一直好。直到光绪二十七年中堂大人病故之后，卖得依然不错。

·跋语

关于本书有几句话，别处不好说，只有放在这里。一是要说明一下这个版本，二是向为我题写书名和篇名的孙伯翔先生道谢。

自打《俗世奇人》一本本写出来，即以两种版本问世。一种是合集，一集集往上加，故有足本、全本、增补本之说。另一种是每写完一本，出一本，以数字标明集数，本书为第四集。

这两种版本还有不同之处。比方，前一种版本的插图皆为我手绘，后一种版本的插图则取自清末民初天津本地的石印画报《醒华》。我珍存不少《醒华》。它饱含着那个时代独有的生活情味与时代韵致，与我的小说"气味相投"。在书中加入几页《醒华》，是为了增添时代氛围。此外，另一个非同寻常之处，即书名和篇名都是请大书法家孙伯翔先生来题写。①

我与孙先生同在天津，相识于上世纪八十年代，关系甚好。他曾为我写了我家族代代相传的一副对联"大树将军后，凌云学士家"，雄强劲健，韵致醇厚，至今与我几幅明代的祖先画像悬于一壁。他年长我八岁，我喜欢他为人的敦厚谦和、待人诚恳，更钦佩他书法中碑学的造诣。既具古意，又富创新；方峻挺拔，清新灵动，常常平中求奇，时亦险中弄趣，字字皆有神采。有人说他扼守书法

---

① 此次收入"冯骥才小说文库"，为统一体例，孙伯翔先生题字与《醒俗画报》插图均未收录。

史的主流，却关注和吸取各种以刀代笔小石刻的奇神异彩，不知这话他以为然否？我还从他的书法中感受到一种特别的笔墨精神，这精神来自我与他共同的地域文化。这也是我请他为我题写《俗世奇人》书名与篇名的原因。

我未曾把这层意思告诉他，他却欣然应允了我，很快题写了出来。待书印出，人人喜欢，喜欢他字的风格、气质、神态、意趣、味道、性情。他的字独步书坛。

可是，谁想《俗世奇人》的写作叫我上了瘾，而且每过几年就犯一次瘾，又写一本，这便有了《俗世奇人（贰）》和《俗世奇人（叁）》。出版时，我不愿意更换题字，便硬着头皮，托友人一再去求他。每次他都用不多时，即把字写好，钤印，给我。我每次拿到题字都心生感激，并想不会再麻烦他了。谁知今年又冒出了续书津门奇人的冲动，一口气写了十八篇，临到出书，又要题字，又非他的字不可，怎么办？我不忍心再去烦他。他年事已高，事情又多。以他当今在书坛中极高的成就，天天都被索字者相围相拥吧。于是我对出版社编辑说，绝不能再去叨扰他了。这就难住了编辑，逼得她们设法集字，却集不好；找人模仿，又无人能仿。

然而编辑们的韧劲和钻劲叫我佩服，她们四处寻觅，居然托人联系到了孙伯翔先生，而且不久就拿到了孙先生新题写的《俗世奇人（肆）》的全部篇名。随即微信发来，幅幅清透，字字珠玑，神采飞扬，好像我笔下的人物全站到了眼前。有了这题字，新书才算完整，对读者才算有了一个美好的交代。

可是孙先生何以这般厚待于我？

我和孙先生相识时，年纪还在四五十岁，都还算年轻。谁想我这本小说集不断续写，至今已四集，前后竟然三十载，中间还跨了世纪。如今我已八十叟，孙先生乃是米寿翁。我们虽同住一城，平日相见不多，然而一本书、一些字，却牵住我们，生出了这样多的情意。原来人间的许多美好是在笔墨之中啊。

2022 年 10 月

·醒俗画报（插图解释）

清代末期，上海和天津等一些大城市，一方面随着城市化的进程加快，一方面缘自西方印刷术的传入，现代媒体油然而生。与文字媒体一先一后进入社会的是大众化的石印画报。

上海最出名的是《点石斋画报》，天津百姓喜闻乐见的是《醒俗画报》。说起"醒俗"，就要提到当时的社会。由于政治的软弱，世风萎靡，外侮日切，一些有责任感的文化人便站出来，或兴办教育，或立坛宣讲，或创办报刊，主张铲除社会陋习与种种痼疾，开启民智，振兴中华。在这样的背景下，就不难看出《醒俗画报》中"醒俗"二字的立意了，那便是要把民众从习惯而不自觉的种种陋习中唤醒，承担起共同兴国的重任。

《醒俗画报》和上海的《点石斋画报》，都创办于光绪年间，也同样使用单面有光的粉画纸和当时先进的石印技术，方形开本，每本十张折叠页，每页两面印刷，凡二十图，十天一期。刊物一开始就有鲜明特色。它面向大众，内容全是图画新闻，大至时政要事，小到市井信息；识字者看字，不识字者看图，很像大本的"小人书"，物美而价廉，一时颇受欢迎。故而很快就改为五天一期，一月六期。

《醒俗画报》的主办者是几位新学的倡办者。社址设在西北城角自来水公司旁一座小楼内，后迁到城内广东会馆附近的平房里，条件简陋，但主笔却是津门一位知名的文化人陆辛农先生。

陆先生个子不高，为人爽利，能书善画，喜欢植物学和制作标本，精于小写意花卉。记得我年轻时在国画研究会工作，见过他几次。他年事虽高，却说话朗朗有声，十分健谈，喜欢开怀大笑。他对津门掌故知之颇多，常在报端发表文章，笔名"老辛"。文章中怀古论今，总是包含许多珍贵的史料细节，观点也很开放，他属于那个时代的开明人士。因而他主编的《醒俗画报》，自然是内容鲜活、视野开阔了。

《醒俗画报》还邀请一位名叫陈懿（字恭甫）的画家作图。陈先生是一位市井名家，善画时装人物。这在当时充斥古装仕女和山水花鸟的画坛上是很难得的。陈恭甫的画很写实。他虽然不像上海吴友如那样精工细致，却密切配合新闻，画得很快，半工半写，但极有生活气息。在今天看来，画中许多场面，都是今日再难见到的历史生活的图景。

《醒俗画报》具有很强的批评性，这是上海的《点石斋画报》所不具备的。它始自创刊，每期封面都是一幅"讽画"。用辛辣而幽默的笔法，鞭挞丑恶，抨击时弊，特别是直接针砭官场的种种腐败，在当时是颇需要勇气和胆量的。这些直接介入生活与现实的办刊方针，贴近了百姓的所思所想，自然受到世人的欢迎。尤其当时"漫画"一词尚未流行，讽画应是最具时代精神的新型画种。

也正为此，《醒俗画报》经历了一次很大的挫折。

一九〇六年初夏，庆亲王之子载振赴黑龙江视察而途经津门，天津南段警察局长段芝贵为了谋求黑龙江巡抚职务，用巨金买伶人杨翠喜向载振行贿。这桩"美人贿赂案"惊爆于世后，津门画家张瘦虎画了一幅讽画名为《升官图》——这应是中国漫画史第一幅反腐败的漫画了。他投稿给《醒俗画报》，揭露这一丑闻。刊物的主办人吴子洲胆小怕事，阻挠这一图画新闻的发表，因之主笔陆辛农与另一刊物主办人温子英愤然而去。一时此事也成了新闻。

后来，解体后的《醒俗画报》改名为《醒华画报》。馆址迁至当时的奥租界大马路（今建国道）。办刊的方针并没有改变，一直坚持着《醒俗画报》创刊以来锐意批评的思想倾向。尤其是在图画新闻上的自由评点，犀利而尖刻，为全国任何同类刊物所不及。此外，还增加了绘图小说、科技常识、趣味猜谜等内容，更符合大众生活的需求。至于封面图案，一直采用讽画，风格一如既往。《醒华画报》的寿命不短，从清末跨时代地一直办到民国初年（1913 年）。

陆辛农与温子英离去后，在日租界旭街德庆里内另办一份《人镜画报》，开本比《醒华画报》略略横长一点，只是文字采用了新式的铅字印刷。办刊主张和《醒俗画报》没有两样，也是用讽画来做封面，只是增加了文字版面，更适合识字的人阅读。相对平民性也就差一些。

这样，一时天津就有了两份画刊——《醒华画报》与《人镜画报》。

在中国封建时代的最后几年，天津出现的这些画报，显示了这个城市文化人对国家命运的关切，以及自愿担当的唤醒民众的责任，而且敢写敢画，富于勇气。今日读了，仍心生敬佩。

由于《醒俗画报》和《醒华画报》的一些图画具有很强的真切性与生活气息，这里便选择其中若干作为本书的插图。图中内容与小说的故事并不相干，但文耶图耶却都属于同一时代。这样做的目的，乃是想有助读者进入、感受与认知那个时代是也。

2008 年 6 月